Die Anstalt der gebrochenen Seelen

von

Sarah Drews

Alle Rechte, insbesondere auf digitale Vervielfältigung, vorbehalten. Keine Übernahme des Buchblocks in digitale Verzeichnisse, keine analoge Kopie ohne Zustimmung des Verlags. Das Buchcover darf zur Darstellung des Buches unter Hinweis auf den Verlag jederzeit frei verwendet werden. Eine anderweitige Vervielfältigung des Coverbilds ist nur mit Zustimmung des Verlags möglich.
Die Handlungen sind frei erfunden.
Evtl. Handlungsähnlichkeiten sind zufällig.
www.verlag-der-schatten.de

Erste Auflage 2022
© Sarah Drews
© Coverbilder: Depositphotos FairytaleDesign, kmiragaya, davidzydd
Covergestaltung: © Shadodex – Verlag der Schatten
© Bilder Innenteil: Depositphptos kmiragaya (S. 3), artefacti (S. 4-5), sbotas (Truhe) FairytaleDesign (Friedhofstor), graphicphoto (S. 289)
Steve Przybilla (S. 53), Gerd Eichmann (S. 57), Sarah Drews (S. 290)
Lektorat: Shadodex – Verlag der Schatten
© Shadodex – Verlag der Schatten,
Bettina Ickelsheimer-Förster, Ruhefeld 16/1,
74594 Kreßberg-Mariäkappel
printed in Germany (www.wir-machen-druck.de)
ISBN: 978-3-98528-012-4

DIE ANSTALT DER GEBROCHENEN SEELEN

VON
SARAH DREWS

Achern - Illenau

Eine geschlossene Heilanstalt.
Ein verrufener alter Waldfriedhof.
Geschichten über gebrochene Seelen.

Die Journalistin Johanna soll für Recherchezwecke eine Nacht auf dem alten Friedhof der Heilanstalt verbringen. Grausame Geschichten ranken sich um diesen Ort.
Was geschah wirklich mit den Jugendlichen, die nach einer Nacht dort in ihrem Wesen wie ausgewechselt waren? Und in welchem Zusammenhang stehen die Geschichten mit der längst geschlossenen Heilanstalt?
Nur eine Abschreckung, um nächtliche Besucher abzuhalten, oder steckt viel mehr dahinter?

Inhalt

Dachbodenfund	Seite 9
Brief an seine Verlobte vom 1.6.1932	Seite 9
Erlass vom 26.10.1932	Seite 11
Handschriftliche Anmerkung	Seite 14
Brief an seine Verlobte vom 26.1.1933	Seite 17
Brief an seine Verlobte vom 15.10.1933	Seite 20
Eine harmlose E-Mail	Seite 23
Besuch auf dem Friedhof	Seite 38
Die Statue	Seite 56
Die Rückkehr	Seite 74
Die Familie	Seite 89
Dachbodenfund	Seite 112
Akte vom 4.1.1934	Seite 112
Akte vom 17.9.1934	Seite 115
Handschriftliche Anmerkung	Seite 117
Akte vom 10.11.1935	Seite 120
Frank	Seite 121
Max	Seite 140
Erik	Seite 160
Kati	Seite 181
Die Wahrheit	Seite 202
Dachbodenfund	Seite 216
Brief an seine Verlobte vom 13.3.1940	Seite 216
Böses Erwachen	Seite 218
Der Anruf	Seite 238
Das lange Warten	Seite 247
Bittere Erkenntnis	Seite 265
Autorenvorstellung	Seite 290
Buchempfehlungen	Seite 291

Geisteskrankheit

Veraltete, auch umgangssprachliche Bezeichnung für eine schwere psychische Störung, bei der die Orientierung in der Realität gestört ist, wissenschaftlich als Psychose bezeichnet. Das medizinische Fachgebiet, das sich mit diesen Krankheiten beschäftigt, ist die Psychiatrie. – Im juristischen Sinne sind, unabhängig von der medizinisch-psychologischen Qualität, Geisteskrankheiten alle geistigen Störungen erheblichen Grades; geistige Störungen geringeren Ausmaßes werden als Geistesschwäche (auch Intelligenzstörung) bezeichnet.
https://www.wissen.de/lexikon/geisteskrankheit

Dachbodenfund

Brief an seine Verlobte vom 1.6.1932

Mein wunderschöner Liebling,

jetzt bin ich schon seit einem Monat von Dir getrennt und ich vermisse Dich unsagbar. Ich höre Dich sagen, dass es die richtige Entscheidung war, als Pfleger in der Heilanstalt anzufangen. Und doch vergeht kein Tag, an dem ich nicht Dein Lachen und Dein bezauberndes Lächeln vermisse, mein Schatz. Ich wollte Dir schon viel früher schreiben, aber Du kannst Dir vorstellen, dass mich die Arbeit hier in der Anstalt *Illenau* gerade in der Anfangszeit ganz schön gefangen genommen hat. Damit Du weißt, was ich den ganzen Tag treibe, gebe ich Dir einen Überblick.

Um 5:30 Uhr beginnt mein Tag mit einem kurzen Gebet, einem Kuss Deines Fotos und einer Katzenwäsche. Den ganzen Vormittag kümmere ich mich um die Patienten. Ich bringe sie zum Frühstück, zu Therapien und unterstütze die Ärzte, wenn sie Hilfe benötigen. Am Mittag tun mir schon die Füße weh, aber ich kann Dir versichern, dass es reichlich zu essen gibt und ich keinen Hunger leiden muss. Ich glaube, ich habe sogar etwas zugenommen. Bis zum Abendessen bin ich wieder mit der Betreuung der Patienten beschäftigt. Um 22:00 Uhr falle ich meist hundemüde ins Bett. Das Buch, welches Du mir am Tag meiner Abfahrt geschenkt hast, habe ich noch nicht begonnen. Ich verspreche Dir jedoch, dass ich es bis zu meinem Urlaub gelesen haben werde, damit wir uns darüber unterhalten können.

Fühle Dich umarmt, Dein Dich liebender Joseph.

Erlass vom 26.10.1932

Über Bertram Junker, geboren am 1.9.1900, der am 24.8.1932 wegen einer diagnostizierten Geisteskrankheit eingewiesen wurde, gibt es Folgendes zu berichten:

Die bisherige Beobachtung des Bertram Junker von nunmehr neun Wochen hat die Diagnose des Vorgutachters Dr. Hammer bestätigt.

Junker ist davon überzeugt, nein, vielmehr beherrscht von der Wahnvorstellung, dass ihm Stoffe, die ihn vergiften sollen, über die Lebensmittel verabreicht werden.

Um es in seinen Worten zu sagen: *»Die Stoffe sollen mich nicht sofort töten, sondern mich langsam in den Wahnsinn treiben.«*

Die Vergiftung spüre er laut wiederholter Aussage schon seit seiner frühsten Jugend. Sie zeichne sich durch eine Veränderung des Gemüts, Stimmungsschwankungen und einem immer wiederkehrenden Gedächtnisverlust für einen mehr oder weniger langen Zeitraum aus. Er sei sich sicher, dass nicht nur eine Person hinter der sogenannten Vergiftung stecke, sondern vielmehr die halbe Ortschaft. Der Joss hetze seine Jungen auf ihn, die ihn mehrfach aufgelauert hätten. Sein Nachbar Heinz Bess spioniere ihn regelmäßig aus, um ihn in allen Dingen nachzuahmen. All dies und das Gift in seinen Speisen seien daran schuld, dass er überhaupt glauben konnte, seine Frau sei ihm untreu gewesen, was ihn wiederum dazu verleitet habe, regelmäßig zum Gürtel greifen, um ihr eine Lektion zu erteilen. Trotz dieses Wissens zeigt der Patient keinerlei Reue. Reue müsse in seinen Augen jeder haben, der an dieser Verschwörung gegen seine Person beteiligt sei. Andere Taten bestreitet er konsequent während der Gespräche. Wenn er, was er sich nicht vorstellen könne, den Most seines Nachbarn Heinz Bess, unbrauchbar gemacht habe, dann nur aufgrund eines von Herrn Bess provozierten Streits. Auch das unsittliche und vulgäre Gebaren gegenüber mehreren minderjährigen Mädchen wird von ihm mit einem Lächeln abgewunken. Das sei alles nur hingedreht worden, um ihm Schaden zuzufügen, nachdem das Gift nicht immer die gewünschte Wirkung erzielt habe. Er sei sich sicher, dass die Mädchen ihn verführen wollten und dies nur erzählen, weil er standhaft geblieben sei. Während dieser Worte wirkt er stets kühl und berechnend. So sei der Gerichtsvollzieher Martin Rosenbach über seine eigenen Füße gestolpert und nicht durch einen Stoß die Stiege hinuntergefallen. Daran könne sich Junker genau erinnern.

In den neun Wochen, die sich Bertram Junker in der Heilanstalt *Illenau* befindet, zeigt er keinerlei Interesse an der Eingliederung. Dringliche Arbeiten, wie die Beackerung des Gemüsegartens, werden von ihm mit einem erhabenen Kopfschütteln abgelehnt. Solche Tätigkeiten seien nichts für einen Mann von seinem Stellenwert. Zudem sei er schließlich zu Unrecht hier. Eine Geisteskrankheit hätten nur die Menschen, die ihm dies anhängen und mit Gift nachhelfen würden. Dies würde auch die Tatsache aufzeigen, dass er im Ersten Weltkrieg tapfer an vorderster Front gedient habe, während sein Nachbar wegen seines Glasauges ausgemustert wurde. Auch sei er über Jahre bei der Freiwilligen Feuerwehr aktives

Mitglied gewesen, bis dies aufgrund der Vergiftung nicht mehr möglich war.

Aus diesem Grund kommen wir nach ausreichender Begutachtung des Bertram Junker, wie der Vorgutachter, zu dem Schluss, dass Junker an einer paranoiden Erkrankung leidet mit Wahnvorstellungen und starken Beeinträchtigungen. Der Beginn dieser Wahnvorstellungen liegt aller Wahrscheinlichkeit nach bei einem traumatischen Erlebnis, verursacht durch den Krieg. Die Wurzeln finden sich jedoch in originären Veranlagungen seitens der Mutter, die an einer bekannten Melancholie litt.

Für die Allgemeingefährlichkeit ist von besonderer Bedeutung, dass Junker zu keinem Zeitpunkt Reue zeigt. Es fehlt ihm jedes Empfinden für die Verabscheuungswürdigkeit seines Verhaltens. Wie der Sturz des Gerichtsvollziehers und die mangelnde Einsicht zeigen, reagiert der Patient im erregten Zustand eines Affektes. Gleichzeitig ist er jedoch berechnend und kühl genug, um seinen Taten einen logischen Schluss zu geben. Aufgrund der paranoiden Erkrankung ist diese Perspektive für ihn wahrhaftig. Ihn auf die richtige Spur zu bringen scheiterte gänzlich. Diese Tatsache macht ihn zu einer gefährlichen Persönlichkeit, die zur Sicherheit der Öffentlichkeit als anstößiger Geisteskranker bezeichnet werden muss und bis auf Weiteres in der Heilanstalt *Illenau* untergebracht bleibt.

Handschriftliche Anmerkung

Geisteskrank? Anstößig? Junker ist ein windiger Schmarotzer. Es gibt niemanden in der Heilanstalt, der ihm eine Träne nachweinen würde. Erst gestern hat er Luisa draußen im Garten an die Brust gegriffen und behauptet, dass er sich nicht erinnern könne. Selbst mit geschickten Fragen kann man ihn nicht aus der Reserve locken. Aber ich weiß, dass das alles gelogen ist. Ich habe ihn gegenüber dem Patienten Marcus Bergstedt sagen hören, dass die Luisa »wabbelige Titten« habe. Das hätte er nicht machen dürfen.

Er behauptet, er wird vergiftet, dann wollen wir ihn von seinem Glauben doch einfach befreien.

29.12.1932: Ich habe Junker den Tabak einer halben Zigarette in seine Gemüsesuppe gerührt. Er hat sie brav aufgegessen und sich nur über die »würzige« Mischung gewundert. Junker klagte über einen erhöhten Puls, Schwindelgefühl und kalten Schweiß.

30.12.1932: Ich habe die Dosis erhöht und ihm eine ganze Zigarette untergemischt. Diesmal kam zu den bekannten Symptomen ein reger Speichelfluss hinzu, der Junker sogar sabbern ließ.

31.12.1932: Zwei Zigaretten und Junker geht es schlechter als am Tag davor. Neben Schwindel kamen Übelkeit und Erbrechen hinzu. Zudem klagte er über starke Magenschmerzen. Zum ersten Mal äußerte er den Verdacht einer Vergiftung, den ich glücklicherweise abtun konnte, schließlich behauptete er dies seit Jahren.

1.1.1933: Dieses Mal habe ich ihm vier Zigaretten untergemischt. Junker hat sich über den komischen Geschmack gewundert. Ihm ging es sehr schnell schlechter. Erbrechen, Übelkeit, Durchfall und Herzrasen. Der behandelnde Arzt scheint einen Verdacht zu haben. Ich muss vorsichtiger sein und eine kleine Pause einlegen.

4.1.1933: Die Verabreichung wurde fortgesetzt mit der letzten Dosierung. Junker sieht gar nicht gut aus und hat den halben Tag in den Toilettenräumen verbracht. Am späten Abend kam er auf mich, ja auf mich, zu und erzählte mir, dass er sich sicher sei, dass die Köchin versuche ihn zu vergiften.

5.1.1933: Junker verweigert das Essen.

10.1.1933: Noch immer verweigert Junker das Essen. Aus diesem Grund veranlasste die Anstaltsleitung eine Zwangsfütterung. Mir gelang es, seiner Mahlzeit den Tabak von zwei Zigaretten unterzumengen, ehe ein tatkräftiger Kollege sie ihm verabreichte. Junker erging es kurze Zeit später wieder sichtbar schlechter.

13.1.1933: Junker war heute bei der Anstaltsleitung und zeigte erstmalig Reue. Er lenkte ein und gestand vor Zeugen, den Gerichtsvollzieher in voller Absicht die Treppe hinuntergestoßen zu haben. Auch die Übergriffe auf die

Mädchen und einen auf eine Magd teilte er reumütig mit. Im Anschluss wollte er sich verhaften lassen und für all seine Taten Verantwortung übernehmen. Junker vergaß, dass hierfür ein weiteres Gutachten nötig ist. Er bleibt mir also noch ein paar Tage erhalten.

Brief an seine Verlobte vom 26.1.1933

Mein wunderschöner Liebling,

noch vor ein paar Wochen hätte mein Brief mit den Worten angefangen: Wenn ich könnte, würde ich alles hinschmeißen. Ich habe Dir im Urlaub erzählt, wie viel Spaß mir die Arbeit bereitet. Doch das war nur die halbe Wahrheit. Verzeih, wenn Du jetzt das Gefühl hast, dass ich nicht ehrlich zu Dir war. Nur wollte ich Dich nicht mit unnötigen Dingen belasten. Aber jetzt kann und will ich Dir davon erzählen, mein Schatz.

Als ich hier anfing, war ich froh über die Chance und die Möglichkeit, für unsere gemeinsame Zukunft zu sparen. Es ist eine harte, aber eine gute Arbeit. Ich habe die Patienten kennengelernt und bin ihnen stets mit einem Lächeln, einem offenen Ohr und einer helfenden Hand begegnet. Hinter jedem Patienten steckt eine Geschichte.

Clara Müller zum Beispiel. Sie ist eine herzensgute Frau im mittleren Alter und seit gut drei Monaten bei uns. Ihr Mann hat sie einweisen lassen, nachdem bei der Geburt ihres gemeinsamen Babys Komplikationen aufkamen. Die Nabelschnur hatte sich um den Hals ihres Sohnes gewickelt und er kam tot zur Welt. Sie steht noch immer unter einer Art Schock und weigert sich, die Tatsache zu akzeptieren. Sie kam mit einem kleinen Kissen und behauptet steif und fest, dass dies ihr Sohn sei.

Nachdem eine Schwester es weggenommen hatte, um es zu waschen, ist sie regelrecht durchgedreht. Ihr behandelnder Arzt hat sie für vier Tage ruhigstellen müssen, bis ihr Kissen wieder bei ihr war. Du kannst Dir nicht vorstellen, wie hilflos ich mir mit der Patientin vorkam. Sie lag die ganze Zeit in einem warmen Wasserbad. Die Wanne ist aber nicht so, wie Du sie kennst. Oben gibt es einen Deckel, sodass nur der Kopf herausguckt. Die Patientin wurde von einer Pflegerin gefüttert, gekämmt. Du kannst dir vorstellen, wie das Wasser roch, als sie herauskam. Kot und Urin schwammen darin herum. Wie ihre Haut aussah, mein Liebling, lasse ich an dieser Stelle aus. Nur so viel – es war schlimm.

Dieses tatenlose Zusehen und Zuhören bringt mich an meine Grenzen. Ich möchte ihnen helfen, und genau das war bisher nicht möglich. Doch jetzt habe ich einen Weg gefunden. Mir ist es gelungen, einem Patienten wirklich zu helfen. Er kam im August zu uns und war ein unausstehlicher Mann, der niemanden gut behandelte und so tat, als würde alle Welt versuchen ihn zu vergiften. Die Pflegerinnen und auch Patienten fühlten sich in seiner Nähe unwohl. Für jede seiner Grenzüberschreitungen verwendete er diese Ausrede. Versteh Liebling, ich konnte nicht anders. Tatenlos zuzusehen, entspricht nicht meiner Natur.

Ich habe lange mit mir gerungen, nach einer Lösung gesucht und ihn am Ende einem kleinen Selbstversuch unterzogen. Genauer gesagt: Ich habe ihm Nikotin verabreicht. Ja, Du liest richtig. Ich habe ihn immer wieder Zigaretten in das Essen gerührt. Ich weiß, dass es ihm nicht gut ging, und ich hatte auch zeitweise ein schlechtes Gewissen, aber Du weißt nicht, wie faszinierend es gleichermaßen war, ihn zu beobachten. Es dauerte ein paar Tage und dann erkannte er, dass ihn nun wirklich jemand vergiften will. Mit diesem Wissen dauerte es einige Tage, dann gestand er alle seine Lügen und Frevel der Anstaltsleitung. Er verließ die Klinik zwar in Handschellen, aber als geheilter Mensch.

Ich sehe bildhaft vor mir, wie Du den Kopf schüttelst. Ich weiß, dass es keine richtige Therapie war, aber immerhin hat er die Heilanstalt mit Reue verlassen. Laut Akte gilt er inzwischen als geheilt. Es war ein kleiner Erfolg. Mein Erfolg. Dadurch ist mir klar geworden, dass ich genau das machen möchte. Mein wunderschöner Liebling, könntest Du Dir vorstellen, die Frau eines Arztes zu werden? Ich weiß, es ist ein weiter Weg und wenn Du anderer Meinung bist, dann lass es mich wissen. Du weißt, wie wichtig mir Deine Ehrlichkeit ist. Ich warte auf Deine Antwort, mein wunderschöner Engel.

In ewiger Liebe, Dein Joseph.

Brief an seine Verlobte vom 15.10.1933

Meine wunderschöne Prinzessin,

Du glaubst nicht, wie sehr ich Dich an diesem Tage vermisse. Heute ist eine Patientin gestorben und ich denke, es ist meine Schuld. Erinnerst Du Dich noch an Clara Müller? Ich habe Dir damals von ihrem Verlust geschrieben und von der Ruhigstellung. Sie ist, nein, sie war bis heute Patientin hier in der Heilanstalt. Ich habe oft mit ihr geredet. Solange das Gespräch nicht auf das Kind kam, war sie aufgeweckt, intelligent und eine angenehme Gesprächspartnerin. Glaube mir, es bestand keinerlei Grund zur Eifersucht. Du weißt, wie familiär hier alles ist und wie sehr ich Dich liebe. Genau aus diesem Grund verspüre ich das Bedürfnis, Dich an allem teilhaben zu lassen.

Nächste Woche sollte Clara entlassen werden. Sie war nach wie vor melancholisch und hatte ab und an Albträume, aber ihr Mann wollte sie bei sich und den zwei anderen Kindern haben. Gerade die älteste Tochter würde ihre Mutter brauchen. Ihre Noten hatten sich rapide verschlechtert und ihr Vater vermutet, dass es an der fehlenden Mutter liegt.

Es kann natürlich auch ein Indiz dafür sein, dass das schlechte Erbgut der Mutter an ihre Tochter weitergereicht wurde. Es war also im Interesse des Volkes, dafür zu sorgen, dass dieses schlechte Erbgut nicht an zukünftigen Nachwuchs weitergereicht wird. Eine der Bedingungen für die Entlassung lautete: Eindämmung vom schlechten Erbgut. Clara stimmte der Sterilisation zu. Nur widerstrebend, aber sie willigte ein.

Der Eingriff ist inzwischen Routine. Schnell und in den meisten Fällen unkompliziert. Das alles ist mit hohen Kosten verbunden und mit einem Besuch im Krankenhaus. Der Termin für diesen Eingriff lag im Dezember. Ihre Entlassung wurde unter der Voraussetzung der Termineinhaltung bewilligt. Wie sich kurz nach der Bewilligung herausstellte, war ein Besuch ihres Mannes mit ehelichem Kontakt nicht folgenlos geblieben. Ihre Entlassung war somit gefährdet. Sie entschied sich zu einer heimlichen Abtreibung, und ich versprach ihr, zu helfen. Mit einer Stricknadel und einem Anatomiebuch habe ich den Abbruch vorgenommen. Ein unglaubliches Gefühl, ihr zu helfen, dem Volk zu helfen. Mein Glücksgefühl endete jäh, als ihr bewusst wurde, dass sie gerade ihr Fleisch und Blut aus Eigennutz getötet hatte. Schon kurz darauf war sie wie von Sinnen. Sie schrie mich an, sodass ich mir nicht anders zu helfen wusste, als sie in eins dieser Wasserbäder zu stecken, von denen ich Dir schon einmal erzählt habe. Sie schrie, aber meine Kollegin und ich ignorierten es, damit sie sich beruhigte. Am Morgen fanden wir sie. Die Augen geschlossen, der Kopf nach vorn gesackt. Als wir den Deckel anhoben, war das ganze Wasser rot. Sie war verblutet. Ich kann nicht einmal sagen, ob die Blutungen schon vorher eingesetzt hatten oder erst in der Nacht. Durch ihr Gezeter schenkte ich ihr nicht die gebührende Aufmerksamkeit. Ich bin daran schuld, auch wenn niemand etwas sagt. Nicht einmal hinter vorgehaltener Hand. So ist die Familie: Hält immer zusammen. Schließlich wollte sie es, um wieder nach Hause zu kommen. Aber Dir kann ich es sagen, mein schönster Engel. Wäre ich ein richtiger Arzt, wäre das nie passiert. Ich hätte gewusst, wie ich die Nadel hätte ansetzen müssen. Mein Wunsch, Arzt zu werden und anderen zu helfen, ist jetzt nur noch größer geworden.

Dein Dich über alles liebender Joseph.

Eine harmlose E-Mail

Seelenleiden zu heilen vermag der Verstand nichts,
die Vernunft wenig,
die Zeit viel,
entschlossene Tätigkeit alles.
(Johann Wolfgang von Goethe)

Ein Klingeln durchschnitt die morgendliche Stille und riss Johanna aus einem tiefen, wenn auch traumlosen Schlaf. Sie öffnete die Augen, um sie direkt wieder zu schließen. Dem Brennen und der nächtlichen Dunkelheit im Schlafzimmer nach zu urteilen, konnte sie nicht lange geschlafen haben.

Verdammt. Warum hab ich schon wieder vergessen, das dämliche Handy lautlos zu stellen? Da kann ich ein Mal ausschlafen und dann das!

Als hätte der Anrufer ihre Gedanken gelesen, verstummte das Klingeln.

Gott sei Dank!

Erleichtert kuschelte sich Johanna in ihr weiches Kissen und zog die Decke bis zum Kinn hoch. Der wohlige Seufzer, der ihr entschlüpfte, erstarb und wurde von einem tiefen Knurren abgelöst, als das Handy abermals klingelte.

»Wehe, es ist nicht wichtig«, brummte Johanna und schob ihre Hand unter der warmen Bettdecke hervor. Sofort spürte sie die Kälte und erschauderte. Wenn nachts weiterhin die Temperaturen so absanken, müsste sie bald die Heizung aufdrehen. Johanna verwarf den Gedanken und tastete nach dem Telefon auf ihrem Nachtschrank. Kaum hielt sie es an ihr Ohr, erstarb das nervtötende Klingeln. »Sehr witzig.«

Bevor Johanna sich weiter darüber aufregen konnte, bewies der Anrufer erneut Hartnäckigkeit.

»Ist ja gut!« Ohne ihre Augen zu öffnen, wischte sie über das Display, um das Gespräch anzunehmen. »Was?«, knurrte Johanna.

Der Anrufer schwieg.

»Hallooooo?«

Es blieb weiterhin still. Fast schon beängstigend. Nicht einmal ein Atmen war zu hören.

»Wer ist da? Meggy? Mom? Alles in Ordnung?«

Noch immer keine Antwort. Langsam fand Johanna es nicht mehr spaßig.

»Wenn das ein dämlicher Witz sein soll ... Selten so gelacht«, fauchte sie.

Die Müdigkeit machte sich wieder bemerkbar und sie gähnte. Gestern war es spät geworden. Erst die Redaktionssitzung und im Anschluss wurde sie von ihrer Kollegin und besten Freundin Meggy ins *Auroom* eingeladen. Drei Margheritas und eine Piña Colada später waren sie kurz vor der Sperrstunde aufgebrochen. Es musste schon nach halb drei in der Nacht gewesen sein, als Johanna den Schlüssel ins Schloss ihrer Dachgeschosswohnung gesteckt, die Schuhe achtlos in die Ecke gekickt, ihre Jeans samt Bluse gegen ein Schlafshirt getauscht hatte und erschöpft ins Bett gefallen war. Kein Wunder, dass sie müde und schlecht gelaunt war.

»Letzte Chance«, krächzte sie ins Mikro ihres Handys.

Nichts passierte.

Jetzt reicht's!

Blinzelnd öffnete sie erst ihr rechtes, dann ihr linkes Auge. Johanna wollte wissen, wer die Frechheit besaß, sie zu wecken und sich dann nicht zu melden.

Das Display war schwarz. Typisch!

Mürrisch entsperrte sie das Gerät und stöhnte leise auf, als sie den Grund dafür erkannte. Wie konnte sie nur so blöd sein? Am liebsten hätte sich Johanna in diesem Moment selbst geohrfeigt. Im Halbschlaf hatte sie tatsächlich den Nachrichtenton mit dem sehr ähnlichen Klingelton verwechselt.

Sie blickte auf die Benachrichtigung, die sie über vier Textnachrichten von Meggy informierte.

Und das um 5:24 Uhr.

»Du hast sie doch nicht mehr alle«, schimpfte Johanna und schaltete das Handy aus. Was auch immer ihre Freundin wollte, konnte warten.

Als Johanna die Augen das nächste Mal öffnete, fühlte sie sich deutlich erholter als zuvor. Es war inzwischen hell im Zimmer und ein Blick auf den Fitnesstracker verriet ihr, dass es 10:42 Uhr war. Grund genug für ihren Magen, sich mit einem fordernden Knurren bemerkbar zu machen.

»Ja, ja, schon gut!«, murmelte Johanna und quälte sich aus dem Bett. Noch immer war es verdammt kühl und sie schlüpfte schnell in ihren Bademantel, ehe sie die Heizung aufdrehte. Nach einem kurzen Zwischenstopp im Badezimmer befand sich Johanna endlich in der Küche.

»Na dann wollen wir mal sehen, was wir Leckeres haben«, teilte sie ihrem Magen mit und öffnete die Kühlschranktür.

Ein fast leeres Glas Marmelade, ein harter Kanten Käse, ein Joghurt mit aufgeblähtem Deckel und eine Tomate, auf der sich bereits eine eigene Kultur gebildet hatte, blickten Johanna entgegen. Lecker sah anders aus.

Angeekelt entsorgte sie die Sachen im Mülleimer. So viel zum Thema *»gemütliches Frühstück im Bett mit einer Folge* Gilmore Girls*«*.

Die Situation im Kühlschrank bedeutete: Einkaufen! Johannas Blick wanderte zum Fenster. Dicke Regentropfen liefen an der Scheibe herab und der graue Oktoberhimmel sah nicht wirklich einladend aus. Keine verlockende Aussicht, um rauszugehen.

Also nur Kaffee, entschied Johanna. Vielleicht hörte es ja später auf zu regnen, dann könnte sie noch immer zum Supermarkt um die Ecke laufen. Aber bei dem Wetter bekamen sie keine zehn Pferde vor die Tür. Zur Not gab es immer noch *Smileys* mit den besten Pizzabrötchen der Welt. Bei dem Gedanken lief Johanna schon das Wasser im Mund zusammen.

Fünf Minuten später balancierte Johanna einen Pott Kaffee zusammen mit ihrem Laptop ins Schlafzimmer. Sie schnappte sich ihr Kissen, stopfte es hinter den Rücken und machte es sich gemütlich im Bett. Den inzwischen aufgeklappten Laptop klemmte sie sich zwischen den Bauch und die angewinkelten Knie und schaltete ihn ein. Während Johanna darauf wartete, dass der Rechner endlich hochfuhr, pustete sie auf den Kaffee, bevor sie einen zaghaften Schluck nahm.

Na endlich!

Johanna schwor sich, dass sie sich vom Weihnachtsgeld definitiv einen schnelleren Laptop kaufen würde. Dieser war eine lahme Krücke, der seine besten Zeiten schon lange hinter sich hatte und nur noch für E-Mails und zum Schreiben zu gebrauchen war.

Ein *Pling* ertönte und verkündete neue Post im E-Mail-Eingang.

Dann wollen wir doch mal sehen, wer heute was von mir will, dachte Johanna, während sie die E-Mails abrief.

Werbung von *Ikea*, eine angeblich unbezahlte Rechnung, eine Erbschaft von einem Fremden aus Schottland, eine Versandbestätigung der Online-Apotheke und eine Mitteilung von Meggy.

Meggy!

Die Störung heute Nacht. Die Textnachrichten.

Johanna schlug sich gegen die Stirn.

Wie konnte ich das bloß vergessen?

Noch während sich Johanna ärgerte, schnappte sie sich ihr Handy und schaltete es ein.

Meggy 5:20. »*Bist du noch wach und hast zufällig die E-Mail gelesen???*«

Meggy 5:21. »*Hoffe, ich hab dich jetzt nicht geweckt. Falls du noch schläfst, unbedingt meine E-Mail lesen!*«
Meggy 5:21. »*Weißt du eigentlich, dass du die Beste bist? Sorry, bin gerade total aufgedreht. *kicher**«
Meggy 5:22. »*Mäuschen, das ist wirklich die letzte Nachricht! Versprochen. Wollte mich nur noch mal bedanken!*«

Bedanken? Wofür?
Das bedeutete nichts Gutes! Trotzdem oder gerade deshalb öffnete Johanna die E-Mail und bereute es bereits nach dem ersten Satz.
»War ja klar!«, empörte sie sich lautstark und stellte ihren Kaffee eine Spur zu heftig auf den Nachtschrank. »Au! Verdammt!«
Ein Schwall heißer Brühe ergoss sich erst über ihre Hand und dann auf den Fußboden. Wenn etwas schiefging, dann richtig.
Vor Wut schnaubend wälzte sich Johanna umständlich aus dem Bett, um Haushaltstücher und Allzweckreiniger zu holen.
»Du sagst auf all ihre Bitten: Nein. Egal was kommt, die Antwort lautet: Nein!«, beschwor sich Johanna selbst, während sie die Sauerei beseitigte. »Am besten gar nicht erst lesen, sondern direkt löschen. Sonst wirst du nur schwach.«
Genau – so werde ich es machen!
Bei dem Gedanken musste Johanna grinsen.
Kaum saß sie jedoch wieder am Laptop, verspürte sie dieses Kribbeln.

Was, wenn es megawichtig war?

Okay, nur ein kurzer Blick, dann weiß ich, wozu ich Nein sage.

»*Hallo Hanna-Maus,*

kannst du mir einen Gefallen tun? Der ist wirklich winzig. Ich würde dich niemals bitten, wenn es kein absoluter Notfall wäre. Das weißt du, oder?

Du musst unbedingt meinen Auftrag übernehmen. Bitte, Maus! Carlos hat mich eben angerufen und ich muss dir nicht sagen, wie selten es vorkommt, dass er Zeit hat. Seit er nach Hamburg versetzt wurde, kann ich unsere Wochenenden an einer Hand abzählen. Jetzt hat er spontan frei bekommen und für uns einen Kurzurlaub gebucht. Seine Frau ist passenderweise mit einer Freundin verreist. Manchmal muss man einfach Glück haben!

Ich bin schon auf dem Weg zum Flughafen. Es geht in Richtung Lissabon. Shoppen! Was hältst du davon, wenn ich dir eine neue Handtasche mitbringe?

Zurück zum Auftrag – und DANKE! Meyer braucht bis Montag, 15:00 Uhr, einen Beitrag zum 175-jährigen Jubiläum dieses Waldfriedhofs. Du weißt schon. Nichts Dramatisches. Ein paar Zahlen, ein paar fachkundige Worte und die traurige Geschichte. Ich glaube 500 Worte dürften ihn zufriedenstellen. Das schaffst du locker in einer halben Stunde. Bist doch eh die Beste.

Ach so, das Wichtigste hab ich vergessen. Heute um 15:00 Uhr ist ein Interview mit einem Historiker, oder

zumindest ist er so etwas in der Art, geplant. Er bietet jedenfalls Führungen über den Friedhof an und wurde mir vom Museum empfohlen. Die Adresse und alles, was ich bis jetzt habe, ist im Anhang.
Maus ... DANKE!!!!!!! Das werde ich dir nie vergessen. Jetzt muss ich mich aber sputen.

XXX, Meggy«

Was zur Hölle? Das kommt ja gar nicht infrage!
»Notfall? Dass ich nicht lache«, schnaubte Johanna verächtlich. »Bei dir ist immer alles ein *absoluter* Notfall. Der Bleaching-Termin beim Zahnarzt, die Bluse, die du in die Wäscherei bringen musst, die megaangesagte Party. Drei Mal, ganze drei Mal, bin ich diesen Monat schon für dich eingesprungen. Und wir haben heute erst den 14. Oktober«, murmelte sie wütend vor sich hin. »Auf gar keinen Fall. Das kannst du so was von vergessen!«

Johanna drückte auf *Antworten* und tippte: *»Nein, kommt gar nicht ...«* Sie hielt inne, löschte den Text und schnappte sich stattdessen ihr Handy. So leicht würde Meggy diesmal nicht davonkommen.

Das Freizeichen ertönte.

Es klingelte dreimal ... fünfmal ... Ungeduldig klopfte Johanna mit den Fingern einen schnellen Rhythmus auf die Matratze. »Na los, geh endlich ran.«

Nach dem zehnten Klingeln sprang die Mailbox an. Johanna unterbrach die Verbindung und wählte ein weiteres Mal.

Wieder klingelte es. Doch dieses Mal hörte sie nach dem zweiten Läuten ein Knacken und Rascheln.

Bevor sich Meggy überhaupt melden, geschweige denn Hallo sagen konnte, fuhr Johanna sie an: »Sag mal, was glaubst du eigentlich, wer du bist? Falls dir da was entgangen ist: Das ist *mein* freies Wochenende und nicht deins!«

»Weiß ich doch ...«

»Kein Bedarf, Meggy. Echt nicht! Spar dir die blöde Ausrede!«, unterbrach Johanna sie direkt. »Mehr als Ausreden sind es nämlich nicht, sonst würdest du nicht ständig deine Aufträge auf mich abwälzen. Du hattest nicht mal den Anstand, mich anzurufen. Eine dumme E-Mail und ein paar Nachrichten und Hanna wird schon wieder einspringen. Aber auch andere Menschen haben ein Privatleben und ...«

»Aber Mäuschen, sei doch nicht gleich so sauer«, säuselte Meggy mit honigsüßer Stimme.

Diesmal würde sie sich nicht weichklopfen lassen. Nicht schon wieder!

Am anderen Ende ertönte ein lang gezogenes Seufzen. Johanna konnte sich genau vorstellen, wie Meggy versuchte Zeit zu gewinnen und gedanklich an ihrer Strategie feilte.

»Ehrlich gesagt hab ich irgendwie geahnt, dass du daraus ein Drama machst, und mich deshalb nicht getraut anzurufen«, sagte sie dann mit kleinlauter Stimme. »Dabei verstehe ich nicht, warum? Ich wette, dass du wieder nur ein Date mit einem deiner Bücher hast oder einen Serienmarathon veranstaltest.«

Johanna fühlte sich prompt ertappt. Meggy kannte sie viel zu gut und das nervte.

»Und selbst wenn! Schon mal daran gedacht, dass mein Kühlschrank leer sein könnte? Außerdem würde meiner Wohnung eine Grundreinigung nicht schaden. Und im Übrigen ist es vollkommen egal, weshalb ich ...«

Ein kehliges Lachen im Hintergrund sorgte dafür, dass Johanna mitten im Satz ins Stocken geriet. Das durfte nicht wahr sein.

»Du ... bist schon in Lissabon?«, presste sie schließlich ihren Gedanken hervor.

»War dir das nicht klar? Hätte ich deinen Anruf abgewartet, hätte ich den Flug verpasst.«

Dieses Miststück! Diesmal werde ich sie nicht damit durchkommen lassen. Freundschaft hin oder her.

»Vergiss es«, zischte Johanna. »An deiner Stelle würde ich zusehen, dass ich meinen Hintern sofort ins nächste Flugzeug schwinge, denn ...«

Meggy schnappte unüberhörbar nach Luft. »Mäuschen, das kannst du doch unmöglich ernst meinen. Bitte, du musst mir einfach helfen. Du bist meine allerallerbeste Freundin. Ich verspreche dir, ich bitte dich danach nie wieder um etwas. Du hast auch was gut bei mir.«

Johanna sagte darauf nichts, schnaubte nur verächtlich. Wie häufig sie schon genau diese Worte gehört hatte.

Obwohl Meggy sich in Lissabon befand, wusste Johanna, dass sie exakt in diesem Moment ihre Stirn runzelte. Danach folgte ihr berühmter Dackelblick.

»Ich weiß, Süße. Ich hab dich in letzter Zeit viel zu oft gefragt, ob du aushelfen würdest. Genauso oft hab ich gesagt, es sei das letzte Mal und du hättest was gut.« Meggy legte eine Pause ein und räusperte sich. »Ich … Ich hätte Carlos vielleicht doch absagen sollen.« Ein leises Schniefen war zu hören. »Aber ich sehe ihn so selten und ich habe es einfach nicht übers Herz gebracht. Er dachte echt, es sei mein freies Wochenende.«

Noch immer sagte Johanna nichts, sondern rollte nur mit den Augen. Gleich würde Meggy noch eine Schippe drauflegen. So war sie nun mal. Schon damals in der zehnten Klasse, als sie neu auf die Schule kam. Wenn sie etwas erreichen wollte, setzte sie auf Dramatik, Theatralik und die Unschuld vom Lande.

»Was hätte ich denn sagen sollen? Nimm Johanna mit? Es ist ihr freies Wochenende? Oder hätte ich Leon fragen sollen?«

Bei dem Gedanken an Leon grinste Johanna. Er war seit einem Monat in der Redaktion und ohne Frage, er war wissbegierig und jemand, der ebenfalls nie Nein sagen konnte, aber leider ein absoluter Tollpatsch, der kein Fettnäpfchen ausließ. Erst gestern hatte er ein Interview geführt und die aufgenommene Datei versehentlich gelöscht. Johanna wusste allerdings auch, dass Meggy gerade leicht bekleidet in Carlos' Armen lag und nicht einen Funken Reue verspürte. Sie war eine geborene Schauspielerin. Egal ob am Telefon oder von Angesicht zu Angesicht. Mit ihrem Dackelblick und ihrer honigsüßen Stimme erreichte sie alles. Einer der Gründe für ihren Erfolg.

»Gar keine schlechte Idee. Nächstes Mal solltest du wirklich Leon fragen«, erwiderte Johanna deshalb scharf.

»Obwohl, Lissabon und ein gutes Buch – das hätte mir gefallen.«

»Ich …« Ein zerknirschtes Knurren ertönte. »Mensch, Johanna, so kenn ich dich gar nicht. Ich … Es tut mir echt leid. Mein Verhalten ist in der Tat unverzeihlich. Aber was soll ich denn machen? Selbst wenn ich sofort zum Flughafen fahre und obendrein einen Flug bekomme … Ich schaff es niemals rechtzeitig. Du weißt, was dann passiert. Meyer feuert mich.«

Jetzt probierte sie es also auf diese Tour. Leider traf sie damit genau den richtigen Nerv bei Johanna. Meyer war beliebt, aber gleichermaßen gefürchtet. Bei einer verpatzten Terminarbeit fackelte er nicht lange. Selbst Meggy würde ihren Kopf nicht mehr aus der Schlinge ziehen können. Dafür gab es zu viele Bewerber, die sich die Finger nach einer Festanstellung leckten.

Die Wut verpuffte. Unmöglich konnte Johanna ihre Freundin hängen lassen. Schließlich verdankte sie Meggy den Job in der Redaktion. Ohne den Artikel, den sie damals Meyer zugesteckt hatte, wäre er niemals auf ihr Talent aufmerksam geworden.

»Okay, ich mach's. Aber das ist wirklich das letzte Mal!« Johanna probierte dabei ihre Stimme kolossal sauer klingen zu lassen, aber irgendwie klang es sogar in ihren Ohren schwach. »Ich meine es ernst, hörst du? Das ist wirklich das allerletzte Mal, dass ich für dich einspringe«, legte sie zur Sicherheit nach. Der Großteil ging jedoch in Meggys Freudenschrei unter, der so anschwoll, dass Johanna ihr Handy ein paar Zentimeter weg vom Ohr halten musste.

»Danke!«, hörte Johanna nach einiger Zeit, dann ein paar gedämpfte Worte und ein Kichern. Anscheinend hatte sie Carlos gerade gesagt, was sie gleich mit ihm anstellen würde. »Du bist die beste Freundin, die man sich wünschen kann.«

»Ja, ja, das sagst du jedes Mal. Aber sollte es noch mal vorkommen, werde ich wirklich Nein sagen!«

Am Telefon war es plötzlich verdächtig still.

»Meggy?«

Sie hatte aufgelegt.

Johanna hielt das Telefon vor ihr Gesicht und funkelte das Display an.

»Blöde Kuh!«

Für einen Moment überlegte sie, wieder anzurufen und alles zurückzunehmen, doch dann schüttelte sie den Kopf und lächelte.

Meggy war eben Meggy. So eine Aktion war typisch für ihre beste Freundin und eigentlich hätte sie damit rechnen müssen, als sie anrief, statt die Mail einfach zu löschen.

»Mach nichts, was ich nicht auch machen würde«, teilte sie dem Telefon noch mit und warf einen Blick auf die Uhr. »Verdammt!« Viel Zeit blieb nicht.

Sie legte das Handy zur Seite und schnappte sich ihren Laptop. Ganz unvorbereitet wollte sie nicht zu diesem Termin auftauchen.

Eine Viertelstunde später wusste Johanna wenigstens ein paar Fakten und gab schließlich die Adresse in ihre Navi-App ein, bevor sie sich ins Badezimmer begab.

Ihr Spiegelbild blickte Johanna mitleidig an.

Selbst schuld!, konnte sie auf ihrer Stirn lesen.

»Guck nicht so!« Johanna streckte die Zunge heraus. »Hätte ich es nicht gemacht, wäre sie bald arbeitslos.«

Sie zuckte entschuldigend die Schultern. »Du wärst standhaft geblieben, aber ich lasse keine Freundin im Stich«, sagte Johanna und griff nach der Zahnbürste.

Die nächsten drei Minuten betrachtete sie sich im Spiegel. Definitiv langweilig. In gewisser Weise traf es ihre Freundin auf den Punkt: *»Du bist fünfundzwanzig und könntest sogar meiner Oma, die siebzig ist, Konkurrenz machen.«*

Bei dem Gedanken verspürte sie einen Stich in der Brust. Nichts gegen ein gutes Buch oder einen Serienmarathon, aber gerade hätte sie gern einen Freund, der sie spontan nach Lissabon einlud oder bei dem Regen zum Bäcker rannte, um ihr ein Croissant zu kaufen.

An Tagen wie heute ärgerte sich Johanna umso mehr, dass sie einfach keine Lust verspürte, Stunden im Bad zu verbringen, um sich aufzustylen. Ein T-Shirt und Jeans waren im Alltag praktischer.

Sie hob ihre braunen Haare an, die wie langweilige Spaghetti herunterhingen und gleich zu einem Zopf gebunden würden. Das ging allemal schneller und war zweckmäßiger als der Affenzirkus mit dem Lockenstab.

Wie sagte ihre Mutter immer so schön: *»Kindchen, der richtige Mann wird dich lieben, so wie du bist, nicht weil du als sexy Vamp alle aufheizt.«*

»Dafür hat Meggy ihren Spaß in Lissabon, während du ihren Mist ausbaden darfst«, warf sie ihrem Spiegelbild vor und verspürte einen Anflug von Neid.

Meggys rote Locken saßen so ziemlich zu jeder Tageszeit perfekt und ihre Outfits sahen aus, als stammten sie direkt aus einer angesagten Modezeitschrift. Aber dafür morgens drei Stunden früher aufstehen? Johanna schüttelte bei dem Gedanken den Kopf.

Das bin nicht ich!

Sie war eben das praktische Mäuschen, weshalb sie nicht lange überlegte und zur Jeans und einem schlichten Oberteil griff.

Zwanzig Minuten später stellte Johanna die gepackte Tasche in den Kofferraum. Im Geiste ging sie noch einmal alles durch.

Kamera, meine gefüllte Federtasche, Notizbuch und das Diktiergerät.

Johanna schlug die Heckklappe zu, setzte sich hinters Steuer und kämpfte sich durch das völlig verkehrsüberfüllte München.

Besuch auf dem Friedhof

*Wenn einer keine Angst hat,
hat er keine Phantasie.
(Erich Kästner)*

Mit einer Viertelstunde Verspätung fuhr Johanna am Friedhof vor.

Endlich!

Noch länger und sie hätte den nächsten Idioten von der Straße gerammt. Was dachten die LKW-Fahrer sich bloß? Dass ihnen die Straße gehöre? Erst gaben sie Gas und sobald das Überholverbot kam, bremsten sie herunter. Auf dem letzten Stück musste sie mit 50 km/h hinter einem Laster herfahren, weil der Gegenverkehr sich ebenfalls gegen sie verschworen hatte. Genauso der Vollidiot, der im letzten Moment blinkte, sodass Johanna eine Vollbremsung hinlegen musste, um ihm nicht hintendrauf zu fahren. Wenn diese Leute sie damit provozieren wollten, war es ihnen jedenfalls gelungen.

Innerlich kochte Johanna, als sie am Seitenrand parkte und den Motor abstellte. Zumindest der Regen hatte unterwegs aufgehört. Inzwischen zeigte sich die Sonne von ihrer schönsten Seite. Johanna warf einen kurzen Blick in den Spiegel und strich eine Strähne, die sich gelöst hatte, hinters Ohr. Sie atmete tief durch, ehe sie ausstieg.

Sofort spürte sie die lange Fahrt in den Knochen. Dreieinhalb Stunden und ihre Beine fühlten sich an, als hätte sie den ganzen Tag gesessen. Steif ging sie zwei, drei Schritte und streckte sich.

Das tut gut!

Für mehr blieb keine Zeit. Mit Pech war ihr Interviewpartner längst verschwunden. Und Johanna konnte es ihm nicht verübeln. Sie selbst hasste Unpünktlichkeit und wartete nie länger als zehn Minuten. Nur für Meggy machte sie eine Ausnahme.

Johanna beeilte sich, ihre Tasche aus dem Kofferraum zu holen, und atmete ein letztes Mal tief durch.

Auf geht's!

Nach ein paar Metern entdeckte sie zwischen den Bäumen ein schmiedeeisernes Tor und erkannte dort zu ihrer Erleichterung einen älteren Mann, der auf jemanden zu warten schien.

Das letzte Stück nutzte Johanna, um ihn zu mustern. Siebzig, vielleicht auch fünfundsiebzig, so genau konnte sie den Mann nicht schätzen. Er trug einen altmodischen, leicht verschlissenen Hut, unter dem sein noch immer volles, aber weißes Haar hervorlugte. Schicklich zum Hut trug er ein hellblaues Hemd mit einer schlichten blauen Krawatte und ein Tweed-Sakko mit passender Hose. Sein Gesicht zierten buschige Augenbrauen, die hinter einer goldenen Brille halb versteckt lagen. Seine blauen Augen blickten in Johannas Richtung und wirkten hellwach. Auf seinen Lippen erkannte sie ein freundliches

Lächeln, während er einen Schritt auf sie zuging und sie nun ebenfalls intensiv anblickte.

Normalerweise fühlte sich Johanna in solchen Momenten sofort unbehaglich, aber hier war es anders. Obwohl sie noch kein Wort mit ihm gesprochen hatte, war er ihr auf der Stelle sympathisch. Sie konnte nicht anders und erwiderte das Lächeln.

»Entschuldigen Sie bitte meine Verspätung«, begrüßte Johanna ihn, als sie vor ihm zum Stehen kam. »Ahrens. Johanna Ahrens. Ich bin eine Kollegin von Margarete Schuhmacher. Sie ...«

Ja, und jetzt?

Unmöglich konnte Johanna ihm die Wahrheit über Meggys Abwesenheit sagen.

Krankheit, Unfall, Trauerfall?

In Gedanken wägte Johanna ihre Optionen ab, ehe sie weitersprach. »Sie hatte leider einen kleinen Unfall, weswegen ich mich angeboten habe, den Auftrag zu übernehmen. Es tut mir leid, wenn ich etwas unvorbereitet erscheine. Es war leider sehr kurzfristig.« Johanna lächelte entschuldigend und streckte ihm ihre Hand entgegen, die er mit einem kräftigen Händedruck packte und schüttelte.

»Aber ich bitte Sie. Dafür müssen Sie sich doch nicht entschuldigen. Ich hoffe, es ist nichts Schlimmes. Am Telefon machte sie einen so netten Eindruck.«

Von wegen nett – ausgekochtes Schlitzohr trifft es eher.

Johanna verkniff es sich, den Gedanken laut auszusprechen, und nickte stattdessen. »Ja, das ist sie in der Tat. Sie war schon auf dem Weg zu ihrem Wagen, als sie mit dem

Absatz in einem Gully hängen geblieben ist. Dabei ist sie so unglücklich umgeknickt, dass ihr Fuß einer blaugrünen Orange gleicht«, erklärte Johanna mit einem Schulterzucken. »Damit konnte sie unmöglich die weite Fahrt von München hierher auf sich nehmen.«

Einen Moment ließ der Mann das Gesagte sacken, dann griff er in die Innenseite seines Sakkos. »Ich sollte sie anrufen und gute Besserung wünschen.«

Was? Das durfte auf keinen Fall passieren.

Bei Johannas Glück rief er an und Meggy ging kichernd ans Handy, während Carlos im Hintergrund Liebesbekundungen säuselte.

»Sie ist beim Arzt«, log sie deswegen schnell und hoffte inständig, dass er es dabei beließ. Falls nicht, müsste sie ihm die Wahrheit sagen, dass Meggy lieber mit ihrer On-off-Affäre für ein spontanes Liebeswochenende nach Lissabon geflogen war. Und das würfe kein gutes Licht auf sie und schon gar nicht auf die Redaktion.

»Dann will ich sie mal nicht stören, falls sie im Behandlungsraum ist. Die heutige Generation schaltet ihr Smartphone schließlich nie auf stumm. Meins habe ich meist ausgeschaltet«, murmelte er und schüttelte den Kopf. »Ich schreibe ihr nachher einfach eine Nachricht, falls sie wegen der Schmerzen schlafen sollte.«

Das war knapp!

Johanna wollte unauffällig das Thema wechseln, als sich sein nachdenklicher Gesichtsausdruck veränderte. Von einer Sekunde auf die andere weiteten sich seine Augen, öffnete sich sein Mund und dann schüttelte er erneut den Kopf.

Er weiß es!, schoss es Johanna durch den Kopf. Ihr Herz rutschte in die Hose und sie schluckte hörbar.

»Wie unhöflich von mir«, sagte er kurz darauf. »Ich habe mich noch gar nicht vorgestellt. Gestatten, Hermanns. Wilhelm Hermanns.« Er fasste sich bei den Worten an die Hutkrempe und verbeugte sich leicht.

»Oh!« Erleichterung breitete sich aus und Johanna lächelte. »Sehr erfreut.«

»Da die Formalitäten nun geklärt sind. Mit Frau Schuhmacher war ein Rundgang über den Friedhof geplant, während ich die dazugehörige Geschichte erzähle.«

»Das klingt super«, antwortete Johanna.

»Das freut mich. Falls Sie zwischendurch Fragen haben, scheuen Sie sich bitte nicht, mir diese zu stellen. Falls es in meiner Möglichkeit steht, beantworte ich gern alles. Im umgekehrten Fall: Wenn ich zu viel rede, unterbrechen Sie mich gern.« Er lachte über seinen kleinen Witz, ehe er hinzufügte: » Wollen wir?«

Auf seinem Gesicht breitete sich ein freudiges Strahlen aus. Ganz so, als sei die Führung für ihn ein spannendes Abenteuer.

Einfach süß!, dachte Johanna.

Der Nachmittag würde doch besser werden, als der Besuch auf einen Friedhof vermuten ließ. Und das lag an Wilhelm. Wenn Johanna eins in den zwei Jahren beim *Kurier* gelernt hatte, dann Folgendes: Alte Menschen ließen sich in drei Kategorien einstufen. Die frustrierten und verbohrten Senioren, die mit sich und ihrem Leben unzufrieden waren. Dann die Sorte, die grundsätzlich alles besser wusste, weil sie nun einmal deutlich mehr Lebenserfahrung besaß. Und zu guter Letzt gab es noch Menschen wie Wilhelm Hermanns. Jung geblieben, charmant, lebensfroh.

Obwohl Johanna absolut keine Lust verspürte, einen alten Friedhof zu erkunden, nickte sie ihm zu.

Als hätte er nur darauf gewartet, drehte er sich zum Eingang um. Das Tor öffnete sich mit einem leisen Quietschen.

Sofort stellten sich bei Johanna sämtliche Härchen am Körper auf. Gleichzeitig zog sie die Schultern ein Stück weit hoch und sah sich um. Ein ungutes Gefühl breitete sich in ihrem Bauch aus. Mit einem Mal fühlte sie sich regelrecht unwohl in ihrer Haut. Wahrscheinlich lag es an der Tatsache, dass sie gleich einen Friedhof betrat. In einer solchen Situation wurde ihr jedes Mal bewusst, dass hier Menschen unter der Erde lagen. Menschen, die auch mal jung gewesen waren. Das Gefühl von Sterblichkeit bereitete ihr Unbehagen.

Im Gegensatz zu ihr schien Wilhelm Hermanns daran keinen Gedanken zu verschwenden. »Seien Sie nicht so schüchtern. Treten Sie ein!«

Seine Stimme riss sie aus ihren melancholischen Gedanken. Sie straffte die Schultern, atmete tief ein und lächelte dankbar, als ihr Begleiter direkt weitersprach.

»Darf ich vorstellen: Bertel Thorvaldsen. Oder besser gesagt eine Statue von ihm.«

Johanna blickte auf und sah eine mächtige Figur aus Stein, die hinter einem kleinen Beet aus welken Blumen stand. Sie jagte ihr augenblicklich einen Schauder über den Rücken. Es war nur eine Statue, aber sie wirkte alles andere als einladend. Vielmehr bekam Johanna das Gefühl, als wolle sie sagen: »*Tritt nicht ein! Lauf und kehr niemals zurück!*«

Jetzt hör aber auf!, schalt sie sich in Gedanken und überschritt mit rasendem Herzen diese unsichtbare, irgendwie angsteinflößende Grenze.

Sobald Johanna auf der anderen Seite stand, beschlich sie das Gefühl, in einer neuen Welt zu sein. Es herrschte eine unheimliche Stille. Keine Blätter, die im Wind raschelten, keine zwitschernden Vögel. Nicht mal die Geräusche von der Straße waren zu hören. Dabei hatte sie eben noch ein Motorrad vernommen und eindeutig Wind, auch eine Krähe, die bedrohlich gekrächzt hatte. Warum war das alles plötzlich verschwunden?

Noch einmal lauschte Johanna, aber das Einzige, was sie hörte, war das Blut, das in ihren Ohren rauschte. Sie drehte sich um. Sogar die Farben wirkten auf dieser Seite des Tores blasser. Es war unheimlich.

Du benimmst dich wie ein Baby. Wenn Meggy dich sehen könnte, würde sie einen Lachkrampf bekommen. Hör auf, dich so anzustellen. Werd endlich erwachsen!

In Gedanken versuchte Johanna sich zu beruhigen und es schien zu klappen. War sie eben noch leicht panisch, kam sie sich nun albern vor. Sie war erwachsen und benahm sich wie ihre kleine Nichte, die Angst vor dem *Schwarzen Mann* hatte.

»Ich sehe, Sie sind genauso beeindruckt wie ich. Man könnte meinen, ich hätte mich nach all der Zeit daran gewöhnt, aber es ist jedes Mal aufs Neue so, dass ich das Gefühl habe, in eine fremde Welt einzutreten.« Er schaute ebenfalls zurück und sagte: »Friedlich und ruhig, finden Sie nicht auch?«

Ruhig traf es auf den Punkt. Das konnte Johanna nicht leugnen. Die Tatsache, dass er es ebenfalls so empfand, beruhigte sie ein Stückchen mehr. Sie öffnete den Mund, um ihm zuzustimmen, als er sich wieder dem Friedhof zuwandte und auf den Weg deutete, der vor ihnen lag.

»Willkommen auf dem Waldfriedhof.«

In einem gemächlichen Tempo schlenderten sie los. Wilhelm nickte hin und wieder. Ansonsten schwieg er. Johanna war es nur recht. So konnte sie sich auf die Umgebung konzentrieren.

Den Boden bedeckte ein Meer aus goldgelben, roten und braunen Blättern. Mit seinen Bäumen, Sträuchern, der Statue und dem Laub erinnerte alles an einen Park und weniger an einen Friedhof.

Johanna hatte den Gedanken noch nicht ganz zu Ende gedacht, als die ersten windschiefen Grabsteine auftauchten. Sie waren willkürlich angeordnet. Mal dicht an dicht, während andere einsam und verloren herumstanden. Manche Kreuze waren aus Stein, einige nur aus verwittertem Holz. Mittendrin fanden sich Engelsfiguren als Erinnerung an die Toten. Der Zahn der Zeit nagte an allem. Es erweckte nicht den Anschein, als würde sich jemand um die Anlage kümmern. Eine grüne Moosschicht hatte sich auf den meisten Grabsteinen niedergelassen. Farn wucherte über die Grabstätten und wechselte sich mit wildem Efeu und Unkraut ab. Hier und da sorgte das Laub für einen kleinen Farbtupfer. Vereinzelt wuchsen Bäume, die so ineinander verschlungen und alt waren, dass Johanna schlagartig an die altbekannten Märchen aus ihrer Kindheit dachte. Genau das verlieh dem Friedhof etwas Friedliebendes, aber auch Geheimnisvolles.

Johanna zog ihre Kamera aus der Tasche. Wie von selbst hielt sie die verschiedenen Eindrücke fest und hoffte inständig, dass die Bilder, die tatsächliche Stimmung so einfingen, wie sie sie gerade erlebte. In Gedanken spielte sie schon mit verschiedenen Filtern, um das Optimum aus den Aufnahmen zu kitzeln. Ein Foto nach dem anderen entstand. Johanna konnte gar nicht mehr aufhören, so nahm sie die Kulisse ein.

»Fehlt nur noch Nebel, der um die Grabsteine wabert, dann könnte man hier glatt einen Horrorfilm drehen.« Johannas Stimme durchschnitt regelrecht die himmlische Stille und sie zuckte zusammen.

Hatte sie das laut gesagt?

Voller Entsetzen schlug sie sich eine Hand auf den Mund, konnte aber nicht verhindern, dass sich Wärme in ihrem Gesicht ausbreitete und sie rot anlief.

Das war ja so peinlich.

Zu ihrer Überraschung lachte Herr Hermanns laut auf. »Da stimme ich Ihnen zu. Zumal die Geschichte dieses Friedhofs sich dafür anbietet. Ein düsteres Kapitel, finden Sie nicht auch?«

»Äh, ja ... nein, ich hab nicht den blassesten Schimmer, worauf Sie anspielen«, gestand Johanna und sah betreten zu Boden. »Die Zeit war so knapp, dass ich nicht mehr dazu gekommen bin, mich vernünftig auf diesen Termin vorzubereiten.«

Als sie aufsah, bemerkte sie ein schelmisches Blitzen in seinen Augen. Johanna grinste.

»Dann erlaube ich mir, Ihnen die ganze Geschichte zu erzählen.«

Sie kannte ein paar Fakten, aber das war schon alles. Nach ihren ersten Eindrücken wollte sie unbedingt mehr erfahren – und das nicht nur für die Leser.

»Das wäre klasse.« Zur Bestätigung kramte sie ihr Diktiergerät heraus und drückte die Aufnahmetaste. Erwartungsvoll, wie ein Kind, das sich auf eine Gute-Nacht-Geschichte freut, sah sie ihn an.

»Alles begann mit der Gründung der Heil- und Pflegeanstalt *Illenau* am 23. September 1842. Der Friedhof wurde 1858 für Patienten und Mitarbeiter angelegt. Ich denke, ich hole etwas aus, damit Sie wissen, wer hier auf dem Friedhof liegt, wenn das okay ist?«

»Sehr gern.« Johanna lächelte ermutigend.

»Zu Beginn kamen neunundvierzig Patienten aus Heidelberg nach Achern. Sie werden sicher denken, das seien nicht viele, aber es war ein Anfang. Schnell gab es die ersten Erfolge, und nachdem sich das herumgesprochen hatte, kamen immer mehr Leidende. Es gab Zeiten, da waren über sechshundert Menschen in der Obhut der sogenannten *Illenauer Familie*.«

Familie?

Johanna runzelte die Stirn, nickte aber, ohne zu wissen, worauf er anspielte. Am liebsten hätte sie sein Angebot angenommen, doch sie wollte ihn nicht unnötig unterbrechen. Im Geiste machte sich Johanna eine Notiz für später. Unnötig, wie sich herausstellte.

»Ich nehme an, Sie fragen sich, was es mit der *Familie* auf sich hat.«

Johanna fühlte sich ertappt.

»Ich sagte doch: Fragen Sie ruhig. Es stört mich nicht. Im Gegenteil – ich freue mich, wenn ich die Geschichte des Friedhofs jemandem näherbringen kann.« Er räusperte sich und fuhr fort: »Die *Familie* waren die Mitarbeiter der Heilanstalt. Als ich das erste Mal davon hörte, habe ich genauso überrascht geschaut wie Sie. Im Grunde ist es jedoch vollkommen logisch. Die Angestellten verbrachten die meiste Zeit in der Heilanstalt. Teilweise sogar mehr als zu Hause. Und so wurden aus Kollegen und einigen Dauerpatienten eine *Familie*.«

»Das ergibt Sinn«, pflichtete Johanna ihm bei.

Er nickte. »Einer der Gründe, warum sich viele hier wohler fühlten als in anderen Einrichtungen. Das lag aber nicht nur an dem familiären Umgang. Die Klinik war dafür bekannt, dass jede Abteilung sich für die Leidenden einsetzte. Sie hatten einen eigenen Garten mit Blumenbeeten, um die sie sich kümmern konnten. Es gab privilegierte Gruppen, die in der näheren Umgebung spazieren gehen durften. Sogar die schweren Fälle konnten sich am nett gestalteten Innenhof erfreuen. Dieser war zwar mit Mauern umgeben, aber bot dennoch ein bisschen Freiheit.«

Das Bild von hohen Wänden mit Stacheldraht tauchte vor Johannas Augen auf. »Das klingt irgendwie nach Gefängnis.« Als Johanna ihre Worte hörte, hatte sie ein schlechtes Gewissen und versuchte es zu erklären: »Ich habe gerade eine Serie auf *Netflix* gesehen. Dort gab es eine Art Gemüsegarten und den eben erwähnten Innenhof sowie Arbeitsgruppen, die das Gefängnis ab und an verließen.« Sie zuckte entschuldigend mit den Schultern.

Wilhelm legte den Kopf leicht in den Nacken und schüttelte belustigt den Kopf. »Eine gewisse Ähnlichkeit lässt sich nicht abstreiten. Menschen, die nicht ins Bild der Allgemeinheit passen, werden gern eingesperrt. Ich würde die Einrichtung aber eher als eine Art Tagesklinik mit einer geschlossenen Abteilung bezeichnen. Im Vergleich zu damals hat sich nicht viel geändert. Heute gibt es Gruppenräume mit Brettspielen, einem Fernseher oder Sommerfeste. Das gab es früher schon. Nicht unbedingt einen Fernseher, aber es gab Turnunterricht, Tanzabende oder Ausflüge für den gewünschten Heileffekt. Das Ziel bestand darin, die Menschen zu therapieren und nicht wegzusperren. Das war leider nicht überall der Fall und deswegen erhielt die Heilanstalt auf diese Weise einen ausgezeichneten Ruf. Aus ganz Europa reisten Menschen an. Adlige, einfache Bauern … Sie kamen aus den unterschiedlichsten Gründen. Depressionen, Melancholie, Schizophrenie, Ängste, Manien oder Tobsucht.«

»Wow – das trifft heutzutage auf fast jeden zu. Mich eingeschlossen«, witzelte Johanna.

»Höchstwahrscheinlich, aber Sie mit Sicherheit nicht«, antwortete er mit einem Augenzwinkern. »Wie auch immer. Viele nutzten die Heilanstalt, um für ein paar Tage aus ihrem Alltagstrott herauszukommen.«

»Herauszukommen? Jetzt klingt es nach Erholungsurlaub«, merkte Johanna an. Ungewollt stieß sie bei dem Gedanken einen lang gezogenen Seufzer aus.

Herr Hermanns wackelte mit dem Kopf, runzelte die Stirn und kniff die Lippen nachdenklich zusammen. »Für einige war es das mit Sicherheit. Für viele endete der Aufenthalt aber tödlich.«

Bei den Worten schluckte Johanna hart. »Er endete töd...?« Der Rest blieb ihr im Hals stecken.

»Es klingt im ersten Augenblick erschreckender, als es in Wahrheit ablief. Die Medizin war damals nicht so fortschrittlich wie heute. Wo Menschen sind, bleiben Krankheiten leider nicht aus. Grippe, Tuberkulose ... Es gab jedoch auch Patienten, die den Freitod wählten. Wobei – hinter vorgehaltener Hand gab es einige Stimmen, die munkelten, es seien keine Selbstmorde gewesen. Sie gaben den Therapien die Schuld.«

Ein eiskalter Schauder erfasste Johanna. Um sich zu wärmen, verschränkte sie die Arme vor ihrer Brust. Sie blieb stehen, um nachzuhaken. »Von welcher Art Therapie sprechen wir hier? Foltermethoden?«

Herr Hermanns blieb ebenfalls stehen. Als er sich ihr zuwandte, war das Leuchten aus seinen Augen verschwunden. »Folter ist so ein hartes Wort. Damals war alles anders und die Wissenschaft ist manchmal über das Ziel hinausgeschossen. Sagt Ihnen der Begriff Elektroschock-Therapie etwas?«

Bilder von rauchenden Köpfen blitzten in Johannas Kopf auf. Sie schüttelte sich bei der Vorstellung. »Aber das ist doch ...« Ihre Stimme versagte.

»Ich wollte Sie keineswegs verängstigen«, entschuldigte sich Wilhelm. »Was wir heute als menschenunwürdig ansehen, war damals üblich und geduldet, wenn nichts anderes half. Ich rede hier nicht nur von Schocktherapien, sondern auch vom Dauerbad oder Salben, die aufgetragen wurden, um bewusst Entzündungen zu provozieren. Alles harmlos mit Blick auf das, was folgte.« Er legte eine Pause ein und zog ein Stofftaschentuch aus der Jackentasche hervor. In seinen Augen sah Johanna Tränen schimmern. Er blinzelte kurz und schnäuzte sich geräuschvoll. »Verzeihen Sie einem gefühlsduseligen alten Mann. Der Gedanke an das, was nach 1939 hier passierte, lässt mich nicht kalt. Damals erließ Hitler die Sterbehilfe. Aktion T4. Menschen mit körperlicher, geistiger und seelischer Behinderung wurden systematisch ermordet. Anfangs wollte hier niemand was davon wissen. Der damalige Anstaltsleiter wehrte sich sogar mit Händen und Füßen. Leider erfolglos. 1940 wurden erstmals fünfundsiebzig Patienten abtransportiert. Weitere folgten bis zur Schließung Ende des gleichen Jahres. Niemand hat wieder was von den Deportierten gehört, abgesehen von fadenscheinigen Todesnachrichten. Wir reden von zweihundertvierundfünfzig Menschen, die, wie wir inzwischen wissen, in der Gaskammer gelandet sind.« Er räusperte sich. »Kurz vor der Schließung gab es einen Wechsel in der Anstaltsleitung. Damals häuften sich die Gerüchte über tödliche und verbotene Experimente. Bewiesen wurde das nie. Doch wie sagt man so schön: *Ein Fünkchen Wahrheit steckt in jedem Gerücht.*« Wilhelm drehte sich um und deutete dabei unbestimmt in alle Richtungen. »Wenn Sie sich genauer umschauen, werden Sie viele Grabsteine aus der Zeit entdecken. Sie sprechen für sich und die Gräueltaten, die angeblich nie passierten.« Er verstummte und schaute nachdenklich auf eine lange Reihe mit Kreuzen.

»Ich bin sicher, dass hinter jedem Stein ein Schicksal steckt, das berührt. Kennen Sie das eine oder andere?«, hakte Johanna deswegen nach.

Genau solche tragischen Schicksale erwartete ihr Chef von seinem Team. »*Drama, Angst und Schrecken verkaufen sich am besten, denk immer an meine Worte, wenn du an einer Story sitzt!*« Mit diesem Satz hatte Meyer ihr damals den Vertrag überreicht. Ein Gesetz, an das sich die gesamte Redaktion hielt. Allein dieses Jahr hatte er zwei Mitarbeiter gefeuert. *Nicht nah genug am Menschen und viel zu festgefahren.* So lautete beide Male seine Begründung. In dieser Schublade wollte Johanna nicht enden. Deswegen benötigte sie neben den Fakten etwas Aufregendes – etwas, das zum Weiterlesen animierte.

Zu ihrer Enttäuschung schüttelte Wilhelm den Kopf.

»Alles, was ich selbst herausbekommen habe, würde ihre Leserinnen und Leser mit Sicherheit langweilen. Die meisten Akten wurden im Krieg vernichtet, was die Recherche klar erschwerte. Ein spitzer Schrei, ein leises Stöhnen. Alles normale Dinge für eine Heilanstalt. Ich denke, die meisten haben das Schlechte dieser Zeit verdrängt und der Rest liegt hier.« Er setzte sich wieder in Bewegung und Johanna folgte ihm. »Wenn einer was wusste, dann hat er das Geheimnis mit ins Grab genommen. Sogar mein Vater. Er war von 1937 bis 1939 Pfleger in der Anstalt, bevor er eingezogen wurde.« Den letzten Satz hatte er nur geflüstert.

»Oh«, murmelte Johanna. »Mein Beileid.«

»Es ist Ewigkeiten her! Wie auch immer. Ich denke, wir sollten langsam zurück, damit sie dem Museum noch einen Besuch abstatten können. Für den Fall, dass Sie weitere Informationen benötigen.«

Sie waren zehn Schritte gegangen, als Wilhelm stehen blieb. Er schien mit den Gedanken woanders zu sein. Johanna folgte seinem Blick zu einem alten Grabstein.

Dr. Christian Roller Geheimrat
»Anstaltsdirektor« 1802 - 1878

Die Sonne, die durch die Blätter schien, ließ den Grabstein in einem unheimlichen Licht erstrahlen – fast wie ein Spotlight. Sie tauschte das Diktiergerät gegen die Kamera. Durch den Sucher sah es noch gespenstischer

aus. Johanna drückte den Auslöser und schaute sich das Bild an.
Perfekt. Das Ganze mit Graustufen in Szene gesetzt, würde sich gut machen.
»Wollen wir weiter?« Der alte Mann riss sie aus ihren Gedanken.
»Moment«, murmelte sie und schoss ein zweites Bild von dem Grabstein. Diesmal aus einer anderen Perspektive. Als sie damit zufrieden war, verstaute sie den Fotoapparat. »Ich bin so weit!«
Während sie schweigend zum Eingang zurückgingen, ließ Johanna die Umgebung auf sich wirken und ging gedanklich schon einmal mögliche Überschriften durch.
»Ein Familienfriedhof und seine Geschichte.«
Gut, aber langweilig.
»Ein Friedhof mit bewegter Geschichte.«
Minimal besser. Verdammt!
Sie brauchte einen richtigen Aufhänger. Eine Schlagzeile, die sofort fesselte.
»Was mich noch interessiert …«, begann Johanna zögernd.
»Keine Scheu!«, ermutigte Herr Hermanns sie. Die trübe Stimmung schien verflogen zu sein.
»Unsere Leser …« Ihre Stimme versagte. Dabei kam sie um diese Frage nicht herum. Meyer würde sie einen Kopf kürzer machen, wenn sie es unterließ. Dennoch kam es ihr falsch vor. »Wie soll ich sagen … An einem so bedeutsamen Ort. Ich meine, wo so viele Seelen …«
Sein Lachen beendete ihr Gestammel.
Was ist denn daran so lustig?

Irritiert legte Johanna die Stirn in Falten.

»Sie müssen mich nicht schonen. Die Frage nach Geistern wird mir jedes Mal gestellt«, klärte er sie mit einem Augenzwinkern auf.

»Oh, okay!« Damit hatte Johanna nicht gerechnet. »Und?«

Er blieb stehen und sah sie an. »Kommen Sie! Ich zeige Ihnen was. Es ist mehr ein Gerücht, das Ende der Vierzigerjahre aufkam, sich allerdings hartnäckig hält. Eine Geschichte, die Kinder und Jugendliche davon abhalten soll, nachts auf den Friedhof zu gehen. Nicht mehr und nicht weniger. Aber ich denke, es ist das, was Ihr Chef erwartet.«

Mit zielstrebigen Schritten ging er voraus. Johanna folgte ihm.

Die Statue

Ein großer Teil der Sorgen besteht aus unbegründeter Furcht.
(Jean Paul Satre)

Gemeinsam gingen sie den Weg zurück, bogen ab und mit einem Mal blieb er stehen. Johanna bremste abrupt, um nicht in ihn hineinzulaufen.

»Da wären wir«, teilte ihr der alte Mann mit.

Johanna drehte sich einmal im Kreis, entdeckte aber nichts Ungewöhnliches. Büsche, Grabsteine, eine Frauenstatue auf einem flachen Podest … Eine x-beliebige Stelle auf dem Friedhof. Spielte er auf das riesige verwitterte Steinkreuz an, das halb verborgen im Schatten lag? Johanna beugte sich vor, um die Inschrift im Sockel zu entziffern.

»Hübsch, aber ich meinte nicht das Kreuz!«

Johanna kam nicht umhin, einen Hauch von Belustigung in seiner Stimme zu vernehmen.

»Sie sollten sich lieber die Statue genauer ansehen.«

»Die da?« Johanna deutete auf die Frauenfigur neben dem Kreuz.

Er nickte.

»Okay.« Sie trat vor und taxierte fachmännisch die Skulptur von oben bis unten. Beim besten Willen konnte

Johanna nicht sagen, worauf er anspielte. Sie war aus dem gleichen Material wie die meisten Statuen, die auf dem Friedhof verteilt standen. Weiß, mit einer spakigen Schicht, die ihr den Glanz früherer Tage nahm. Sie war groß, und wer auch immer sie gestaltet hatte, war mit viel Liebe ans Detail gegangen. Barfüßig in einem langen, fließenden Kleid ragte sie in den Himmel. In ihrer linken Hand hielt sie zwei Rosen. Nein, eine Art Kranz, wie Johanna auf den zweiten Blick erkannte. In der anderen Hand hielt sie eine einzelne Blume. Ganz so, als wolle sie diese auf dem Grab ablegen. Die Geste verdeutlichte: Wer auch immer hier lag, wurde geliebt. Zumindest früher einmal.

Ob mich später jemand so vermissen wird?

Johanna zweifelte daran, sofern sich an ihrer Situation nichts änderte. Morgen würde sie auf jeden Fall ein Profil auf einer dieser Singlebörsen anlegen. Ein Lächeln umspielte ihre Lippen bei dem Gedanken, gefror aber in dem Moment, als sie bei den Augen der Statue angelangt war. Augenblicklich sträubten sich ihre Nackenhaare, ein eiskalter Schauder lief ihr über den Rücken.

Was zur Hölle?

Johanna stolperte zwei, drei Schritte rückwärts. Sie probierte den Blick zu lösen, aber dazu war sie erst fähig, als sie mitten auf dem Weg stand. In ihrer Brust pochte das Herz wie verrückt. Was war da eben passiert?

»Sie spüren es auch, oder?«

Herrn Hermanns' Stimme klang eingeschüchtert.

Oder bildete sie sich das nur ein?

»Spüren? Was genau?«, hakte Johanna mit belegter Stimme nach.

»Dieses Gefühl, beobachtet zu werden? Immer wenn ich hier vorbeigehe, überfällt es mich, als würde sie mich nicht aus den Augen lassen. Ich komme mir dann immer wie ein Eindringling vor. Aus diesem Grund meide ich den Teil bei meinen Rundgängen.«

Besser hätte Johanna es nicht beschreiben können. Als sie ihr in die Augen gesehen hatte, war es, als würde die Figur direkt in ihre Seele blicken. Auf eine unangenehme Art und Weise. Wie eine Warnung. Aber wovor?

Das war doch nicht möglich. Johanna trat einen Schritt vor. Obwohl die Sonne schien, spürte sie am ganzen Körper Gänsehaut.

Lauf!

Alles in ihr schrie dieses Wort – immer wieder. Das merkwürdige Gefühl vom Eingang tauchte in ihrer Erinnerung auf. Dieser Friedhof ...

Etwas packte sie an der Schulter und zog sie zurück.

»Ahhhhh!« Sie machte einen Satz und ihr Herz überschlug sich förmlich.

»Alles in Ordnung? Habe ich Sie erschreckt?«

Das war nicht die Stimme einer Frau. Das war ...

Wilhelm!

Erst jetzt erinnerte sich Johanna an ihren Begleiter, der sie durch seine Brille fragend ansah.

»Ich dachte ...« Ja, was hatte sie gedacht? Dass die Statue zum Leben erwacht war?

Du schaust eindeutig zu viele Horrorfilme, Johanna, schalt sie sich.

Langsam normalisierte sich ihr Herzschlag wieder. Doch das Unwohlsein blieb.

»Kommen Sie!«, forderte Hermanns sie auf und schob sie sachte in die Richtung, aus der sie gekommen waren. »In ihrer Nähe hält man es nicht lange aus.«

»Eindeutig«, stimmte Johanna ihm mit einem Zittern in der Stimme zu. »Sie ist ... Ich weiß nicht, warum ... aber diese Augen.« Johanna gelang es nicht, ihre Eindrücke in Worte zu fassen.

»Wahrscheinlich ranken sich deswegen so viele Geschichten um die Statue. Ich weiß noch, dass anfangs einige behaupteten, sie würde einfach ihren Liebsten bewachen. Irgendwann wurde daraus der Friedhof. Ein paar Jahre später tauchte das Gerücht auf, sie würde in der Nacht ihr Podest verlassen, umherwandeln und jeden verfluchen, der die Nachtruhe störe.«

»Aber es ist nur ein Gerücht, oder?«

Johannas Frage blieb unbeantwortet und ein Teil von ihr war froh darüber.

Inzwischen bogen sie ab und Johanna spürte wieder die Sonne. Sie wärmte ihr Gesicht, und der Wunsch, zu flüchten, verblasste innerhalb kürzester Zeit. Es war albern, Angst vor einer Steinfigur zu haben. Aber dennoch. Diese Beklemmung, der Wunsch, zu fliehen ... All das war nicht ihrer Fantasie entsprungen.

Erleichtert stellte Johanna fest, dass sie beim Ausgang angelangt waren. Nach dem Erlebten verspürte sie nur noch den Wunsch, nach zu Hause fahren. In dreieinhalb Stunden könnte sie auf dem Sofa sitzen, eine heiße Schokolade trinken und den Rest aus sicherer Entfernung recherchieren. Auf das Museum verzichtete sie jedenfalls gern.

Kaum waren sie durch das große Tor getreten, durchströmte Johanna ein Gefühl von Sicherheit. Es war, als sei eine riesige Last von ihren Schultern gefallen. Wilhelm Hermanns schien es nicht anders zu gehen. Er sah älter aus. Von der Heiterkeit, die sie anfänglich verspürt hatte, war nichts mehr übrig geblieben. Irgendetwas schien ihn zu beschäftigen und Hanna wollte ihn nicht herausreißen, um sich zu verabschieden. Ungeduldig trat sie von einem Bein aufs andere.

»Mein Enkel.«

Seine Stimme erklang so unvermittelt, dass sie erschrocken zusammenzuckte. Mit einem Mal lag eine Art

Traurigkeit in seinen Augen, die sogar Johanna tief drinnen berührte und sie schlucken ließ.

»Ich habe das bis heute nie jemandem erzählt. Aber Sie ... Es war nicht zu übersehen, dass die Statue etwas mit Ihnen gemacht hat. Ich denke, es kann Ihnen bei Ihrem Artikel helfen. Nur bitte ... keine Namen.«

Sofort begann ihr Herz zu rasen. Was hatte er noch nie jemandem anvertraut? Wollte sie es überhaupt wissen? Mit Mühe und Not gelang ihr ein schwaches Nicken.

Herr Hermanns räusperte sich und legte eine Hand auf seine Brust. Genau da, wo sein Herz schlug. »Es ist fünfzehn Jahre her. Eine halbe Ewigkeit und doch erinnere ich mich an jedes Detail. Manche Dinge vergisst man nicht. Peter, so heißt mein Enkel, war damals fünfzehn Jahre alt.« Eine kurze Pause entstand und Wilhelm lächelte bei der Erinnerung. Nur kurz, dann wurde sein Gesicht wieder ernst. »Meine Tochter, seine Mutter, starb bei einem Autounfall, da war Peter sechs. Einen Vater in dem Sinne gab es nicht. Und so kam es, dass er bei uns aufwuchs. Ein freundlicher Junge, den jeder im Ort mochte. Mit der Pubertät veränderte er sich. Wurde unverbesserlich, ein richtiger Rebell. Die Noten fielen in den Keller. Eine Ausbildung kam nicht infrage. Dazu die falschen Freunde, Alkohol und Gras. Wir waren mit unserem Latein am Ende und gaben Peter, nachdem ihn die Polizei eines Nachts wieder bei uns ablieferte, Hausarrest. Im Raum standen ein Internat an der Nordsee oder eine Therapie. Peter bearbeitete uns, ihm eine allerletzte Chance zu geben. Das ging drei Tage gut, dann schlich er sich raus und ist mit seinen Freunden in der Nacht auf den Friedhof gegangen. Eine Nachbarin sah sie und erzählte uns am nächsten Tag davon. Sonst hätten wir das nie erfahren.« Er seufzte und sah traurig auf seine Schuhspitzen. »In dieser Nacht ist etwas passiert. Am nächsten Morgen stand Peter vor dem Klingeln des Weckers auf. Es war das erste Mal seit Monaten, dass er sein Bett machte und ohne Diskussionen zur Schule ging. Peter war wie ausgewechselt. Nicht nur einen Tag, solche gab es immer mal zwischendurch, sondern bis zu seinem Abschluss. Er verpasste keine Unterrichtsstunde mehr, traf niemanden von seinen alten Freunden, rührte keinen Tropfen Alkohol mehr an. Statt Hauptschule schloss er das Abitur mit Bestnoten ab.«

»Hat er Ihnen erzählt, was vorgefallen ist? Möglicherweise hat er sich mit seinen Freunden gestritten.«

»Nein. Über die Nacht hat er nie ein Wort verloren, aber es war kein Streit unter Freunden, der ihn auf den rechten Weg gebracht hat.« Er legte eine Pause ein. Ihm schien die Geschichte nahezugehen. »Meine Frau und ich haben immer wieder nachgehakt, aber Peter blockt bis heute. Nach dem Abitur ist er nach Indien gegangen. Dort lebt er zurückgezogen – fast wie ein Einsiedler. Die erste Zeit bekamen wir regelmäßig Briefe oder Postkarten, ein paarmal Fotos und einmal besuchte er uns. Doch seit fünf Jahren ruft er nur zu den Geburtstagen an. Daran denkt er immer, aber sonst ...« Der Schmerz stand Hermanns deutlich ins Gesicht geschrieben.

Johanna biss sich auf die Lippen. Sie konnte nicht sagen, was schlimmer war – zu sehen, wie sich der Enkel zugrunde richtet, oder nicht zu wissen, was ihn verändert hatte. Johanna legte dem alten Mann eine Hand auf die Schulter. Es war ein kläglicher Versuch, ihm zumindest etwas Trost zu spenden.

Und nun? Unmöglich konnte Johanna all die Fragen stellen, die ihr durch den Kopf geisterten. Warum glaubte er, dass die Veränderung mit dem Friedhof zusammenhing? Lag es nur an dem Gefühl oder an den Gerüchten? Gab es weitere solcher Veränderungen?

Drei, vielleicht auch fünf Minuten standen Johanna und Wilhelm schweigend nebeneinander, dann hielt sie es nicht mehr aus. »Was macht Sie so sicher, dass es was mit dem Friedhof zu tun hat?« Dabei vermied sie es, ihm in die Augen zu sehen.

Obwohl Johanna sich mit der Frage unwohl fühlte, schien Wilhelm ihr die Äußerung nicht übel zu nehmen.

»Sie waren an dem Abend zu dritt. Peter, Rudi und Gabi. Gabi war wie unser Peter. Vollkommen ausgewechselt. Vorher trug sie Miniröcke und konnte nicht genug Blicke auf sich ziehen. Nach der Nacht sahen wir sie immer nur in langen Röcken und schlichten Blusen. Sie lief mit gesenktem Blick durch die Straßen und besuchte sogar jeden Sonntag den Gottesdienst. Ihre Eltern sind ein Jahr nach dem Vorfall weggezogen. Mit Rudi war es schlimmer.« Er schluckte hörbar und Johanna sah eine Träne langsam über seine Wange hinunterkullern. Mit brüchiger Stimme sprach er weiter: »Drei Tage nach dieser Nacht hat er sich die Zunge abgebissen.«

»Scheiße«, entfuhr es ihr. Johanna versuchte in seinen Augen zu lesen, ob er sich das ausdachte oder ob es der Wahrheit entsprach. Aber Wilhelm hatte keinen Grund, zu lügen. Nur was trieb einen Jungen dazu, sich seine Zunge abzubeißen? Bei dem Gedanken spürte Johanna Galle aufsteigen. Sie drehte sich um. Mit drei Schritten war sie beim nächsten Gebüsch und würgte.

Herrn Hermanns' Beine tauchten in Johannas Blickfeld auf und sie spürte seine Hand auf ihrem Rücken.

»Es tut mir leid. Ich hätte nicht davon anfangen sollen. Manche Geschichten sollten unausgesprochen bleiben. Dazu gehört diese. Tun Sie mir bitte den Gefallen und vergessen Sie den letzten Abschnitt unseres Gespräches. Wie gesagt, ich meide die Statue und habe sie schon vor langer Zeit von meiner Führungsrunde gestrichen. Nur als Sie fragten … Ich weiß nicht. Für einen kurzen Moment hatte ich die Hoffnung, eine Antwort zu erhalten, was damals passierte. Verzeihen Sie mir. Ich bin nur ein alter Mann mit einer tragischen Familiengeschichte.« Er tätschelte ihr freundschaftlich den Rücken. »Jetzt wissen Sie, wieso ich mich mit dem Friedhof so gut auskenne. Was meinen Enkel betrifft, es war ein Fehler. Solche Geschichten ziehen nur Schaulustige an und ich könnte mir nie verzeihen, wenn es sich wiederholte – in welcher Form auch immer.«

Johanna richtete sich auf und schaute ihn an. Er sah noch einmal um Jahre gealtert aus. Tränen glitzerten in seinen Augen. Einen Moment zögerte sie, dann trat sie vor und legte unbeholfen einen Arm um seine Schultern. »Ich danke Ihnen für heute und … Ihre Offenheit.« Er hatte genug gelitten. Auf keinen Fall würde sie seine Geschichte für eine Story ausschlachten. Egal wie perfekt sie war. »Ich verspreche Ihnen, das bleibt unter uns.«

Wilhelm legte kurz seine Hand auf ihre und bedankte sich stumm. »Falls ich Ihnen noch andere Fragen beantworten kann ...«

»Nein.« Johanna ließ ihn los und schüttelte den Kopf. Ihr Bedarf an Geschichten und Informationen war für die nächste Zeit gedeckt. Sie wollte nur eins – Abstand zwischen sich und den Friedhof bringen.

»Ich denke, ich fahre jetzt zurück. Der Weg ist noch weit und es wird bald schon dunkel«, murmelte Johanna. »Ich danke Ihnen für Ihre Zeit und ...« Den Rest des Satzes ließ sie offen. In Gedanken fügte sie hinzu: *Es tut mir leid, dass ich hier war und all die Fragen gestellt habe. Einfach alles tut mir leid.*

Er nickte, ergriff ihre Hand. »Passen Sie auf sich auf!« Mit diesen Worten verneigte er sich und ging zu einem alten Herrenrad, das an einem Baum lehnte.

Johanna starrte ihm nach, bis er nicht mehr zu sehen war. Dann folgte sie ihm. Nach ein paar Metern blickte sie über eine Schulter zurück. Alles sah so friedlich aus, dennoch sorgte der Anblick für einen eisigen Schauder. Sie packte den Gurt ihrer Tasche fester und legte einen Schritt zu. Erst im Auto, als die Verriegelung aktiviert war, atmete sie erleichtert aus und legte ihren Rucksack auf den Beifahrersitz. Die Anspannung fiel von ihr ab und sie fing am ganzen Körper an zu zittern. Um sich zu beruhigen, legte Johanna den Kopf auf dem Lenkrad ab und atmete langsam ein und wieder aus. Was für ein Tag. Was für ein Auftrag. Das war definitiv das letzte Mal, dass sie für Meggy eingesprungen war.

Zehn Minuten später fühlte sich Johanna besser. Sie schnappte sich ihr Handy, um die Navi-Software zu starten, als sie einen entgangenen Anruf entdeckte.

Meyer!

Sein Anruf bedeutet nur eins – er wusste, dass sie eingesprungen war. Eine andere Erklärung gab es nicht. Freie Tage waren ihm komischerweise heilig. Sie schluckte.

Ob er sauer ist?

Eine seiner unausgesprochenen Regeln lautete: *»Ich möchte über alles Bescheid wissen. Wirklich alles!«*

Ihr Herz pochte wie verrückt, als sie auf seine Nummer drückte.

»Das wurde aber auch Zeit!«, bellte Meyer.

So schnell, wie er ans Telefon gegangen war, musste er es direkt in der Hand gehalten haben.

»Wie lief das Interview? Meggy meinte, du wolltest den Auftrag übernehmen.« In seinem letzten Satz klang unterschwellig eine Frage mit.

»Äh ja. Ich … äh … finde Friedhöfe faszinierend und als Meggy mir erzählte …«, stammelte Johanna hilflos. Wenn Meggy etwas anderes erzählt hatte, dann wäre sie am Arsch.

»Deswegen rufe ich nicht an«, brummte Meyer. »Wie lief das Interview?«

»Gut, wirklich gut«

Mit wenigen Worten brachte Johanna ihn auf den aktuellen Stand. Dabei ließ sie bewusst die Geschichte von Peter und der Statue aus.

»Kein Aufreißer? Kein Highlight?«, unterbrach er sie barsch.

Johanna stöhnte innerlich. Was hatte sie erwartet? Sie wusste, was er haben wollte, und sie wusste, dass sie ihm nur eine langweilige Geschichte geliefert hatte. So etwas verkaufte sich nicht.

»Gar nichts?«, bellte er. »Du bist auf einem Friedhof! Da muss es doch mehr geben!«

»Na ja …«, begann Johanna, um Zeit zu schinden. Zwei harmlose Worte, völlig belanglos, und doch hörte sie das Quietschen von Meyers Chefsessel. Ein Zeichen dafür, dass er sich zurücklehnte und sich entspannte. Das tat er nur, wenn er Lunte roch.

»Wusste ich doch, dass du nur Spaß machst«, bestätigte er keine Sekunde später ihren Verdacht. »Meine beste Redakteurin würde mich niemals enttäuschen. Also, was hast du?«

Nach diesen Worten konnte Johanna nicht »Nichts!« sagen. Sie musste ihm etwas liefern. Eine harmlose Variante dessen, was sie gerade erfahren hatte.

»Na ja, es gibt da diese Statue. Aber es ist nur ein Gerücht, das Erwachsene ihren Kindern erzählen.«

»Gerücht? Wunderbar. Damit kann man doch etwas anstellen.«

»Eigentlich ist es nur das einschüchternde Gefühl eines Friedhofs in Kombination mit dieser Statue. Eltern nutzen das seit Generationen, um ihre Kinder davon abzuhalten, zu nachtschlafender Zeit dort herumschleichen. Angeblich soll die Statue bei Nacht über den Friedhof wandeln auf der Suche nach unerwünschten Herumtreibern.« Ein kläglicher Versuch, den Kopf aus der Schlinge zu ziehen.

»Das ist ja noch besser als gedacht! Daraus kannst du eine gruselige Geschichte machen und die ganzen Verrückten auf den Friedhof locken.«

Shit!

Genau das, was Herr Hermanns vermeiden wollte.

»Aber ...« Weiter kam Johanna mit ihrem Einwand nicht.

»Aber?«, brüllte Meyer. »Da gibt es kein *Aber*! Ich will, dass du über Nacht auf dem gottverdammten Friedhof bleibst.«

»Niemals«, keuchte Johanna. Das konnte Meyer nicht ernst meinen. »Ich werd auf keinen Fall über Nacht auf diesem Friedhof bleiben.« Lautstark legte sie Protest ein. »Hören Sie, ich mach alles. Aber nach der Sache mit ...« In allerletzter Sekunde verkniff sie sich Peters Namen. Wenn sie ihn erwähnte, würde Meyer weiter nachbohren und dann ... »Ich meine ...«

»Das ist kein Kriegsgebiet, sondern ein dämlicher Friedhof«, fiel ihr Meyer ins Wort. »Irgendwann landest du eh drauf, Zuckerschneckchen. Wenn was dran ist an dieser wandelnden Statue, ist das DIE Top-Story. Falls nicht, peppst du die Fakten auf, indem du das Gerücht widerlegst und unsere Leserschaft aufforderst, dir ein paar Leserbriefe mit gruseligen Friedhofsgeschichten zu schicken. Oder willst du dir eine aus den Fingern saugen? Das kommt gar nicht infrage.« Eine Spur versöhnlicher fügte er hinzu: »Dafür bekommst du auch einen fetten Bonus. Wer weiß, wohin dich das auf deiner Karriereleiter befördert. Und unter uns: Ich würde dir das kaum zumuten, wenn es gefährlich wäre. Ich zähle auf dich!«

»Ich …«, fing Johanna an und wollte gerade sagen, dass sie es nicht machen würde, als es am anderen Ende raschelte.

»Ich wusste, ich kann auf dich zählen. Morgen Früh um sechs erwarte ich deinen Bericht!«

Die auf den Satz folgende Stille dauerte nur ein paar Sekunden, dann tutete es. Meyer hatte aufgelegt.

»Das kannst du so was von vergessen, du dämlicher Lackaffe! Du musst es ja nicht machen! Nein, du liegst in deinem warmen Bett und wirfst dich grunzend von einer Seite auf die andere.«

Pfffft. Der Bonus konnte ihr gestohlen bleiben. Und wer sagte, dass sie Wert auf eine Karriere legte? War sie nicht zufrieden?

Sie dachte an Meggy, die den Tag sicherlich am Strand verbracht hatte.

Sie wird vor Wut schäumen, wenn sie zurückkommt und merkt, dass ich befördert wurde. Danach wird sie mich nie wieder bitten, für sie einzuspringen. Fuck!

Der Gedanke war verlockend. Der an die Nacht auf dem Friedhof weniger.

Rudi mit seiner abgebissenen Zunge tauchte vor ihrem geistigen Auge auf.

Nein, auf keinen Fall! Ich fahre jetzt nach Hause und morgen rufe ich an und sage, es sei nichts passiert.

Trotzdem fuhr Johanna nicht los, sondern schnappte sich ihr Handy und wählte eine Nummer.

Nach dem vierten Klingeln nahm Meggy ab.

»Meyer will, dass ich auf dem Friedhof die Nacht verbringe!«, platzte es aus Johanna heraus.

»Warum das denn?«

»Warum?«, fauchte sie und erzählte Meggy alles. Natürlich schmückte sie die Geschichte aus. Aber nur weil der Gedanke an Rudi, Peter und Gabi ihr die Kehle zuschnürte. »Auf gar keinen Fall geh ich zurück!«, schloss Johanna ihren Monolog ab.

»Aber Mausi, dieser Wilhelm Hermanns ... Meinst du, er würde dir das alles erzählen, wenn nur ein Wort wahr wäre? Ich wette, er wollte nur mit einer gruseligen Geschichte auf den Friedhof aufmerksam machen. Hast du den mal gegoogelt?«

»Nein, aber ...« Johanna schnaubte vor Wut.

»Wusste ich es doch. Ich aber und du findest nichts, rein gar nichts über irgendwelche Vorfälle. Abseits dieser gruseligen Legende über diese Frauenstatue.« Meggy seufzte. »Glaub mir, alles Show. Die Besucherzahlen im Museum und auf dem Friedhof gehen im Winter zurück. Und so bekommt er Aufmerksamkeit. Jeder will bei ihm eine Führung. Ist doch logisch, oder?«

So, wie sie es sagte, klang es einleuchtend.

Johanna konnte nicht anders und seufzte. »Bleib kurz dran.« Gleichzeitig öffnete sie ihren Browser und schaute selbst nach.

Meggy hatte recht. Da war nicht das Geringste zu finden. Absolut nichts.

»Na, hast du dich überzeugt?«, hakte Meggy nach.

»Ja, aber ...«

Es ist ein Friedhof. Ein gottverdammter Friedhof.

»Hanna-Maus – du weißt, ich schreie, wenn ich eine Spinne sehe, und ich hab mir sogar bei *Titanic* ständig die Augen zugehalten. Trotzdem würde ich keine Sekunde zögern. Meyer wird dir den Kopf abreißen, wenn du das nicht machst.«

»Das ist mir bewusst!«, fauchte Johanna. »Und das alles, weil dein *Blödmann* mal wieder Lust auf dich hat.«

»Das ist nicht fair.«

»Dass ich mich wegen deines Lovers die ganze Nacht auf einem Friedhof herumtreiben muss? Da hast du vollkommen recht – das ist nicht fair. Du hast die Figur nicht gesehen und diese Angst ... Ich hab mir das nicht eingebildet.«

»Das sagt doch auch keiner. Ich würde es eher Suggestion nennen.«

Johanna wusste, dass Meggy ihr gerade zuzwinkerte.

»So ein Blödsinn!«

Obwohl – lag die Stelle nicht im Schatten? Das würde das plötzliche Frösteln erklären. Dazu das Gerücht ... Doch in jedem dieser Gedanken schwang ein unsichtbares *Aber* mit.

»Du, ich muss aufhören«, entschuldigte sich Meggy. »Wir haben einen Tisch reserviert.« Sie legte eine Pause ein. »Pass auf, du reißt dich jetzt zusammen und ziehst das durch. Dem alten Sack ging es mit Sicherheit nur um Publicity. Immerhin stockt er mit den Führungen seine Rente auf. Wenn was ist, dann rufst du mich an. Egal wann. Ich setze dann alle Hebel in Bewegung und rette dich. Deal?«

»Wie willst du mich denn bitte retten? Außerdem hast du ihn nicht gesehen. Herr Hermanns ...«

»Braves Mädchen!«

Wie bitte?

Sie musste sich verhört haben, doch Meggy fuhr fort: »Sei mir nicht böse, Carlos wartet ... Denk dran, ich bin bei dir, Maus. Wir hören uns.« Ein Kuss flog durch das Telefon hindurch, dann brach die Verbindung ab.

»Das war's. Es hat sich ausge-Hanna-t.«

Die Sonne verschwand langsam hinter den Bäumen. Johanna warf einen Blick aus der Seitenscheibe. Irgendwo dort lag der Friedhof friedlich und verlassen.

Nach wie vor gefiel ihr der Gedanke nicht, aber nach dem Gespräch war die Beförderung verdammt verlockend. Und wenn Meyer herausbekam, dass sie kniff, würde sie schneller beim Arbeitsamt vorstellig werden, als ihr lieb war.

»Sei kein Feigling! Morgen sitzt du beim Frühstück und lachst darüber«, unternahm Johanna den Versuch, sich selbst zu motivieren. Es half.

Sie löste ihren Blick – bereit auszusteigen –, als ihr der Gedanke kam, dass sie hier unmöglich parken konnte. So offensichtlich vor dem Friedhof. Das fiel auf. Jemand konnte die Polizei informieren oder kam auf die Idee, ihr einen gehörigen Schreck einzujagen. Sie musste unbedingt woanders parken.

Mit einem Stöhnen startete Johanna den Motor, legte den Gang ein und fuhr los.

Letzte Chance, fahr nach Hause, schrie eine Stimme in ihr. Eine andere lachte nur und sagte: S*ei nicht albern.*

Um beide zu übertönen, drehte Johanna das Radio auf.

Eine Viertelstunde später stellte sie das Auto in einer Seitenstraße ab. Sie hatte ein bisschen gebraucht und sich am Ende für ein Wohngebiet mit vielen Einfamilienhäusern entschieden. Am Straßenrand parkten zahlreiche Autos, sodass ihres hoffentlich nicht auffiel. Zumindest war sie sich sicher, dass niemand, der ihren Wagen sah, auf die Idee kam, dass die Besitzerin die Nacht auf den Friedhof verbrachte.

Ihr Herz klopfte und der Magen krampfte sich zusammen, als Johanna ihre Strickjacke überzog und nach ihrer Notfalldecke auf der Rückbank griff.

Einen Moment hielt sie inne und spielte mit dem Gedanken, die Decke zurückzulegen, das Auto zu starten und doch nach Hause zu fahren.

»Du bist echt erbärmlich. Reiß dich zusammen und benimm dich nicht wie ein Kleinkind«, sagte Johanna zu sich selbst und verstaute die Decke kurzerhand in ihrem Rucksack. Dabei spürte sie, wie sie zitterte. Um nicht weiter darüber nachzudenken, schnappte sie sich den Schokoriegel aus dem Handschuhfach und die angefangene Cola aus dem Fußraum. Ein letztes Mal prüfte Johanna den Akku ihres Smartphones und den ihrer Kamera, dann stieg sie aus.

»Auf in die Hölle!«

Die Rückkehr

*Je verrückter ich werde,
umso deutlicher erkenne ich,
welch ein Wahnsinn es ist,
normal zu sein.
(Harald Gebert)*

Es dämmerte, als Johanna durch das Tor trat. Wieder fühlte sie sich schlagartig in eine andere Welt versetzt. Ohne Herrn Hermanns an ihrer Seite empfand sie die Stille wie eine unsichtbare Hand, die sich um ihre Brust schlang. Die langen Schatten der Bäume und Grabsteine schienen nach ihr zu greifen. Ein unheimliches und ängstigendes Gefühl durchströmte Johanna. Jeder Atemzug kostete sie unglaubliche Kraft. Und trotzdem hatte sie das Gefühl, nicht genug Luft einzuatmen.

Kein Grund zur Panik!

Johanna probierte sich selbst zu beruhigen.

Nur ein menschenleerer Friedhof.

Es half nur bedingt.

Unsicher tat sie einen Schritt. Dabei fühlten sich ihre Knie wie Wackelpudding an. Es war, als würden sie gleich unter ihrem Gewicht nachgeben. So, als hätte sie gerade einen Marathon hinter sich gebracht. Vollkommen albern. Das wusste Sie. Doch konnte Johanna nichts gegen die Panik ausrichten, die sich in ihr ausbreitete.

Genau deswegen hat man Steinsalz, Eisen und Weihwasser dabei!

Der Gedanke an ihre Lieblingssendung »*Supernatural*« kam so urplötzlich, dass sie schmunzelte. Gleichzeitig wich der Druck aus ihrer Brust. Solche Dinge passierten im Fernsehen, aber nicht in der Realität. Mit großer Wahrscheinlichkeit würde sie fröstelnd in einer Ecke ausharren und sich nach ihrem warmen Bett sehnen. Einsam und allein mit schlafenden Vögeln, Mäusen und jeder Menge Grabsteine. Die Aussicht, zumindest auf ein paar verrückte Jugendliche oder Teufelsanbeter zu treffen, war schwindend gering. Wochenende hin oder her.

Obwohl Johanna sich der Tatsache bewusst war, gab es diese Stimme in ihr, die hoffte, dass sie gar nicht erst den Weg fand. Die perfekte Ausrede, um zu verschwinden. Ihr Unterbewusstsein, besser gesagt ihre Füße hörten diese Stimme nicht – oder waren anderer Meinung.

Noch bevor sie sie sah, spürte Johanna die Anwesenheit der Statue. Ein eisig kalter Schauder, der ihren Rücken hinunterlief.

Lauf weg!, sagte der Verstand, aber ihre Füße liefen weiter – und zwei Schritte später sah Johanna sie. *Du elender Schisshase! Es ist nur eine Statue. Eine Figur aus Stein. Nicht aus Fleisch und Blut.*

Mit angehaltenem Atem näherte sie sich der Statue und blieb stehen. Das Gefühl, beobachtet zu werden, kehrte zurück. Es war das gleiche wie heute Nachmittag. Hatte die Statue sie bemerkt? War ihr deswegen so bang?

Inzwischen brannte Johannas Lunge, doch sie wagte es nicht, zu atmen. Zögernd trat sie einen Schritt näher. Ein dicker Kloß bildete sich in ihrem Hals, als sie aufblickte, um der Figur direkt in die Augen zu schauen –, und schrie.

Es war ein kurzer und schriller Schrei, ehe ihre Stimme versagte. Irgendwo weit weg hörte sie einen Raben krächzen. Vernahm seinen leiser werdenden Flügelschlag. Johanna wollte ihren Blick abwenden, doch es gelang ihr nicht. Das dämonische Rot in den Augen der Statue zog sie magisch an. Es war nicht nur ein schlichtes Rot. Nein, es war ein Glühen.

Du musst weg!, schrie die Stimme in ihrem Kopf. Kämpfte gegen das ohrenbetäubende Pochen ihres eigenen Herzschlags an. *Lauf!*

Zu ihrer eigenen Überraschung gehorchten ihr ihre Beine, wenn auch wackelig. Schritt für Schritt entfernte sich Johanna, ohne dabei den Blick von den furchterregenden Augen lösen zu können.

Hatte sich der Kopf bewegt? Johanna keuchte vor Entsetzen. Sie fixierte die Statue und wagte nicht, zu blinzeln, während sie den nächsten Schritt tat.

An der Hacke spürte sie eine Unebenheit, fühlte, wie sich alles um sie herum drehte, und im nächsten Moment fand sich Johanna rücklings auf dem Boden wieder. Ein dumpfer Schmerz schoss durch ihren Kopf.

Benommen vom Sturz blieb sie liegen. Die Erde fühlte sich kalt und feucht an. Kleine, spitze Steine drückten sich in ihren Rücken und sie sah die ersten Sterne am langsam dunkler werdenden Himmel.

»Uff«, stöhnte sie, griff sich kurz an den Kopf und stellte erleichtert fest, dass sie nicht blutete.

Was für eine Landung, dachte sie und rappelte sich auf. Johanna war nur zehn, maximal zwanzig Sekunden abgelenkt gewesen, aber sofort spürte sie wieder die aufkeimende Panik in der Brust.

Hatte die Statue die Gelegenheit genutzt und war vom Podest gestiegen? Genau das passierte in den Horrorfilmen ständig. Sie bewegten sich, wenn man nicht hinsah.

Ihr Herz setzte bei der Vorstellung einen Schlag aus. Wollte sie es überhaupt wissen? Nein – und dennoch schaute sie hin.

Was ... zur Hölle?

Die Statue stand an Ort und Stelle. Eine beruhigende Tatsache – keine Frage. Und die Augen! Sie glommen nicht mehr in diesem teuflischen Rot, sondern sahen aus wie ganz normale Augen aus Stein. Oder aus welchem Material auch immer die Figur bestand.

Johanna rieb sich über die Lider. Blinzelte. Schloss sie und öffnete sie wieder blitzschnell. Rein gar nichts passierte. Fast so, als hätte sich Johanna das Glühen eingebildet. Alles andere ergab keinen Sinn – Steine leuchteten schließlich nicht rot. Nicht einmal im rötlichen Schein der untergehenden Sonne.

So wirklich überzeugte Johanna das Argument nicht. Es gab jedoch eine Möglichkeit, zu überprüfen, ob ihre Fantasie mit ihr durchging.

Auf ihrer Stirn bildeten sich erste Schweißperlen. Gleichzeitig fühlte sich ihre Kehle staubtrocken an. Nach einer gefühlten Ewigkeit ging sie einen Schritt nach vorn. Dann noch einen – bis sie an der gleichen Stelle stand wie zuvor. Ihr Atem ging stoßweise. Lauernd, bereit zur Flucht, sah sie der Statue in die Augen. Sie schloss für einen Moment die Lider. Doch das Bild veränderte sich nicht. Sie war und blieb eine Steinfigur. Leblos und vollkommen harmlos.

Johanna unternahm einen letzten Versuch. Sie streckte ihren Arm aus. Fast schon rechnete sie damit, dass sich der Stein warm anfühlte.

In der Sekunde, bevor ihre Finger die Figur berührten, setzte ihr Herzschlag aus und kehrte erst mit der Berührung zurück.

Kalt.

Alles ein Streich ihrer Fantasie. Anders konnte Johanna es sich nicht erklären. Zur Sicherheit berührte sie die Augen der Statue und betrachtete sie aus verschiedenen Perspektiven. Alles war, wie es sein sollte.

Johanna atmete erleichtert aus und spürte die Anspannung abfallen.

Meggy hatte recht. Sie ließ sich viel zu leicht beeinflussen. Ein Gerücht reichte aus, damit sie sich vor lauter Angst in die Hose machte.

Je länger Johanna vor der Frauenstatue stand, umso alberner kam sie sich vor. Trotzdem lösten sich ihre Zweifel nicht gänzlich in Luft auf. Der Gedanke, die Figur aus den Augen zu lassen, bereitete ihr regelrecht Unbehagen. Irgendwas in ihr sagte ihr, dass etwas nicht stimmte und sie auf der Hut sein müsse.

Eine gefühlte Ewigkeit stand Johanna unentschlossen da. Als ihr klar wurde, dass sie wohl kaum die ganze

Nacht hier verharren konnte, seufzte sie. Entweder packte sie ihre Sachen und suchte sich ein passendes Versteck oder sie gestand sich ein, dass sie ein Angsthase war, und verschwand.

Letzteres kam nicht infrage. Aus diesem Grund schulterte sie ihren Rucksack und blickte sich suchend um, als ihr plötzlich eine Idee kam. Es gab kein besseres Versteck als hinter der Statue. Johanna trat einen Schritt neben die Figur, ehe sie innehielt.

Sie konnte unmöglich vor den Augen der Statue ihr Versteck betreten. Es fühlte sich falsch an. Eigentlich fühlte sich alles falsch an. Sich nachts auf einem Friedhof herumzutreiben … So was machten nur Idioten. Oder Reporter, die dafür bezahlt wurden. Und genau das war sie nun einmal.

Johanna seufzte.

Vielleicht sollte ich sie täuschen und mich verabschieden? … Genau!

Johanna räusperte sich verlegen. »Also, ähm, es war nett.« Nervös trat sie einen Schritt zurück und hob die Hand zu einem Gruß. »Man sieht sich. Ich meine an einem anderen Tag oder so.« Ihr gelang ein spärliches Lächeln, ehe sie sich abwandte, ein letztes Mal die Hand hob und in Richtung Ausgang davonging.

Nach gut zwanzig Schritten verließ sie das ungute Gefühl und sie wägte sich außer Sichtweite.

Jetzt oder nie!

Bevor Johanna es sich noch anders überlegen konnte, zwängte sie sich ins Gebüsch. Es raschelte lauter als gedacht und sie hielt für einen Moment die Luft an. Dann warf sie einen Blick über die Schulter und atmete beruhigt aus. Als sie geduckt weiterging, achtete sie auf trockene Stöcke am Boden und herabhängende Äste. Auf keinen Fall wollte sie entdeckt werden.

Als die Statue in ihr Blickfeld kam, ging Johanna in die Hocke und ließ sich verdeckt vom Farn nieder. Von hier aus hatte sie einen halbwegs guten Blick auf die Figur. Gleichzeitig verdeckte das Kreuz den Kopf. Sie konnte Johanna unmöglich sehen und Meyer wiederum konnte ihr nichts vorwerfen. Zufrieden verstaute Johanna den Rucksack hinter ihrem Rücken und wartete mit angewinkelten Knien ab.

Schon nach wenigen Minuten spürte sie die kühle, feuchte Erde durch die Hose.

Na toll, morgen werde ich krank sein.

Warum konnte es nicht Juni sein oder Juli? Dann wäre es wärmer und nicht so früh dunkel.

Vielleicht sollte ich die Decke aus meinem Rucksack holen, überlegte Johanna. *Dann bekomme ich zumindest keine Blasenentzündung.*

Als Johanna nach hinten griff, um an den Rucksack zu gelangen, lehnte sie sich ein Stück zurück. Von ihrer neuen Position aus hatte sie einen besseren Blick auf die Figur. Augenblicklich fühlte sie sich unbehaglich. Konnte es sein, dass die Statue ihre Anwesenheit spürte?

Quatsch, das ist nur deine Fantasie, die dir einen Streich spielt.

Trotzdem beugte sie sich umgehend wieder vor und das Gefühl verschwand so schnell, wie es gekommen war.

Dann eben keine Decke.

Um sich abzulenken, stellte sich Johanna Meggy an ihrer Stelle vor. Sie würde garantiert die ganze Zeit nach Spinnen Ausschau halten und bei der ersten die Flucht ergreifen. Bei dem Gedanken grinste Johanna. Dabei gab es Schlimmeres als Spinnen. Anfang des Jahres zum Beispiel hatte Johanna eine ganze Nacht in einem Müllcontainer verbracht, um Lebensmitteldiebe interviewen zu können. Trotz Dusche hatte die gesamte Belegschaft am nächsten Tag die Nase gerümpft.

Irgendwann legte Johanna den Kopf auf die Knie und schloss die Augen.

Sie musste eingenickt sein, denn ein Geräusch ließ Johanna zusammenfahren. Für eine Sekunde wusste sie nicht, wo sie sich befand. Warum war es so kühl? Hatte sie vergessen das Fenster zu schließen? Und warum saß sie und lag nicht in ihrem Bett?

Der Friedhof!

Ein Adrenalinschub jagte durch Johannas Körper. Die Müdigkeit verschwand schlagartig. Sie richtete sich auf und blickte sich ängstlich um. Es war dunkel, aber im fahlen Licht des Vollmondes erkannte sie die Umrisse der Statue, des Kreuzes und der Büsche. Alles unverändert. Nur was hatte sie geweckt? War es ein Geräusch gewesen? Sie war sich nicht sicher. Gleichzeitig fragte sie sich, wie spät es war? So lautlos wie nur möglich öffnete sie ihre Jackentasche und zog ihr Handy hervor. Obwohl es schon im Nachtmodus war und nicht sonderlich hell leuchtete, schirmte Johanna das Display mit der freien Hand ab. 23:34 Uhr.

Verdammt. Sie hatte fast drei Stunden geschlafen. Wie konnte das nur sein? Zumindest erklärte es ihren schmerzenden Rücken. Sie streckte vorsichtig die Beine aus und reckte sich, als ein Geräusch sie mitten in der Bewegung erstarren ließ.

Mit angehaltenem Atem lauschte sie. Hatte sie das Geräusch geweckt? Laub, das der Wind aufgewirbelt hatte? Eine Maus? Sie wollte gerade erleichtert ausatmen, als sie etwas hörte – ein mädchenhaftes Kichern. Leise, aber nicht zu überhören. Jetzt wusste sie, was sie geweckt hatte.

Ist das ...?

Der Gedanke an die Statue steigerte Johannas Anspannung.

Die Figur stand an Ort und Stelle. Außerdem kam das Kichern aus einer anderen Richtung. Dafür aber eindeutig näher. Jetzt hörte Johanna ein tiefes Brummen. Eine zweite Person?

Von der Neugier getrieben krabbelte Hanna auf allen vieren zum nächsten Busch. Vorsichtig spähte sie durch das Geäst und entdeckte drei schemenhafte Umrisse, die sich ihr näherten. Nach ein paar Sekunden, die sich wie Stunden anfühlten, waren die drei Umrisse nur noch wenige Schritte entfernt. Dicht genug, um zu erkennen, dass es sich um zwei Jungen und ein Mädchen handelte. Sie schlenderten lachend an Johanna vorbei und verschwanden aus ihrem Blickfeld.

Was hatten die bloß vor? Alle Angst war verschwunden und die Neugier siegte. Sie musste auf die andere Seite. Von dort hatte sie einen besseren Blick auf den Weg.

Johanna kroch in geduckter Haltung nach hinten, holte ihren Rucksack und kehrte zurück zum Weg. Ein paar Meter hinter dem Busch, durch den sie sich am frühen Abend gezwängt hatte, stand ein Baum. Mit ihm als Deckung schaute sie sich um. Nichts war zu sehen. Bevor sie es sich wieder überlegen konnte, sprintete sie geduckt auf die andere Seite. Im Schatten der Grabsteine huschte sie weiter, bis sie die Gruppe entdeckte. Sie standen vor der Statue und betrachteten diese.

In dem Moment kam der Mond hinter einer Wolke zum Vorschein und erhellte den Friedhof. Johanna nutzte das Licht, um die Gruppe genauer unter die Lupe zu nehmen.

Der eine Junge, Johanna schätzte ihn auf neunzehn, trug pechschwarze Kleidung. Mit seinen langen, dunklen, leicht zotteligen Haaren erweckte er den Eindruck eines Gruftis. Er drehte sich zu ihr um und Johanna musste grinsen. So verkehrt lag sie gar nicht. Das fahle Licht betonte sein eh schon blasses Gesicht, in dessen Kontrast die schwarz geschminkten Augen standen. Ihr Blick wanderte weiter und sie entdeckte eine lange Kette mit einem umgekehrten Kreuz.

Jedem das Seine, dachte Johanna und widmete sich dem anderen Jungen. Er wirkte eindeutig jünger oder sah zumindest so aus. Vielleicht sechzehn oder auch siebzehn. Im Schätzen war sie nie gut gewesen. Seine Haare waren kürzer und dunkel. Statt schwarzer Kleidung trug er eine übergroße Baggy-Jeans und ein knallbuntes Hawaii-Hemd. Sein Arm war um das Mädchen gelegt. Mit ihrem roten Minirock, den High Heels und der leicht aufgeknöpften schwarzen Bluse erschien sie älter als ihr Begleiter. Ein Blick ins Gesicht machte deutlich, dass sie es nicht war. Es überraschte Johanna, dass sie sogar weniger geschminkt war als *Zottelfrisur*. Dabei hatte Johanna bei dem Outfit mit einer Tonne Make-up gerechnet. Eine merkwürdige Gruppe.

Johanna schüttelte den Kopf. Was taten sie um diese Uhrzeit auf dem Friedhof? War es Neugierde? Oder hatten sie etwas anderes vor?

Die Antwort ließ nicht lange auf sich warten. Der ältere Junge trat zur Statue und verbeugte sich vor ihr. *Hawaii-Hemd* löste sich von seiner Freundin und tat es ihm nach. Als Letztes kam das Mädchen an die Reihe. Sie kicherte nervös und erntete dafür einen Hieb mit dem Ellbogen von ihrem Anführer.

»Aua«, sagte sie und bedachte den zotteligen Jungen mit einem finsteren Blick, während sie sich die Stelle rieb, die er getroffen hatte. »Idiot.«

»Sag deiner dämlichen Freundin, sie soll die Klappe halten, Erik!«

Der angesprochene Junge beugte sich zu seiner Freundin und flüsterte ihr etwas ins Ohr. Johanna wusste nicht, was er gesagt hatte, aber das Mädchen nickte und kniff die Lippen zusammen.

»Geht doch«, murmelte der Anführer und griff kopfschüttelnd in seine Hosentasche. Kurz darauf hielt er eine Kette mit einem Pentagramm in die Luft. Er nickte den beiden zu und ließ sich vor der Statue auf die Knie fallen. Nach einigen Sekunden vernahm Johanna ein unverständliches Gemurmel.

Was für ein Bild!

Gerade fragte sie sich, was er da für einen Quatsch von sich gab und vor allen Dingen, ob es überhaupt eine richtige Sprache war, als ein glockenhelles Lachen ertönte. Der Junge hörte mit dem Gemurmel auf und warf dem Mädchen einen Blick zu, der sie schlagartig verstummen ließ. Dabei konnte Johanna absolut nachvollziehen, warum sie gelacht hatte. Die ganze Szene wirkte einfach nur kindisch.

»Noch einmal und du wirst das bereuen, du dämliche Kuh«, zischte Zottelhaar.

»Beleidige nicht Kati, Max«, meldete sich Erik zu Wort und legte den Arm beschützend um seine Freundin.

Max, Kati und Erik – jetzt hatte Johanna zu jedem Gesicht einen Namen.

»Dann soll sie nicht lachen!«, brummte Max.

»Was erwartest du denn? Das Ganze ist zum Totlachen. Wir sind mitten in der Nacht auf dem Friedhof. Du schminkst dich, besorgst ein Pentagramm und willst was? Den Geist der Frau beschwören?«

»Du hättest ja nicht mitkommen müssen«, fauchte Max und widmete sich wieder der Steinfigur. Wie eben begann er in der komischen Sprache zu sprechen und küsste ab und an das Pentagramm. So vergingen ein paar Minuten.

»Du, müssen wir hier weiter abhängen? Mir ist kalt«, meldete sich Kati zu Wort. »Außerdem würde ich lieber zu dir, einen Film schauen und ...«

Den Rest konnte Johanna nicht hören, aber sie sah, dass Erik der Gedanke gefiel. Er grinste über beide Backen und küsste seine Freundin nicht unbedingt jugendfrei.

Als Johanna sich schon langsam fragte, ob ihnen nicht die Luft ausging, löste sich Erik und räusperte sich.

»Hör mal, Max. Kati ist kalt. Lass uns abhauen. Ich müsste eine Pizza im Tiefkühlschrank haben und ...«

»Leute, kommt schon«, unterbrach ihn Max und stöhnte genervt auf. »Es ist doch gleich Mitternacht. Wenn die Geschichten stimmen, dann erwacht sie jeden Moment zum Leben. Ihr solltet weniger quatschen und sie lieber besänftigen, so wie ich es mache.«

»O mein Gott!« Kati stöhnte theatralisch auf. »Das sind nur alberne Gerüchte, damit wir vom Friedhof fernbleiben. Also, ich bin jetzt weg. Kommst du mit?« Sie schaute in Eriks Richtung.

»Nimm's mir nicht übel, Bruderherz.« Verlegen kratzte sich Erik am Hinterkopf. »Du weißt, ich stehe voll hinter dir, aber ehrlich, das ist nicht meine Welt. Sorry, Mann.«

»Feigling«, zischte Max und wandte sich ab.

»Ich kapier nicht, dass du und Max Zwillinge seid«, sagte Kati. »Wie Tag und Nacht.«

Zwillinge? Okay, damit hatte Johanna nicht gerechnet. Aber im Grunde war es egal.

Vor ihren Augen schnappte sich Erik die Hand seiner Freundin und ging mit Kati gemeinsam in Richtung Ausgang. Kaum waren sie aus Johannas Blickfeld verschwunden, drehte sich Max um.

»Leute?« In seiner Stimme schwang ein Hauch von Unsicherheit. Ein oder zwei Sekunden vergingen, dann biss er sich auf die Lippen. »Fuck!« Mit einer überraschend schnellen Bewegung erhob er sich. »Wartet auf mich«, rief er und folgte seinem Bruder und dessen Freundin.

Mit hochgezogenen Augenbrauen und einem belustigten Lächeln auf den Lippen blieb Johanna allein zurück. So etwas konnte nur ihr passieren. Die Szene hätte gut in einen Horrorfilm gepasst. Sie unterdrückte ein Kichern, als sie sich vorstellte, wie die Figur vom Podest stieg, um ihre Opfer vor dem Ausgang abzufangen. Erst Max, der allein war und damit das perfekte erste Opfer. Erik würde hingegen beim Versuch, seiner stolpernden Freundin zu helfen, der Statue in die Hände fallen. Und zu guter Letzt Kati.

Du schaust eindeutig zu viele Horrorfilme.

Mit diesem Gedanken kehrte Johanna in die Realität zurück, die beängstigend still war. Sie holte ihr Handy heraus. 23:58 Uhr.

Mist, schon so spät?

Mit fahrigen Fingern suchte sie die Kamera in ihrem Rucksack.

Endlich hatte Johanna sie und stellte sie mit geübten Griffen ein.

Ein paar Äste verdeckten den Blick auf die Frauenfigur. Vor ein paar Minuten wäre es Johanna noch recht gewesen, aber die drei Jugendlichen hatten ihr die Angst genommen. Sie schritt erst ein paar Zentimeter in die eine, dann in die andere Richtung und ging in die Hocke. Jetzt hatte sie einen perfekten Blick auf die Statue. So wartete Johanna.

Noch eine Minute? Dreißig Sekunden? War es wohl schon Mitternacht? Johanna hätte gern nachgesehen, aber dafür hätte sie die Kamera zur Seite legen müssen und das kam nicht infrage. Sie blickte angespannt durch den Sucher und wagte nicht einmal zu blinzeln. Ihr Herz fing mit jeder Sekunde heftiger an zu pochen. Erste Schweißperlen bildeten sich auf ihrer Stirn und gleichzeitig fingen ihre Hände an zu zittern. Ihre Nerven waren zum Zerreißen angespannt. Warum war sie auf einmal so nervös? Johanna wollte die aufkeimende Panik hinunterschlucken, aber ihr Mund fühlte sich wie ausgedörrt an.

Inzwischen musste es doch nach Mitternacht sein. So lange konnten sich keine zwei Minuten ziehen. Oder doch? Die Gedanken überschlugen sich in ihrem Kopf. Fünf Sekunden, fünf Minuten?

Johanna hatte jegliches Gefühl für Zeit verloren. Sie wusste nur, dass ihr Fuß anfing zu kribbeln. Wenn sie ihn nicht gleich bewegte, würde er einschlafen. Johanna wollte ihr Gewicht verlagern, aber ihr Körper gehorchte ihr kein bisschen.

Was soll denn passieren? Sie ist aus Stein. Meggy hat recht. Aber was, wenn nicht? Die Geisterstunde ist ja noch nicht vorbei. Du zählst jetzt bis hundert und dann ...

Egal wie albern es war, so lange wollte und würde sie hier verharren. Erst dann würde Johanna die Kamera zur Seite legen und auf die Uhr schauen.

Plötzlich raschelte es und im nächsten Moment räusperte sich jemand – und zwar direkt hinter ihr.

Die Familie

*Der Irrsinn ist bei Einzelnen etwas Seltenes –
aber bei Gruppen, Parteien, Völkern, Zeiten die Regel.
(Friedrich Nietzsche)*

Wie von der Tarantel gestochen sprang Johanna mit einem spitzen Schrei auf. Bevor sie wusste, was passierte, spürte sie eine Hand auf ihrem Mund und hörte ein: »Pst! Keinen Mucks mehr, wenn dir dein Leben lieb ist.«

Sämtliche Farbe wich aus ihrem Gesicht. Zugleich erstarrte sie zur Salzsäule. Das war weder die Stimme von Max noch von Erik. Hatte sie jemanden übersehen? Den Friedhofswärter?

Großartig Gedanken darüber, wer hinter ihr stand und sie bedrohte, konnte Johanna sich nicht machen.

Wer auch immer sich dort befand, drückte kraftvoll gegen ihre Schulter und raunte ihr ins Ohr: »Runter, sonst kann ich für nichts garantieren!«

Wenn dir dein Leben lieb ist! ... Für nichts garantieren.
Seine Worte hallten in ihren Ohren.

Auf keinen Fall! Damit war sie dieser fremden Person ausgeliefert.

»Jetzt mach schon«, riss die Stimme sie aus ihren Gedanken.

Das war keine Bitte, sondern ein Befehl. Johanna schluckte. Alles in ihr sträubte sich und doch gaben ihre Beine nach, als sie erneut einen leichten Druck auf ihrer Schulter spürte. Wenn er sie umbringen wollte, würde er es so oder so machen. Egal ob sie stand, saß oder lief.

»Ich nehme jetzt meine Hand weg, wenn du mir versprichst, nicht zu schreien. Ich habe nicht vor, dir etwas zu tun.« Er wartete eine Sekunde und fragte dann: »Hast du mich verstanden?«

Behaupteten das nicht alle? Dennoch nickte Johanna.

Ein paar Sekunden vergingen, dann verschwand die Hand von ihrem Mund. Im gleichen Zug öffnete Johanna den Mund, nur um ihn direkt wieder zu schließen. Sie befand sich auf einem Friedhof. Wer sollte sie hier hören? Die merkwürdige Gruppe? Die war längst über alle Berge. Warum hatte sie sich nur auf diesen idiotischen Auftrag eingelassen?

»Hinlegen!«, wies der Fremde sie an, und Johanna gehorchte. Aus dem Augenwinkel sah sie, dass der Fremde es ihr gleichtat. Nur zu gern hätte sie ihn geradeheraus angeschaut, um herauszufinden, wer dieser Unbekannte war, aber sie traute sich nicht. Blickkontakt endete in der Regel tödlich.

»Hey, du brauchst keine Angst vor mir haben.« Im nächsten Augenblick spürte sie warme Finger, die sich auf ihre legten. Sie blickte kurz auf die ringlose Hand, dann drehte sie den Kopf ruckartig herum.

Überrascht sog sie die Luft ein. Keine Ahnung, was sie erwartet hatte. Dass er aussah wie einer dieser Ganoven aus dem TV? Furcht einflößend? Bis an die Zähne bewaffnet? Aber all das traf nicht auf ihr Gegenüber zu. Er war Ende zwanzig, trug ein weißes Hemd, Hosenträger und eine schlabbrige Cordhose. Ihr Blick wanderte wieder nach oben zu den blonden, verstrubbelten Haaren und den unglaublich warmen brauen Augen, die sie beobachteten.

Er deutete mit dem Kopf auf den freien Platz neben sich und Johanna robbte dichter an den Unbekannten heran.

Ein paar Minuten vergingen und Johanna wartete darauf, dass er ihr erklärte, was das Ganze sollte. Warum war er auf dem Friedhof? Warum sollte sie leise sein? Warum sollte sie sich ducken, wenn ihr ihr Leben lieb war? Irgendwann hielt sie es nicht mehr aus.

»Was geht hier vor und wer …?«, flüsterte Johanna, spürte aber sofort einen warmen Finger auf ihren Lippen und sah, wie der Unbekannte kaum merklich den Kopf schüttelte.

Ich soll leise sein. Okay, hab ich kapiert. Aber warum?, fragte Johanna ihn stumm mit ihren Augen. Doch der Fremde signalisierte ihr mit der Hand, dass jetzt nicht der richtige Zeitpunkt für Fragen war.

Aber warum? Trieben sich noch mehr auf dem Friedhof herum?

Johanna lauschte in die Nacht hinein. Außer ihrer beider Atem herrschte absolute Stille. Trotzdem wirkte ihr Gegenüber angespannt. Fast schon verbissen, wie er mit zusammengekniffenen Lippen und Augen auf irgendetwas lauerte.

Johanna hielt den Atem an, aber sie hörte rein gar nichts. Was hatte er nur?

Plötzlich erhob er sich mit einer ruckartigen Bewegung. »Wir müssen weg! Sofort!«, gab er Johanna fast lautlos zu verstehen.

Weg? Wohin? Hatte er sie noch alle?

Es war mitten in der Nacht, sie waren auf einem Friedhof und sie kannte nicht einmal seinen Namen, sollte ihm aber blindlings folgen. Das kam gar nicht in die Tüte. Und doch erhob sich Johanna ungelenk. Um Zeit zu gewinnen, strich sie sich die Blätter von der Kleidung. Dabei fiel ihr Blick auf die Kamera. Die Statue! War es wegen ihr? War sie doch lebendig und der Unbekannte wusste das? Panik erfasste Johanna, als sie in die Richtung der Figur linste.

Sie stand an Ort und Stelle. Keine roten Augen, die gleiche Haltung. Aber was war dann der Grund?

Johanna blickte in die Richtung des Fremden und sah, wie er genervt mit den Augen rollte. Im nächsten Moment beugte er sich ohne Vorwarnung nach vorn, schnappte sich ihren Rucksack und packte sie am Handgelenk. Seine Finger bohrten sich wie Schraubstöcke in ihre Haut. Bevor Johanna wusste, wie ihr geschah, zog er sie mit einem Ruck in seine Richtung.

Das war zu viel!

»Lass mich los, du Spinner«, schrie Johanna und zerrte, um ihren Arm freizubekommen. Auf keinen Fall würde sie kampflos aufgeben und es ihm leicht machen. Gleichzeitig sah sie sich vor ihrem geistigen Auge halb nackt in einem Grab liegen. Ein scharfes Messer an der Kehle, der fremde Mann auf ihr. Sie würde bis zum bitteren Ende kämpfen. »Glaub ja nicht ...«

»Sei endlich still, du dummes Ding.«

Es war die Art, wie er es sagte, die Johanna verstummen ließ. Ein Ruck ging durch sie hindurch, als er sich in Bewegung setzte und sie mit sich zog. Johanna hatte keine Chance. Wie naiv sie doch gewesen war.

Während sie hinter ihm herstolperte, sah sie sich krampfhaft nach etwas um. Nach einem Stock, den sie ihm über den Kopf ziehen könnte. Nach einem Licht, das ihr zeigte, sie waren nicht allein. Aber da war nichts. Nur morsche Äste außer Reichweite und Dunkelheit. Sie waren allein auf dem Friedhof, auch wenn sie sich genau das Gegenteil wünschte.

Ihr Fuß verfing sich und Johanna geriet ins Straucheln. Der Unbekannte packte fester zu und hielt sie aufrecht. »Schau gefälligst, wohin du läufst!«, zischte er.

Nach zwanzig Schritten blieb er abrupt stehen und drängte Johanna unsanft zu Boden.

Gleich wird er mir die Hose runterziehen. Gleich ...

Ein spitzer, gellender Schrei durchbrach die Stille und es war nicht sie selbst, die schrie. Er kam von weiter vorn und war so durchdringend und voller Panik, sodass sich Johannas Nackenhaare sträubten.

»Neiiiiinnnn. Max, Erik ... Helft mir doch ... Lass mich los, du ...« Der Rest ging in einem Keuchen unter.

Kati?, dachte Johanna, *warum ist sie noch hier?*

»Finger weg, du durchgeknallter Freak!«, hörte Johanna Erik rufen. »Wenn du meiner Freundin ein Haar krümmst ... Ich verspreche dir, dass ich dich höchstpersönlich umbringe. Ich breche dir alle Knochen. Hast du gehört? Ich brech dir alle Knochen!« Seine Stimme klang wütend, panisch, und Johanna glaubte, zwischen den Sätzen ein leises Wimmern zu hören, als würde Erik dies unter Schmerzen sagen.

»Bitte, lasst uns gehen! Wir haben nichts gesehen. Was auch immer ihr hier treibt, wir haben nichts mitbekommen und können deswegen auch nichts verraten. Ehrenwort«, mischte sich Max ein, der noch kläglicher klang.

»Hilfe! Ist da jemand?« Katis hysterisches Kreischen übertönte fast alles.

Eine leise Stimme in Johannas Kopf meldete sich zu Wort: *Spring auf! Du musst ihr helfen.* Aber wie? Sie wusste weder, was da passierte, wie viele es waren und vor allen Dingen hatte sie keine Waffe. Ihr Handy ... Sie könnte die Polizei rufen. Sie linste zu ihrem Begleiter, der konzentriert in die Dunkelheit starrte. Wenn es ihr gelänge ... Mit zitternden Händen tastete Johanna nach ihrem Handy. Ohne den Blick abzuwenden, zischte der Fremde: »Egal was du vorhast, lass es – sonst finden sie dich.«

Johanna stoppte in der Bewegung. Wen zur Hölle meinte er? Dieser Fremde schien genau zu wissen, was da vor sich ging. Da er hier saß und nicht mitten im Geschehen steckte – was auch immer das war –, bedeutete, dass er vielleicht zu den Guten gehörte. Aber warum schritt er dann nicht ein und half Kati? Er hockte nur da und starrte in die Dunkelheit. Lauschte auf die Stimmen und Schreie, die immer näher kamen.

Im Gegensatz zu Johanna wirkte er inzwischen vollkommen ruhig. Während ihre Hände, nein, eigentlich alles an ihr zitterte wie Espenlaub. Einerseits wollte sie sehen, was da vor sich ging. Auf der anderen Seite hätte sie sich gern unsichtbar gezaubert. Letzten Endes siegte die Angst und übernahm die Kontrolle über Johannas Körper. Ihre Zähne klapperten so laut, dass sie es hören konnte. Unfähig es zu stoppen.

Der Unbekannte kam dichter und legte den Arm um Johanna. Ob es an der Wärme lag oder an der beschützenden Geste, wusste sie nicht, aber es half. Das Klappern verstummte.

Gerade noch rechtzeitig, denn die Stimmen waren auf einmal zum Greifen nah. Kein Wunder, denn plötzlich tat sich etwas auf dem Weg, der keinen Steinwurf entfernt lag. Von ihrer Position aus konnte Johanna ihn gut einsehen, ohne Gefahr zu laufen, entdeckt zu werden. Der hohe Farn und der Schatten einer hochgewachsenen Tanne boten genügend Schutz. Trotzdem zog sie die Schultern ein und versuchte sich so klein wie möglich zu machen.

Das Erste, was Johanna sah, war ein älterer Mann in einem strahlend weißen Arztkittel. Um den Hals baumelte lose ein Stethoskop.

Ein Arzt auf dem Friedhof?

Ungläubig schloss Johanna die Augen, doch als sie sie wieder öffnete, sah sie den Mann noch immer. Ein eiskalter Schauder lief ihr über den Rücken, als ihr Blick auf seine blank polierte Glatze fiel. Der Mond spiegelte sich darauf und ließ den Kopf unnatürlich groß erscheinen. Fast schon dämonenhaft. Arztkittel hin oder her, das war kein Mann, dem Johanna im Dunkeln begegnen wollte. Automatisch rückte sie ein Stück tiefer in den Schatten und schloss die Augen.

»Ahhh!« Katis Schrei zwang sie jedoch direkt wieder dazu, hinzusehen. Sogleich wünschte Johanna sich, sie hätte es nicht getan.

Sie sah Kati, die der Arzt an den Haaren gepackt hinter sich herschleifte. Katis linke Hand umklammerte ebenfalls ihre Haare, als wolle sie den Zug an der Kopfhaut minimieren. Mit der anderen Hand bemühte sie sich, sich aus dem Griff zu befreien. Doch der Arzt schien von ihren Kniffen und Schlägen unbeeindruckt. Zugleich versuchte sie mit ihm Schritt zu halten und nicht zu stürzen. Was ihr nicht immer gelungen war, denn Blut bahnte sich von ihren Knien einen Weg nach unten. Der steinige Boden schien ganze Arbeit geleistet zu haben.

Der Anblick tat Johanna in der Seele weh. Erst jetzt merkte sie, dass sie sich an ihre Haare gefasst hatte. Warum tat dieser Wahnsinnige das? Warum unternahmen Erik und Max nichts, um ihn aufzuhalten?

Der Gedanke war noch nicht zu Ende gedacht, als sie ihre Antwort erhielt.

Erik konnte Kati nicht helfen. Er saß in einem Rollstuhl. Trotz der Entfernung erkannte Johanna die Verzweiflung in seinem Gesicht. Kati war zum Greifen nah und doch konnte er ihr nicht helfen. Eine dicke Eisenkette verhinderte das. Sie hing um seinen Hals und das Ende war am Rollstuhl befestigt. Unter den Umständen war es unmöglich, aufzustehen. Wie ein Gefangener wurde er geschoben. Seine Lippen bewegten sich stumm und dicke Tränen kullerten über seine Wangen.

»Eriiiik«, schrie Kati wieder und er streckte hilflos seine Hand nach ihr aus.

»Kati!«, wimmerte er. »Lass sie los, du Schwein. Bitte, ich tu alles ...«

»Wirst du wohl still sein.« Eine schrille Stimme sorgte dafür, dass Erik zusammenzuckte und verstummte. Sie gehörte einer fettleibigen Frau in einem schwarzen Kleid mit weißer Schürze darüber. Eine Nonne? Krankenschwester? Wer auch immer sie war, sie sah alles andere als freundlich aus. Zur Bestätigung beugte sie sich nach vorn und kniff Erik fest ins Ohr, als sei er ein unartiger Schüler. »Du benimmst dich jetzt, sonst ...« Den Rest flüsterte sie direkt in sein Ohr. Damit verschwanden sie aus ihrem Blickfeld.

Was für kranke Leute sind das?, fragte sich Johanna. Sie wollte den Blick senken, um gar nicht erst zu sehen, was folgte. Schließlich fehlte Max und ihr Bauchgefühl sagte, dass er als Nächstes kommen würde.

In dem Punkt irrte sich Johanna. Nicht Max folgte dem Trupp, sondern ein korpulenter Mann. Er trug ein schlichtes weißes Hemd, bei dem die Knöpfe bis zum Bersten spannten. Dazu eine weiße Hose und eine Art Schürze. Der Mann hatte nicht einmal einen Hals. Sein Kopf ging direkt in die Schultern über. Und das doppelte Kinn – oder war es schon ein dreifaches? – schwabbelte bei jedem Schritt. Seine Augen waren winzige Sehschlitze. Er war nicht allein, sondern trug etwas hinter sich her, das Johanna noch nicht sehen konnte.

Was ist das hier – eine Freakshow? Ein Theaterstück zu Ehren dieser Heilanstalt?

Inzwischen erkannte Johanna, dass der Mann das Ende einer Bahre trug, auf der eine Person mit dunklen

Stiefeln lag. Die Beine wie auch der Oberkörper waren mit Lederriemen fixiert. Obwohl Johanna den Kopf nicht sehen konnte, erkannte sie die Kleidung: Max.

Kurz darauf sah sie sein Gesicht. Der Mund war mit einer Art Riemen und einem roten Ding fixiert.

Ist das ein Ball? Aber ...

Max' Augen waren vor Furcht weit aufgerissen. Sie traten buchstäblich aus seinen Augenhöhlen. Schweiß lief ihm die Stirn hinunter. Johanna wusste nicht, wie Angst roch, aber in dem Moment ahnte sie, dass der Geruch, den der Wind zu ihr herüberwehte, der nackter Panik war.

Galle stieg in ihr auf und ließ Johanna würgen. Es war nur ein winziges Geräusch, aber die beiden Pfleger hielten abrupt inne und lauschten.

Der Fettklops drehte sich in ihre Richtung.

Sieht er mich?

Johanna beschlich Todesangst. Sie wagte nicht zu atmen. Nicht einmal zu blinzeln. Aus Angst vor dem, was ihr blühte, wenn er sie entdeckte.

Nach einer Weile drehte sich der Mann um, zuckte mit den Schultern und setzte sich in Bewegung.

Puh.

Erleichtert sog Johanna Luft in ihre brennende Lunge und spürte, wie ein riesiger Stein von ihrem Herzen fiel. Noch immer wusste sie nicht, was hier vor sich ging, aber eins war klar: Auf keinen Fall wollte sie diesen Menschen in die Hände fallen. Zur Sicherheit rutschte sie tiefer in die Dunkelheit der Tanne. Der Unbekannte neben ihr tat es ihr gleich.

Als Johanna das nächste Mal aufblickte, war Max samt seinen Trägern verschwunden. An ihrer Stelle war ein bunt gemischter Pulk auf dem Weg. Frauen und Männer in altmodischer, recht einfacher Kleidung. Vereinzelte trugen edle Anzüge oder festliche Gewänder. Dazwischen stachen Personen heraus, die sie klar als Pflegekräfte erkannte. So unterschiedlich diese Menschen waren, sie hatten eins gemeinsam – alle wirkten fröhlich. Einige summten und pfiffen. Die Mehrheit unterhielt sich aufgeregt mit einem Nachbarn. Hin und wieder drang sogar ein Lachen an Johannas Ohr. All das wirkte wie ein Festzug an Karneval. Es fehlte nur jemand, der Kamellen warf. Wie passten Katis Schreie, Eriks Hilflosigkeit und Max' nackte Angst da rein? Das konnte unmöglich gespielt sein. Was immer da passierte, verhieß nichts Gutes. Was das Ganze noch schlimmer machte: Der Pulk schien kein Ende zu nehmen. Mit jeder Sekunde stieg die Wahrscheinlichkeit entdeckt zu werden. Schatten hin oder her. Ein blöder Zufall reichte aus, damit man sie hier entdeckte. Ein Nieser, jemand, der kurz austreten wollte ... Immer heftiger klopfte Johannas Herz. Sie spürte, wie alles um sie herum verschwamm. Vor ihren Augen begannen Sterne zu tanzen.

»Atme!«
Jemand schüttelte sie.
»Du musst atmen. Tief ein und aus. Konzentrier dich!«
Die Stimme, sie drang wie durch Watte zu Johanna durch. Dieser Unbekannte ... An ihn hatte sie gar nicht mehr gedacht.

Wieso redete er? Panisch flackerte Johannas Blick in Richtung der Parade. Keine Menschenseele war auszumachen. Als hätte sie sich dieses Schauspiel nur eingebildet. Johanna öffnete den Mund und spürte ihre Lunge, die nach Luft schrie. Gierig schnappte sie danach und merkte, wie sie sich mit kühler Nachtluft füllte. Während sie langsam wieder zu Atem kam und sich beruhigte, musterte sie ihr Gegenüber erneut. Wusste er, was hier vorging? Mit großer Wahrscheinlichkeit. Nein, Johanna war sich sicher. Sonst hätte er sie wohl kaum warnen und beschützen können. Aber woher wusste er es? Gehörte er dazu? Optisch passte er perfekt in diese Runde.

Sofort schrillten in Johannas Kopf die Alarmglocken.

Lauf!

Nur wohin? Auf keinen Fall wollte sie dieser Gruppe in die Arme rennen. Die Vorstellung, von denen entdeckt zu werden, ließ Johanna das Blut in den Adern gefrieren.

Atme, Hanna!

Sie durfte nicht wieder die Nerven verlieren. Nicht so wie eben. Wenn sie etwas erfahren wollte, und vor allen Dingen, wenn sie Überleben wollte, musste sie die Oberhand behalten. Ein letztes Mal atmete sie tief durch.

»Joh... Johanna«, brachte sie stotternd hervor und streckte ihm die Hand entgegen. »Oder Hanna.«

O mein Gott, ich zittere wie Espenlaub!

»Was ... Was geht hier vor? Wer waren diese Menschen und warum waren sie so merkwürdig gekleidet? Warum bist du so merkwürdig gekleidet?«

Er musterte sie mit seinen braunen Augen, dann ergriff er ihre Hand. Ein warmer, fester Händedruck.

»Ich heiße Frank«, stellte er sich im Flüsterton vor und beließ es dabei.

Frank?

Den Namen hatte Johanna schon lange nicht mehr gehört. So altmodisch. Sie schüttelte den Gedanken ab und widmete sich der wichtigeren Frage. Konnte sie dem Mann mit dem verstaubten Namen trauen? Welche Rolle spielte er in diesem Gruselstück? Genau das versuchte Johanna in seinen Augen zu lesen.

War da Neugierde? Angst? …

Frustriert gab sie auf.

Da er nicht den Anschein erweckte, ihr mehr zu verraten, startete Johanna einen zweiten Versuch: »Frank … Danke, ehrlich. Aber was ist das hier? Ein Kostümball? Eine Mitternachtsparty? Cosplay?«

»Ich sollte eher dich fragen, was du hier treibst?«

Damit hatte Johanna nicht gerechnet und verstummte direkt. Verlegen kratzte sie sich am Kinn und probierte damit, etwas Zeit zu schinden. Sollte sie ihm die Frage beantworten? Im Grunde hatte er recht. Trotzdem ging sie auf Konfrontationskurs.

»Du lenkst ab«, zischte sie. »Du hast mich weggezerrt. Also gehe ich davon aus, du weißt, was hier passiert, und kannst mir im Moment als einzige Person meine Fragen beantworten. Wenn ich weiß, was hier geschieht, erzähle ich dir auch, warum ich auf dem Friedhof bin.« Fragend zog Johanna die Stirn kraus und wartete.

Frank legte den Kopf schief und fixierte sie seinerseits.

Nach einer Minute gab Johanna auf. Das Blickduell hatte er gewonnen.

»Na schön«, seufzte sie. »Ich sag dir, warum ich hier bin, und dann beantwortest du meine Fragen. Deal?«

Ein kurzes Nicken.

Das reichte ihr.

»Ich bin Journalistin und soll einen Beitrag über das Jubiläum des Waldfriedhofs verfassen. Mein Chef fand die Idee gut, die Nacht auf dem Friedhof zu verbringen, wegen all der Gerüchte über merkwürdige Dinge, die hier geschehen sollen.«

Er zuckte nicht mal mit den Wimpern, als sie das sagte.

»Und wie mir scheint, passieren hier wirklich skurrile Sachen. Keine Steinfigur, die herumwandelt, aber eindeutig grotesk. So, und nun bist du dran!«

»Gut«, sagte er und schenkte ihr ein Lächeln, das ihn direkt sympathisch erscheinen ließ. »Fangen wir mit einer Frage an, die leicht zu beantworten ist. Das, was du gerade gesehen hast, dieser Menschenauflauf ... Das war die Familie.«

»Familie?« Das hatte Johanna heute schon einmal gehört. Sie durchforstete ihr Gehirn und schnappte nach Luft, als es ihr einfiel. Aber das konnte doch unmöglich sein. Nahm er sie auf den Arm? Bezog er sich hier auf etwas anderes?

»Ich rede von Arthur Schreck und seiner Familie«, sagte er und fügte hinzu: »Für eine Journalistin recherchierst du schlecht.«

»Erstens«, antwortete Johanna eingeschnappt, »habe ich den Auftrag kurz vor dem Termin von einer Kollegin übernommen. Und zweitens weiß ich sehr wohl, dass die Mitarbeiter früher eine *Familie* waren. Aber ...«

»Ja«, sagte er und sein Grinsen wurde breiter. »Sie sind alle verstoben.«

»Gei... Geister?« Johanna sah ihm in die Augen. Suchte nach einem Anzeichen dafür, dass er scherzte. Bedauerlicherweise wirkte sein Gesichtsausdruck vollkommen ernst. Sie schluckte. Hieß das ... Redete sie womöglich ...

»Bist du ... Bist du auch einer?« Ihre Stimme war nur noch ein heiseres Krächzen.

Kaum hatte sie den Satz beendet, rückte sie vorsichtshalber ein Stückchen von ihm weg. Sie schluckte erneut, aber ihr Hals fühlte sich staubtrocken an.

Frank schien das zu gefallen, denn er grinste frech. »Na hör mal, was hast du erwartet? Immerhin bist du hier auf einem Friedhof und das zur Geisterstunde.«

Ein Geist.

Johanna öffnete den Mund und schloss ihn wieder.

In was zur Hölle bin ich da geraten?

Sie schluckte hart und überlegte. Was wusste sie über Geister? Johanna versuchte alle möglichen Informationen aus den Tiefen ihres Gedächtnisses hervorzukramen, aber da war nichts – nichts als Leere. Tausende von Horrorfilmen und – nichts.

Bis auf ...

Ein Lachen riss sie aus den Gedanken.

»Was? Warum lachst du?«

»Na ja, du schaust aus, als hättest du ein Gespenst gesehen. Ganz kleine Pupillen, Angstschweiß auf der Stirn. Und dazu noch kalkweiß. Oder bist du etwa auch ein Geist?«, feixte Frank.

Prompt spürte Johanna, wie sich ihre Wangen rot färbten und anfingen zu glühen. Zum Glück war es dunkel genug, dass er es nicht sehen konnte.

»Ha, ha. Guter Witz, genauso wie der Rest. Du und diese Leute – Geister.« Jetzt war es an ihr, zu lachen. »Fast wäre ich darauf reingefallen. Aber du hast eine Sache nicht bedacht.« Sie tippte ihn an und grinste überlegen.

»Und?«

»Und?« Sie stöhnte. »Hältst du mich für so naiv? Geister haben keinen Körper. Wärst du einer, könnte ich dich nicht berühren und du mich nicht über einen Friedhof schleifen.« Triumphierend verschränkte sie die Arme vor der Brust.

»Hm, dann wirst du jetzt leider enttäuscht sein. Zur Geisterstunde bei Vollmond auf einem Friedhof. Ein kleiner Zauber hier, ein Fluch da … Oder – du bist genauso mausetot wie ich.« Er legte eine Pause ein, während Johanna die letzte Nuance Farbe aus dem Gesicht wich. »Sorry, das sollte irgendwie witzig rüberkommen. Ich kann dir keine Erklärung geben – wieso, weshalb, warum. Es ist einfach so, wie es ist. Wir Bewohner können uns verfestigen. Deswegen solltest du froh sein, dass ich dich entdeckt habe und nicht jemand von der Familie. Sonst wäre es dir nicht anders ergangen als den Halbstarken. Bei mir bist du aber sicher. Betrachte mich als eine Art guten Geist.«

Johanna nickte. Irgendwie fühlte sich das alles surreal an. Das würde ihr niemand glauben. Sie selbst konnte es kaum glauben. Sie saß auf einem Friedhof und sprach mit einem Geist.

»Was genau meintest du eigentlich damit, dass es mir nicht anders ergangen wäre, wenn du mich nicht gefunden hättest?« Ihr war klar, was er meinte, aber die kleine Journalistenstimme wollte es genauer wissen.

Jetzt, wo die Frage ausgesprochen war, bereute sie es schon. Johanna wusste, die Antwort würde ihr nicht gefallen. Aber dafür war es zu spät.

Frank zögerte.

»Vergiss es!«, nutzte Johanna sein Schweigen und winkte ab. »Ich ...«

»Nein, schon gut. Ich habe nur überlegt, was ich dir erzählen kann, ohne dich zu schocken.« Er biss sich auf die Lippen. »Sagen wir so: Sie hätten dich ebenfalls gefangen und in die Heilanstalt gebracht. Dort – wie soll ich es sagen – führen sie noch immer Behandlungen durch.«

Das Wort Behandlung schnürte Johannas Kehle zu. Herr Hermanns hatte die Anstalt gelobt und lediglich düstere Gerüchte erwähnt.

»Das klingt nicht nach einer Tanzstunde im Garten«, sprach Johanna ihren Gedanken aus.

»Leider nicht«, bestätigte Frank und zuckte mit den Schultern.

Johanna probierte den Kloß in ihrem Hals hinunterzuschlucken, aber ihr Mund war noch immer staubtrocken. So lautlos wie möglich griff sie nach ihrem Rucksack und holte ihre Cola heraus. Mit einem leisen Zischen öffnete sie sich. In einem Zug trank Johanna die Flasche leer.

»Eigentlich hatte ich gehofft, dich mit den glühenden Augen zu vertreiben«, sagte er, nachdem Johanna die Flasche verstaut hatte.

»Glühende Augen?« Im ersten Moment glaubte Johanna sich verhört zu haben, aber Frank bemerkte ihren Blick und deutete wortlos in die Richtung, aus der sie gekommen waren. »Du warst das? Ich hab mir das also nicht nur eingebildet? Ich dachte schon ... O Mann.«

Für einen Moment fühlte sich Johanna erleichtert. Doch schon im nächsten Moment stellten sich die kleinen Härchen an ihren Armen auf. Hieß das, dass er sie die ganze Zeit beobachtet hatte? Wenn er sie gesehen hatte, müsste sie der Familie dann nicht ebenfalls aufgefallen sein?

»Keine Sorge, die Familie schläft den ganzen Tag«, erklärte er mit einem Kopfschütteln. »Und bevor du fragst, ich kann keine Gedanken lesen, aber ich kann dir an der Nasenspitze ansehen, dass du gerade daran gedacht hast. Du bist nämlich ganz weiß geworden.«

»Aber ...«, brachte Johanna nur hervor. Noch immer bemühte sie sich, all das wie ein Puzzle zusammenzusetzen, aber es gelang ihr nicht.

»Ich versuche die Besucher zu warnen. Nach all den Jahren spüre ich, wer sich intensiv für den Friedhof interessiert. Leider schrecken die roten Augen nur wenige ab.« Frank seufzte. »Unter uns, ich wäre damals gerannt, als wäre der Teufel höchstpersönlich hinter mir her. Heute ist das wohl anders. Statt Angst wecke ich eher die Neugier. Falls du eine Idee hast, was Besucher heutzutage eher abschreckt, immer heraus damit.«

»Bei mir hätte es fast geklappt«, gab sie zu. »Am Ende fand ich es einfach zu verrückt. Ich dachte, ich hätte mir das alles nur eingebildet.«

»Vielleicht muss ich etwas mehr üben«, erwiderte er lachend. »Ehrlich gesagt kann ich den Trick mit den Augen noch nicht lange. Deswegen leuchten sie nur kurz.« Einen Moment schwieg er, dann fügte er hinzu: »Du bist übrigens die erste Person, die ich vor der Familie gefunden habe.« In seiner Stimme klang ein Hauch Bedauern mit.

Johanna verspürte das Bedürfnis, etwas zu sagen. Ihn aufzumuntern. Gleichzeitig dachte sie an Max, seinen Bruder und dessen Freundin.

»Sag mal, die Familie. Was genau behandelt …?« Ihre Stimme versagte.

Frank verzog die Lippen zu einem dünnen Strich. »Sicher, dass du das wissen willst?« Als sie nickte, schnaubte er abfällig, bevor er sagte: »Sie nennen es Heilung. Dass ich nicht lache.« Sein Blick wanderte zum Nachthimmel. Als er weitersprach, klang seine Stimme hart. »Die Familie … Sie ist der Ansicht, dass Menschen, die die Nachtruhe von Toten stören, nicht normal sind. Eine psychische Abnormalität. Eine Krankheit, die behandelt werden muss.«

Eigentlich haben sie recht!

Der Gedanke hallte noch in Johannas Kopf nach, als sie sich schon dafür schämte. Jeder machte Fehler. Tat verbotene Dinge, weil genau darin der Reiz lag. Mit sechzehn war sie zusammen mit ihrer damaligen besten Freundin und zwei Jungs aus der Parallelklasse nachts ins Freibad geschlichen. Die Stille, das Kribbeln im Bauch – ein Erlebnis, an das sie sich gern erinnerte. Auch sie wurden erwischt. Eine Woche Müll sammeln bei dreißig Grad und die Androhung von Hausverbot hatten gewirkt. Bei der

Familie würde die Therapie wohl nicht so harmlos verlaufen. Zumindest sagte das Johannas Bauchgefühl.

Herrn Hermanns' Worte schwirrten in ihrem Hinterkopf: *»Vollkommen ausgewechselt!«*

War das mit seinem Enkel passiert? Mit Gabi und Rudi?

In ihr machte sich eine Stimme bemerkbar. Nur leise, aber deutlich hörbar: *Du musst ihnen helfen.*

Auf der anderen Seite schrie eine Stimme: *Bleib, wo du bist! Du irrst dich!*

Einfach den Kopf in den Sand stecken und sich ärgern, wenn es zu spät war. Bloß nichts riskieren. Das würde Meggy machen.

Aber ich bin nicht Meggy!

Das Bild von Rudi tauchte vor ihr auf. Rudi, der sich die Zunge abgebissen hatte. Was immer die Familie anstellte, die Behandlung war sicherlich alles andere als menschenwürdig und abseits jeglicher Vorstellungskraft. Sonst würde sich niemand freiwillig die Zunge abbeißen.

Ohne es bemerkt zu haben, hatte sie eine Hand auf ihre Lippen gelegt.

Galle breitete sich in ihrem Mund aus. Johanna schluckte sie hinunter und wusste in dem Moment: *Ich bin ein Schisshase, aber niemand, der wegsieht.* Das konnte sie nicht mit ihrem Gewissen vereinbaren.

»Ich ... Wir ... Ich meine, wir müssen ihnen helfen!« Ihre Stimme klang fremd. Passend zu der idiotischen Rettungsidee. »Ich ruf die Polizei und ...«

»Und was? Willst du ihnen sagen, dass du auf einem Friedhof bist und gesehen hast, dass ein paar Geister sich drei Jugendliche geschnappt haben, um sie zu foltern?«

»Und was schlägst du vor?«

»Ich bring dich raus, da bist du in Sicherheit.«

»Das meinst du nicht ernst, oder?«

»Doch.« Er zog die Stirn kraus. »Ich rette dich vor der Familie und jetzt willst du … was?« Er legte eine Pause ein, ehe er kopfschüttelnd hinzufügte: »Dich freiwillig der Gefahr aussetzen, dass sie dich kriegen?«

»Nein … Ja!«, stammelte Johanna und versuchte ihm ihre Zwickmühle zu erklären. Mit so wenigen Worten wie möglich erzählte sie ihm die Geschichte, die sie von Wilhelm Hermanns gehört hatte. Nach dieser Erklärung wusste Johanna, dass sie das Richtige tat.

»Ich glaube, ich weiß, wen du meinst.« Das Kopfschütteln hörte auf, aber die Sorgenfalten blieben.

Wenn Frank sich erinnerte, warum sprang er dann nicht auf und bot sofort seine Hilfe an? Verschwieg er etwas?

»Nein, ich weigere mich, dir zu helfen!«

Seine Worte fühlten sich wie ein Schlag ins Gesicht an. Johannas Kinnlade klappte nach unten. Sie wollte etwas sagen, aber wusste nicht, was.

»Es tut mir leid. Wirklich, aber ich habe dich nicht gerettet, damit du direkt in die Hölle kommst. Denn nichts anderes erwartet dich, wenn du der Familie in die Finger fällst. Ich begleite dich jetzt zum Ausgang. Basta.«

Johanna sprang auf und stemmte die Hände in die Hüfte. Jegliche Zweifel, Unsicherheiten und Ängste waren verschwunden. Sie würde den jungen Menschen helfen. Mit oder ohne seine Unterstützung.

»Ein Glück sind wir nicht mehr im Mittelalter, wo du die gerettete *Prinzessin* am Ende heiratest.« Verächtlich spuckte sie aus. »Verkriech dich nur. Aber ich werde nicht tatenlos zusehen. Und jetzt entschuldige mich.« Ihr Herz raste und sie atmete flach und schnell.

Bitte steh auf!, flehte sie innerlich, während sie auf ihn hinabstarrte. Frank musste ihr helfen. Ohne ihn ...

Johanna wollte gar nicht daran denken, was passieren würde, wenn er ihr nicht half.

Zehn Sekunden, dreißig Sekunden. Eine Minute ... Frank unternahm keine Anstalten, aufzustehen.

Irgendwann sagte er: »Bitteschön, tu dir keinen Zwang an. Ich werde dir jedenfalls nicht dabei helfen, in dein Verderben zu rennen. Und nichts anderes wird es sein!« Er blickte ihr direkt in die Augen und seufzte: »Du hast keine Ahnung, was sie mit dir anstellen, wenn sie dich finden. Egal was du dir vorstellst – es ist schlimmer. Bestialisch, um genau zu sein. Ich weiß, wovon ich rede.«

»Bitte!«, flehte Johanna mit schwacher Stimme. »Zusammen können wir ...«

»Zusammen?«, brummte er und unterbrach sie damit. »Du hast keine Ahnung, was du für ein Glück hast, dass ich dich retten konnte. Glaub mir, wenn ich dir sage, du wirst mir dankbar sein.«

»Dankbar?«, zischte Johanna und gab sich nicht die Mühe, leise zu sein. »Du redest davon, dass ich dir glauben soll? Dir vertrauen soll! Ich soll einem Geist trauen, den ich wie lange kenne? Du machst es mir verdammt schwer. Wenn du *weißt*, was da passiert, dann verstehe ich nicht, warum du jetzt wegschaust. Ja, ich weiß nicht, was passiert. Wahrscheinlich habe ich nicht den Hauch einer Ahnung. Aber zu wissen, dass ich nichts getan habe, damit komme ich nicht klar.« Wie ein trotziges Kind verschränkte Johanna die Arme vor der Brust, reckte das Kinn in die Luft und stampfte mit dem Fuß auf. Als sie weitersprach, überschlug sich ihre Stimme regelrecht: »Ich wollte nicht hier sein. Ich hätte viel lieber auf dem Sofa eine Serie geschaut. Mir leckeres Essen bestellt. Darauf kannst du Gift nehmen. Aber ich bin nun einmal hier und das Wissen, dass das bis jetzt bekannte Leben dieser drei Personen vielleicht heute endet – auf die eine oder andere Weise –, damit …« Mitten im Satz hatte Johanna das Gefühl, als würde jemand einen Stein auf ihre Brust legen und gleichzeitig eine Schlinge um den Hals zuziehen. Da war keine Luft, egal wie verzweifelt sie ihren Mund öffnete und probierte zu atmen. Je mehr sie sich darauf konzentrierte, umso schlimmer wurde es. Ihre Lunge brannte. Weit entfernt hörte Johanna eine Stimme, konnte sie aber nicht verstehen. Alles fühlte sich auf einmal weit weg an.

Dachbodenfund

Akte vom 4.1.1934

Im Auftrag des Landesamtes Krankenanstalten wird die Regierung von der Zustimmungsverweigerung der Ehefrau Sabine Weiler in Kenntnis gesetzt und unter Berücksichtigung der Gutachten Antrag auf polizeiliche Einweisung gestellt.

Der am 2.2.1890 geborene Henning Weiler hat in der Nacht vom 31.12.1933 auf den 1.1.1934 seinen Bruder Ernst in Trunkenheit erschossen. Das Verfahren wurde vom Landesgericht aufgrund von Geisteskrankheit und Unzurechnungsfähigkeit zur Tatzeit eingestellt. Wegen der Zwangseinweisung ist die Anstaltsleitung verpflichtet ein ärztliches Gutachten zum Vorliegen schwerwiegender Gründe zu erstellen.

Weiler ist erblich belastet. Sein Vater war ein stadtbekannter Alkoholiker. Seine Mutter litt, genau wie ihre Großmutter, an Fallsucht. Dem Alkohol ist auch Weiler schon in jungen Jahren verfallen. Dies äußerte sich durch hysterische Anfälle sowie eine häufig rötliche Färbung seines Gesichtes und Schweißausbrüche. Dies wurde mit zunehmendem Alter ausgeprägter, sodass teilweise von Missbrauchszuständen gesprochen werden kann. Zu diesem Zeitpunkt musste er eine Abstinenzkur durchführen, die er laut den Akten erfolgreich beendet hat.

1916 kam es zu einem schweren Rückfall. Ausgelöst durch die Erlebnisse an der Front.

Damals griff er mehrere Kameraden sowie einen Zivilisten an. Vor dem Kriegsgericht wurde ein Missbrauch von Alkohol und Morphium festgehalten. Eine Kombination, die eine degenerative Veränderung seines Verhaltens erklären konnte.

Gegenüber seinem Bruder, der als Kriegsheld zurückkehrte, hegte Weiler seit jeher einen Groll, der mit den Jahren immer schlimmer wurde. In besagter Tatnacht war Weiler von den anderen Gästen als durchweg betrunken beschrieben worden. Seine Frau brachte ihn nach Mäßigung anderer Gäste zur Besinnung und nach Hause. Dort muss er die Waffe geholt haben und zurückgekehrt sein. Eine Stunde nach seinem Weggang sahen ihn Gäste in eine hitzige politische Diskussion mit seinem Bruder vertieft. Weiler gab an, dass sein Bruder daraufhin mit seinem Gehstock auf ihn eingeschlagen habe, um seiner Meinung Nachdruck zu verleihen. Infolgedessen habe er die Waffe gezogen, um ebenfalls Stärke zu zeigen. In dem darauf folgenden Gerangel habe sich der Schuss gelöst. Er sei nach Hause gerannt und habe sich eine Dosis Morphium verabreicht und sich darüber aufgeregt, dass es doch nur eine Lappalie sei.

Seit seiner Verhaftung hat er keinen Tropfen Alkohol mehr angerührt und wurde vom Morphium abgebracht.

In der Zwischenzeit zeigte Weiler ein offenes, kooperatives Verhalten bei den Spaziergängen im Garten mit den anderen Patienten. Er zeigte keinerlei Auffälligkeiten und verhielt sich geordnet und gesittet gegenüber Mitpatienten, Mitarbeitern und Ärzten. Schlaf und Appetit haben sich in den letzten Wochen gebessert.

Weiler befand sich auf dem Weg der Genesung, als er einen drastischen Rückfall erlitt. Uns ist unbekannt und nicht nachvollziehbar, wie er an den Alkohol gelangt ist. Unter Einfluss und Missbrauch von Alkohol kam es zu aggressiven Äußerungen in Bezug auf die Politik des Landes und seinen Führer. Da weitere Rückfälle nicht ausgeschlossen werden können, empfehlen wir die polizeiliche Einweisung in eine Einrichtung, die dafür besser ausgelegt ist.

Mit besten Empfehlungen ...

Akte vom 17.9.1934

Hannelore Brunner geboren am 19.7.1915 wurde am 17.9.1934 in unserer Anstalt aufgenommen, nachdem sie am 13.9.1934 nackt und im erregten Zustand das Haus ihres Dienstherrn verließ und in den nahe liegenden Wald lief. In diesem Zustand wurde sie in das örtliche Krankenhaus eingeliefert und erschien bei klarem Verstand. In den frühen Stunden des nächsten Tages probierte sie sich mit ihrem Taschentuch zu ersticken, indem sie es aß. In einem weiteren unbeobachteten Moment kam es zu einem zweiten Versuch, indem sie mit dem Bettlaken versuchte sich an der Türklinke zu erhängen.

Bei ihrer Aufnahme wirkte sie verstört und angespannt. Eine Auskunft ihrerseits war fast nicht möglich. Der Zustand besserte sich im Verlauf der acht Wochen, die sie nun bei uns ist, nicht. Es wurde jedoch deutlich, dass sie unter Wahnvorstellungen litt. Ein schwarzer Mann würde sie regelmäßig besuchen und das sei der Grund, warum ihr Leben wertlos sei.

Mittels Maltherapie und entspannender Wasserbäder verbesserte sich ihr Zustand. Sie schlief ruhiger, bekam einen gesunden Appetit und spazierte mit anderen Patienten durch den Garten.

Die Besserungen waren gleichwohl von kurzer Dauer. Nach einem Besuch ihrer Eltern und des ehemaligen Dienstherrn kehrte die alte Unruhe und Angst wieder zurück. Sie äußerte sogar ihrem Vater gegenüber, dass der schwarze Mann hinter ihr stehen würde und ihr befehle, sich endlich das Leben zu nehmen.

Durch die erhöhte Selbstmordgefahr kann dem Wunsch der Eltern auf eine Entlassung der Tochter nicht stattgegeben werden.

Es ist davon auszugehen, dass Brunner außerhalb der Klinik versuchen würde, ihr Leben zu beenden.

Das Direktorat

Handschriftliche Anmerkung

Wie kann man nur so blind sein? Ich kann es nicht fassen. Nicht Hannelore gehört in diese Anstalt, sondern vielmehr ihr Dienstherr – ihr Peiniger. Es ist geradewegs ungerecht. Was Geld und ein gewisser Ruf für einen Einfluss haben. Einfach widerlich. Ich habe Hannelore beobachtet. Eine zarte Blume mit einer empfindlichen Seele, die langsam wieder erblühte. Es ist erschreckend, zu sehen, wie ein einziger Besuch ihre Albträume an die Oberfläche beschworen hat. Ich hasse diese Ungerechtigkeit und es liegt nicht in meiner Natur, wegzuschauen.

2.2.1935: Ich habe meinen freien Abend genutzt und mich dem neuen Patienten angenommen. Ich traf ihn in einem nahe gelegenen Lokal, und zwar in dem Moment, als er der Bedienung einen mehr als frechen Klaps auf ihr Hinterteil gab. Ein kleiner Spruch unter der Gürtellinie, ein freundschaftlicher Klopfer auf die Schulter und mir war seine Aufmerksamkeit gewiss. Schon nach wenigen Sekunden hatte ich die Bestätigung – ein unangenehmer Zeitgenosse, der meiner Zuwendung bedurfte. Ich werde nicht ins Detail gehen, was an dem Abend alles geschah, nur so viel – es war feuchtfröhlich und sein Benehmen ließ stark zu wünschen übrig. Am Ende war er so betrunken, dass er kaum noch gerade stehen konnte. Auf dem Weg nach Hause bekam ich endlich die Möglichkeit, mit der Therapie zu beginnen. Ich drehte mich immer wieder um und fragte mehrfach nach, ob er diesen oder jenen Schatten bemerkt habe. Kurz darauf verabschiedete ich mich, nur um in gebührendem Abstand mit tief ins Gesicht gezogener Mütze und aufgestelltem Kragen zu folgen. Schon nach kurzer Zeit spürte er meine Anwesenheit. Er sah sich immer wieder um, bis er irgendwann anfing zu laufen, um schneller nach Hause zu kommen.

9.2.1935: Ich traf ihn an der üblichen Stelle im Wirtshaus. Schon leicht angeheitert und mit dem gleichen derben Benehmen wie beim letzten Mal. Einige Zeit beobachtete ich ihn schweigend, dann gesellte ich mich dazu. Ich bestellte mir eine heiße Gulaschsuppe und lud ihn ein. Erst lehnte er ab und ich befürchtete schon, dass der Abend nicht wie geplant ablaufen würde. Doch mein Hinweis, dass es sich allein nicht gut essen lasse, stimmte ihn um. Mir gelang es, die kleinen Pilze, die ich extra im Wald gesammelt hatte, in seine Suppe zu rühren, ohne dass es jemand der Anwesenden merkte. Es dauerte nicht lange und die Wirkung der Pilze setzte ein. Er deutete auf eine Ecke und erzählte von bunten Farben, die sich zu einer Treppe formten, die bis in den strahlend blauen Himmel reichte. Seine Erzählungen sorgten für allgemeine Erheiterung am Tisch. Die Stimmung war ausgelassen und sogar ich musste über die Fantastereien lachen. Zwei Stunden später entschied ich, dass es so weit sei. Ich schnappte mir seinen Mantel und teilte ihm mit, dass es Zeit für ein bisschen frische Luft und sein Bett sei. Draußen hielt ich es wie beim letzten Mal. Ich erzählte ihm wieder, dass wir verfolgt würden. Erst schien er darauf nicht anzuspringen, doch am Ende der Straße angelangt blickte er sich ängstlich um. »Hörst du das? Das ist nicht einer, das muss eine ganze Bande sein. Ich kann jeden ihrer Schritte hören«, schrie er panisch. Dabei waren nur unsere eigenen Schritte zu hören, die in der Gasse von den Wänden reflektierten. »Da!«, brüllte er und deutete auf seinen Schatten. »Er will mich umbringen. Er verfolgt mich schon seit Tagen«, flüsterte er und fügte lautstark hinzu: »Zeig dich du elender Bastard.« Ohne abzuwarten, lief er taumelnd und schreiend durch die Straße. Ich folgte ihm langsam und es dauerte nicht lange, bis jemand aus einem der Häuser kam und ihn fragte, was los sei. Keine fünf Minuten später erschien ein Polizist, der auf ihn einredete. Hoffentlich reicht dieser kleine Schock aus, um ihm zu zeigen, wie sich seine Opfer gefühlt haben.

Akte vom 10.11.1935

Gustav Hauber geboren am 4.3.1900 wurde am heutigen Morgen in unserer Anstalt aufgenommen, nachdem er in der Nacht zuvor im aufgebrachten Zustand von der Polizei auf der Straße in Gewahrsam genommen wurde. Grund dafür war der tätliche Angriff auf den Polizisten Augustus Friedrich und die wilde Behauptung, dieser gehöre zu den Monstern mit den fünf Hörnern, die ihn seit einigen Wochen verfolgten.

Bei seiner Aufnahme wirkte Hauber desorientiert und panisch. Es war mir unmöglich, eine Auskunft seinerseits zu bekommen. Auf einfache Fragen zu Krankheiten in der Familie, seinem Alkoholkonsum oder gar seinem Alter gab Hauber lediglich wirre Antworten. Teilweise antwortete er Personen, die sich laut eigener Aussage im Raum befanden, und bat mich diese Menschen aus dem Zimmer zu werfen, weil sie seinen Tod wünschten.

Nach Einwilligung seiner Frau Gisela Hauber geborene Dreier wurde Hauber für eine Zeit von vorerst acht Wochen in unserer Heilanstalt aufgenommen.

Für den Anfang empfehlen wir, den Patienten mithilfe einer einwöchigen Schlaftherapie zu beruhigen, um weitere Untersuchungen durchzuführen.

Das Direktorat

Frank

Manche Heilanstalten sind auf das Leben gesehen auch Lehranstalten; das Umgekehrte ist kaum je der Fall.
(Sigbert Latzel)

Plötzlich ging ein Ruck durch Johannas Körper. Sie spürte, wie sie an den Armen gepackt und wild geschüttelt wurde. Irgendjemand sagte etwas.

»Hey, hör auf meine Stimme!«, schrie die Person. »Los! Einatmen ... ausatmen ...«

Johanna versuchte der Stimme zu folgen, aber ihr Körper gehorchte nicht. Ihre Hand wurde angehoben und an etwas Warmes gedrückt.

»Konzentrier dich auf deine Hand. Spür, wie sie sich hebt und senkt. Du kannst das. Ein und aus.«

Es schien zu helfen. Der Druck nahm ab, und mit jedem neuen Atemzug kehrte Johanna in die Realität zurück. Langsam ebbte die Panik in ihr ab.

»Es ... es geht wieder«, gab sie Frank zu verstehen und zog ihre Hand von seiner Brust. »Danke!«

»Dafür nicht.« Während er das sagte, blickte er sie aus nachdenklichen Augen an.

Johanna gelang ein unsicheres Lächeln. »Doch. Das war echt nett. Es ist nur ...« Sie stützte sich auf ihren

Knien ab und holte tief Luft. Das war doch alles einfach nur verrückt. Es war mitten in der Nacht und sie redete auf einem Friedhof mit einem Geist. Nein, eigentlich stritt sie sich mit ihm, weil er ihr nicht helfen wollte, irgendwelche Fremden vor einer Meute durchgeknallter Geisterpsychopathen zu retten. Hätte das jemand heute Morgen gesagt, Johanna hätte lauthals gelacht.

Ich, der größte Angsthase der Welt, will zur Heldin mutieren. Hanna, du hast sie nicht mehr alle!

Kein Wunder, dass sie eine Panikattacke bekommen hatte.

»Du hast recht«, entgegnete Frank.

Johanna richtete sich auf und zog die Augenbrauen fragend hoch. Nahm er sie auf den Arm? Danach sah er nicht aus mit den herunterhängenden Schultern und dem Blick auf seinen Schuhspitzen. Nein, so sah jemand mit einem schlechten Gewissen aus, der mit ich rang. Sie biss sich auf die Lippen. Wenn seine drei Worte bedeuteten, dass er ihr half, dann ... gab es keine perfekte Ausrede mehr für sie, doch den Schwanz einzuziehen.

Just in dem Moment hielt er ihr seine Hand hin.

»Wenn du ihnen wirklich helfen willst, dann müssen wir uns beeilen. Wir haben schon viel Zeit verloren. Es kann also sein, dass wir zu spät kommen. Ich kann nichts versprechen und schon gar nichts garantieren.«

Bevor Johanna es sich überlegen konnte, griff sie zu und war überrascht über seinen festen Händedruck.

»Bereit?«

Nein!, dachte sie. Alles in ihr sträubte sich. Johanna spürte die Panik wieder aufkeimen und schluckte, um sie im Keim zu ersticken. »Nicht wirklich, aber lass uns gehen«, antwortete sie mit brüchiger Stimme.

Ein leichter Ruck ging durch ihren Arm. Frank war losgegangen und zog sie mit sich.

»Warte! Meine Sachen.« Johanna schaute über die Schulter, wo ihr Rucksack auf dem Boden lag.

»Stört nur!«

Wo er recht hatte, hatte er recht. Sie konnte nur hoffen, dass es nicht anfing zu regnen oder jemand den Rucksack klaute. »Lass mich wenigstens die Kamera noch verstauen.« Meyer würde sie umbringen, wenn der Fotoapparat kaputtginge.

Eine Minute später huschte Johanna Hand in Hand mit Frank geduckt im Schatten der Grabsteine und Büsche über den Friedhof. Schon nach kurzer Zeit brannte ihre Lunge.

Du hättest Sport treiben sollen!, ärgerte sich Johanna über ihre Faulheit und schwor sich, das so bald wie möglich zu ändern.

Viel Zeit, um weiter darüber nachzudenken, blieb ihr jedoch nicht. Der Boden war uneben und Johanna hatte genug damit zu tun, nicht zu stürzen. Ein Stein, eine Wurzel – und schon würde sie der Länge nach hinfallen. Nur ab und an hob sie den Blick, um sich zu orientieren. Ohne Erfolg. Erst als sie durch ein Tor liefen, gelang es ihr.

Diese Erkenntnis brachte weitere Fragen mit sich. Wohin wollte er? Warum mussten sie den Friedhof dafür verlassen? Vor allem aber fragte sie sich: Wieso sah der Weg so anders aus? Sah bei Nacht wirklich alles anders aus? Im Grunde lief sie mit einem wildfremden Mann durch die Nacht und wusste nicht einmal, ob sie ihm diese merkwürdige Geschichte abkaufte.

Ohne Vorwarnung prallte Johanna auf Frank. Er war stehen geblieben und sie hatte es nicht mitbekommen.

»'Tschuldigung«, nuschelte sie und rieb sich ihre Nase, die sie sich an seinem Schulterblatt gestoßen hatte.

»Träumen ist eine schöne Sache, aber ab jetzt solltest du damit aufhören«, flüsterte er und deutete nach vorn. »Wir sind nämlich da.«

Erst jetzt entdeckte Johanna in einiger Entfernung ein großes Gebäude. Schemenhaft zeichnete es sich in der Dunkelheit ab. Erst als sie die Augen leicht zusammenkniff und genauer hinsah, erkannte Johanna mehrere Gebäude, die von einer großen Mauer umgeben waren.

»Wo sind wir?«, flüsterte sie, obwohl Johanna es in ihrem Innersten ahnte.

»Das ist die Heilanstalt.«

Seine Worte jagten ihr einen Kälteschauer über den Rücken. Sie hatte sich alles erheblich kleiner vorgestellt. Aber das hier war riesig. Johanna wünschte, es sei Tag, damit sie die Gebäude besser hätte erkennen können.

»Wir müssen rein«, erklärte er und bestätigte damit Johannas Befürchtung. »Dort drüben ist ein Eingang. Bleib immer hinter mir, als seist du mein Schatten. Sei schnell und vor allen Dingen wachsam. Wenn uns jemand entdeckt, dann kann ich nicht mehr für deine Sicherheit garantieren.« Während seiner Worte sah er Johanna tief in die Augen. Das war kein Spaß, sondern bittere Realität.

Johanna schaute zur Heilanstalt. Der Anblick ließ sie erschaudern. Menschen waren dort gestorben. Menschen, die drüben auf dem Friedhof lagen. Bei der bloßen Vorstellung schüttelte es Johanna und ihr Herz fing an zu rasen, während seine Worte in ihrem Kopf nachhallten: »... *nicht für deine Sicherheit garantieren.*« Johanna war plötzlich speiübel bei dem Gedanken, da reinzugehen.

Frank griff nach ihrer Hand und drückte sie. »Versuch einfach immer in meiner Nähe zu bleiben und das zu machen, was ich sage.« Sanft strich er mit dem Daumen über ihren Handrücken, dann fügte er hinzu: »Außer – du willst an dieser Stelle umkehren. Vergiss nicht, wir sind hier, weil du das willst. Es liegt also an dir, ob ...«

»Das ... das kommt nicht infrage.« Johanna schluckte die Angst, die ihren Hals verschloss, hinunter. »Wird schon schiefgehen.«

»Wie du willst«, erwiderte Frank, ehe er sich schulterzuckend umdrehte. »Sag nicht, ich hätte dir keine Chance gelassen.«

Eine Chance gelassen?

Bei den Worten stutzte Johanna. Ließen manche Serienmörder ihren Opfern nicht eine Wahl? War er einer und setzte auf ihr Gewissen, um sie in eine Falle zu locken? Sie wusste nichts über ihn. Wer sagte ihr, dass er nicht log. Ein Geist? Nachher kannte er die Gruppe gar nicht und nutzte ihre Naivität aus. Woher wusste sie, dass sie ihm wirklich trauen konnte?

»Warte!« Ihre Stimme klang spröde und eine Spur kratzig. »Bevor wir gehen ... Wenn du wirklich ein Geist bist und hier warst. Ich muss wissen, warum. Ich meine, wie kam es ...« Es fiel ihr schwer, die Frage in Worte zu fassen. »Du wirkst gar nicht so ...«

Noch immer hielt er ihre Hand und so spürte Johanna das Zucken, das durch seinen Körper ging. Fast so, als hätte sie ihn mit voller Wucht in den Magen geboxt.

»Es tut mir leid. Aber ich muss einfach wissen, ob ich dir trauen kann«, rechtfertigte sich Johanna. »Ich kenne dich nicht und ...« Ihre Stimme versagte.

Langsam, fast schon in Zeitlupe, drehte Frank sich wieder um.

Alles in Johanna spannte sich an, als sie seine Zähne knirschen hörte. Hatte sie einen Fehler begangen? Hatten ihre Fragen das Fass zum Überlaufen gebracht? Würde sie jetzt sein wahres Gesicht zu sehen bekommen?

Johanna duckte sich leicht, doch da war keine Wut, kein Hass. Seine Augen glänzten und sein Blick war ins Leere gerichtet. Mit der freien Hand rieb er sich gedankenverloren über den Mund. Es dauerte, und als er anfing zu sprechen, klang seine Stimme brüchig.

»Annelise.«

Nur ein Name.

Wie er ihn aussprach, zeigte Johanna, dass sie eine unsichtbare Grenze überschritten hatte. Wenn er weitersprach, würde das alte Wunden aufreißen.

»Tut mir leid. Vergiss es, bitte!« Ein leichter Händedruck sollte ihm zeigen, dass Johanna es ernst meinte.

»Nein, schon gut«, sagte er, aber es war unverkennbar, dass er bis heute litt. Eine einzelne Träne lief ihm die Wange hinunter. »Ich hätte nur nicht gedacht, dass es nach all den Jahren noch so verdammt wehtut.«

»Du musst es mir nicht erzählen«, warf Johanna ein, erntete aber ein Kopfschütteln.

Frank gab ihre Hand frei. Er drehte sich um und sah nachdenklich zu den Gebäuden. »Ich kam 1932 in die Heilanstalt.«

Seine Worte waren so leise, dass Johanna Mühe hatte, ihn zu verstehen. Sie trat zu ihm, sodass ihre Oberarme sich leicht berührten.

»Ich hatte Pläne. So viele Pläne. Nach der erfolgreichen Kartoffelernte sollte ich den Hof übernehmen. Ich konnte sogar schon die Hochzeitsglocken läuten hören. Kinder. Ich wollte mindestens zwei Mädchen und zwei Jungen.« Ein Lächeln umspielte seine Lippen. Nur kurz, dann wurden seine Gesichtszüge hart. »Es war Samstag. Ein ganz gewöhnlicher Samstag während der Erntezeit. Meine Mutter war zu Hause geblieben, um die Tiere zu versorgen. Alle anderen halfen auf dem Feld. Gegen Mittag kam meine Mutter. Sie brachte uns die Brotzeit.« Er legte eine Pause ein und schluckte hart. »Sie benahm sich wie immer. Unterhielt sich mit meinem Vater, lachte und scherzte mit uns, ehe sie sich verabschiedete. Ein ganz normaler Tag, so wie ich ihn seit meiner Kindheit kannte. Wir blieben an diesem Abend lange auf dem Feld. Länger als sonst. Solche Tage gab es, gerade wenn sich schlechtes Wetter ankündigte. Ich weiß noch, dass mir jeder Knochen im Körper schmerzte und ich nur froh war, dass alles geklappt hatte und ich endlich nach Hause konnte. Und da erfuhr ich es. Meine Annelise ... Sie hatte eine Lungenentzündung. Aber sie war auf dem Weg der Genesung. So dachten wir. An diesem Samstag ging es ihr schlechter und am späten Morgen schlief sie friedlich ein. Meine Mutter hatte es mir schlicht und ergreifend verschwiegen, damit ich als Helfer nicht ausfalle. Sie und mein Vater wussten, dass ich alles hätte stehen und liegen lassen, um bei meiner Annelise zu sein.« Eine weitere Träne lief ihm über die Wange. »Das Schlimme ist, ich konnte mich nicht einmal verabschieden.«

»Es tut mir leid«, flüsterte Johanna und legte eine Hand auf seinen Oberarm, obwohl sie damit nichts änderte. Keine Worte oder Gesten linderten einen solchen Schmerz. Sich nicht verabschieden zu können, stellte sich Johanna unendlich schmerzhaft vor. In dem Moment war sie froh, dass sie bis jetzt so etwas nicht erleben musste.

»Muss es nicht. Eigentlich war es für sie besser«, gab er Johanna zu verstehen, »das habe ich in all den Jahren verstanden. Sie war krank und jeder Atemzug ein Kampf. Trotzdem ... Wir dachten, sie sei über dem Berg.« Er schüttelte den Kopf. »In meiner Trauer verkroch ich mich in meiner Kammer. Meine Mutter verstand es. Mein Vater nicht. Er war schon immer ein gefühlskalter Mensch gewesen. Für ihn war es schlicht und ergreifend ein weiteres Anzeichen von Schwäche.« Frank schnaubte verächtlich. »Erst die Verweigerung, mich dem Militär anzuschließen, dann die Sache mit Annelise. Das genaue Gegenteil von ihm. Durch seine guten Kontakte war es ihm ein Leichtes. Ehe ich überhaupt wusste, wie mir geschah, befand ich mich in der Heilanstalt. Kerngesund, uneinsichtig und unglaublich wütend. In ihren Augen der absolute Härtefall.« Ein kurzer Seufzer, dann sprach er weiter. »Den Rest erspare ich dir lieber.«

»Ich ...«, begann Johanna, hielt aber inne.

Es tut mir leid. Dein Vater ist ein verdammter Idiot ...
Alles hörte sich so falsch in ihren Ohren an.

»Ich ...«, fing sie erneut an und bekam unerwartet von Frank Hilfe.

»Lass gut sein, es ist schon Ewigkeiten her«, murmelte er, packte sie an der Hand und setzte sich wieder in Bewegung.

Dankbar, keine Worte finden zu müssen, lief Johanna ihm hinterher.

Frank legte einen strammen Schritt an den Tag, sodass ihr keine Zeit für weitere Gedanken blieb. Stattdessen konzentrierte sie sich auf die Gebäude, die langsam, aber stetig größer wurden.

Nach einer Strecke, die ihr wie ein Halbmarathon vorkam, blieb Frank stehen. Johanna blickte auf und sah rund dreihundert Meter entfernt die Heilanstalt. Im Internet hatte das alte Gebäude sie an eine ehemalige Kaserne erinnert. Ein großer Komplex, der aus mehreren kleinen Gebäuden bestand, die miteinander verbunden waren. Einige mit zwei, andere mit drei Stockwerken und dazu klassisch rote Dächer. Wie eine kleine Stadt. Doch jetzt vermittelte die weitläufige Anlage mehr das Gefühl einer großen Villa mit vielen Nebengebäuden und einer parkähnlichen Umgebung. So friedlich und grausam zugleich.

»Gibt es sie eigentlich in deiner Zeit noch?«

Mit der Frage überraschte er Johanna und bestätigte ihr gleichzeitig ihre Vorahnung. Das war die Anstalt in ihrer Glanzzeit.

»Eine Geisteranstalt? Ernsthaft?«

»Was hast du erwartet«, erwiderte Frank.

So genau wollte Johanna gar nicht darüber nachdenken, sonst war die nächste Panikattacke nur eine Frage von Sekunden.

»Schon gut. Und ja, sie ist heute ...« Ein Museum, lag ihr auf der Zunge. Doch so klang es viel zu hart, als sei das Leben der Menschen ein Kunstgegenstand, den man ausgestellt hatte. Aus diesem Grund sagte sie: »Sie ist heute eine Gedenkstätte für all die Opfer.« Das beschrieb es humaner und traf es dennoch auf den Punkt.

Er nickte, die Antwort schien ihm zu gefallen. »Wollen wir?«

Die letzten Meter liefen sie geduckt über eine offene Fläche, bis sie sich im Schatten einer Mauer versteckten. Dort folgte sie Frank bis zu einer kleinen Tür. Er legte die Hand auf die Klinke, aber drückte sie nicht hinunter. Stattdessen warf er Johanna einen Blick zu, der sagte: *»Bist du dir sicher? Noch können wir zurück.«*

Nein, Johanna war sich nicht sicher. Zweifel und Ängste überfielen sie. Wer betrat schon freiwillig eine Heilanstalt, in der sich Geister befanden. Das kam einem Himmelfahrtskommando gleich. Bei dem Gedanken fing Johannas Körper vom Kopf bis zu den kleinen Zehen an zu kribbeln. Ihr Hals war so trocken, dass sie drei Anläufe brauchte, bis es ihr gelang, mit krächzender Stimme zu sagen: »Worauf wartest du?«

Die Frage quittierte Frank mit einem Schulterzucken. Ganz nach dem Motto: Wie du willst.

Jetzt gab es kein Zurück mehr.

Außer ...

Zu ihrem Pech öffnete sich die Tür mit einem leisen Knarren. Vor ihren Augen verschwand Frank im dunklen Türspalt. Sie sollte ihm folgen, aber ihre Beine gehorchten nicht. Im Gegenteil. Sie fühlten sich an wie Pudding. Aus Angst, dass sie nachgaben, stützte sich Johanna an der Hauswand ab.

»Doch nicht mehr so mutig?«

Erst jetzt bemerkte Johanna Frank, der im offenen Türrahmen stand und sie betrachtete.

»Wenn, dann müssen wir jetzt los, wo die Luft rein ist.« Er sah sie fragend an. »Wenn du nicht willst, dann schließe ich die Tür einfach wieder. Es wäre eh besser für uns alle.«

Alle? Mit Sicherheit nicht. »Nein«, erwiderte sie mit belegter Stimme, »ich ... komme schon. Es ist nur ...«

Er winkte ab. »An deiner Stelle wäre ich schon längst abgehauen. So wie wahrscheinlich jeder andere auch. Weißt du eigentlich, wie mutig ich dich finde?«

Seine Worte legten in Johanna einen Schalter um. Er hielt sie für tough. Auf keinen Fall durfte sie sich jetzt die Blöße geben und einen Rückzieher machen.

DU bist mutig!, sagte sie immer wieder zu sich selbst. Bis sie endlich die Kühnheit aufbrachte und eintrat.

Der Flur, in dem sich Johanna wiederfand, erinnerte sie an ihre alte Schule. Ein blank polierter Korridor. Auf der einen Seite sorgten tiefe Fenster für ausreichend Tageslicht. In diesem Fall Mondlicht. Auf der anderen Seite befanden sich in regelmäßigen Abständen Holztüren.

Johanna fragte sich, wo sie hinführten, traute sich aber nicht nachzufragen. Das lag nicht nur an der absoluten

Stille, die hier herrschte, sondern auch an dem Geruch, der Johanna in die Nase stieg. Eine Mischung aus Desinfektionsmittel, gekochtem Kohl und Schweiß. Genauer gesagt Angstschweiß und Tod.

Ihre Gedanken verselbstständigten sich und hinterließen einen bittersüßen Geschmack auf der Zunge. Sie stützte ihre Hände auf den Knien ab und atmete so ruhig wie möglich ein und aus, aber es half nichts.

Denk an was Schönes!, befahl Johanna sich. Sie schloss die Augen und rief sich den schönsten Ort ins Gedächtnis, an dem sie sich je befunden hatte. Zwei Wochen Sommerurlaub in Schweden. Grüne Wälder, Seen, in denen sich der blaue Himmel spiegelte, das nervige Summen der Mücken. Unwillkürlich erschien ein Lächeln auf ihren Lippen und sie merkte, wie sich ihr Magen beruhigte. Erst jetzt fiel ihr auf, wie sehr ihre Beine zitterten. Bevor sie sich jedoch weitere Gedanken machen konnte, packte sie jemand am Handgelenk und zog sie sanft, aber bestimmt in den Schatten eines Vorsprungs, der zu einer Tür führte.

»Was ...« Weiter kam Johanna nicht.

Frank legte ihr seinen Zeigefinger auf die Lippen und bedeutete ihr still zu sein. Dann öffnete er die Tür und schob sie in den Raum. Drinnen roch die Luft abgestanden und muffig. Zu allem Übel war es stockfinster, denn ihr Begleiter hatte die Tür bis auf einen winzigen Spalt wieder geschlossen.

»Pst!«, zischte er und deutete in Richtung Flur.

Johanna stellte sich neben Frank, um zu lauschen, hörte aber nur ihren eigenen Herzschlag und ihren schnaufenden Atem. Irgendetwas musste da sein, sonst hätte Frank nicht so reagiert. Sie lauschte angestrengter. Da, ganz leise – ein Summen. Melodisch und traurig. Es war kaum zu hören, aber ein Zeichen dafür, dass sie nicht allein waren.

Hatte die Person sie entdeckt? Johannas Herz setzte einen Schlag aus, sie beruhigte sich sofort wieder. Wenn das der Fall wäre, würde sie nicht hier in diesem Raum sein. Außerdem war das Summen viel zu weit weg. Zumindest noch, denn es wurde lauter. Eine Tür quietschte und der Laut war mit einem Mal näher.

Und dann sah Johanna den Ursprung des Summens. Eine stämmige Frau in einem altmodisch geblümten Kleid. Sie hielt genau vor der Tür an, als hätte sie den Spalt bemerkt, durch den Johanna und Frank sie beobachteten. Ihr feuerrotes Haar leuchtete regelrecht in der Dunkelheit und war trotz der späten Stunde adrett zu einem Dutt gesteckt. Noch immer summte sie ihr trauriges Lied und sah neugierig in Richtung Tür.

Geh weiter!, versuchte Johanna ihr mittels Gedankenübertragung zu suggerieren. Doch anscheinend schwebten sie nicht auf einer Wellenlänge, denn unvermittelt blieb die Frau stehen.

Sie beäugte die Tür skeptisch, dann begann sie sich im Takt ihres Liedes zu wiegen.

Das passierte doch gerade nicht wirklich. Johanna unterdrückte ein Stöhnen.

Wieder ertönte das Quietschen der Tür und dann hörte Johanna eine unbekannte männliche Stimme: »Hab ich Sie gefunden.«

Johanna zuckte zusammen und sah zu Frank hoch, der keine Miene verzog. Hinter der Frau erschien ein junger Mann. Seiner strahlend weißen Kleidung nach zu urteilen, ein Pfleger. Er hatte schwarze, glatte Haare, helle Augen und war eindeutig einen Kopf kleiner als die Tänzerin. Er würdigte die Tür keines Blickes und packte die Rothaarige grob an der Armbeuge. Statt sich zu wehren, wie Johanna es getan hätte, und sei es nur mit einem wütenden *»Finger weg«*, kicherte die Frau wie ein verliebtes Mädchen, das nur darauf wartete, von ihrem Liebsten auf die Tanzfläche geführt zu werden.

»Ich kann doch nichts dafür, dass heute so ein herrlicher Tag ist. Einen besseren Tag zum Sterben gibt es nicht«, flötete sie mit einer glockenklaren Stimme und grinste dabei schelmisch. »Was meinst du, Bürschchen, soll ich mir lieber die Pulsadern aufschneiden oder …« Sie legte eine kunstvolle Pause ein, ehe sie weitersprach: »… euch dreckigen kleinen Schweinchen die Arbeit ersparen und mich lieber erhängen?«

»Frau Rosenthal, Sie übertreiben wieder maßlos. Wir wollten doch in die Tanzstunde gehen. Und an Tagen, wo man tanzt, will man sich mit Sicherheit nicht das Leben nehmen. Warten Sie nur ab, nachher verschwenden Sie keinen Gedanken mehr an Ihren Tod«, antwortete der Pfleger langsam und deutlich wie jemand, der kurz davor war zu explodieren, aber probierte dies zu unterdrücken. »Und jetzt kommen Sie, sonst fängt die Stunde ohne Sie an.«

Johanna, die das Schauspiel fasziniert beobachtete, rechnete mit Widerworten, doch Frau Rosenthal nickte und ließ sich von dem Pfleger mitnehmen. Kurz darauf quietschte die Tür, Johanna hörte für einen winzigen Augenblick zarte Klavierklänge und gleich darauf einen dumpfen Knall, als die Tür sich wieder schloss.

Ein paar Sekunden wartete sie und lauschte der Stille, dann wandte sie sich an Frank. »Das war ... Das war echt schräg. Ein schöner Tag zum Sterben. Kein Wunder, das sie hier ist oder besser gesagt war.«

»Wie man es nimmt«, flüsterte Frank in ihr Ohr. »Frau Rosenthal war hier, weil ihr einziger Sohn nach Amerika auswanderte. Die Ärmste hat sich ganz allein gefühlt und damit gedroht, sich das Leben zu nehmen, wenn ihr Friedrich nicht zurückkäme. Daraufhin hat ihr Mann, der wohl nicht gerade charmant war, sie hier in die Klinik eingewiesen. Und es hat ihr tatsächlich geholfen. Die Aufmerksamkeit der Pfleger war ein kleiner Ersatz für ihren verlorenen Sohn.«

»Irgendwie tut sie mir leid, bei so einem Mann und Sohn. Damals dauerte so eine Fahrt mit dem Schiff wie lange? Eine Woche. Dass er sie nicht einfach mal besucht hat. Das ist echt armselig.«

»Manchmal steckt mehr hinter dem, was man zu glauben scheint. Dahinten ...« Frank öffnete die Tür und schob sie wieder auf den Gang. Gleichzeitig deutete er vage in die Richtung, in die die zwei verschwunden waren. »... gibt es ein Zimmer für die Privilegierten. Es heißt das Musikzimmer. Dort können die Patienten tanzen oder einfach nur der Musik lauschen.«

»Das ist doch schön.« Vor Johannas geistigem Auge tauchte ein großer Salon mit Klavier auf.

Frauen, die Tee tranken, tanzten, lachten. Fast wie ein Urlaub.

Anscheinend hatte Johanna ihre Gedanken laut ausgesprochen, denn Frank stieß ein kehliges Lachen aus.

»Urlaub, so hab ich das noch nie gesehen.«

»Wie auch immer«, murmelte Johanna, »es ist doch egal, wie man es nennt, solange es hilft und jemanden glücklich macht.«

»Glücklich? Ja, das war sie. Zumindest eine gewisse Zeit.«

»Wie meinst du das?«, hakte Johanna nach und sah Frank verwundert an. Obwohl das Geplänkel merkwürdig war, hatte es auf Johanna so gewirkt, als hätte Frau Rosenthal ihren Spaß.

»Zwei Jahre nach ihrer Einlieferung hat sie sich kopfüber aus dem Fenster gestürzt. Genickbruch.«

Entsetzt keuchte Johanna auf. »Für mich klang das alles nach Spaß.«

»War es. Zum Teil jedenfalls. Es gab damals zwei Gerüchte. In einem hieß es, ihr Sohn wäre drüben von einer irischen Horde auf der Straße abgeknallt worden. Aber ich glaube eher die Theorie, dass ihr Mann die Therapie nicht mehr zahlen konnte. Sie waren Juden.«

»Oh«, entfuhr es Johanna. Schlagartig verstand sie, warum der Sohn nach Amerika ausgewandert war, sie nicht besuchte oder sie ihn. Frau Rosenthal war kurz vor dem Zweiten Weltkrieg hergekommen.

»Wie auch immer, wir müssen weiter«, forderte Frank Johanna auf. »Wir sind schließlich nicht hier, damit du die Patienten kennenlernst. Obwohl es ein paar echt interessante Fälle gibt, die sich lohnen.« Er lachte kurz, als hätte er einen Witz gemacht. Dann wurde er wieder ernst. Mit festem Griff packte er sie an den Schultern und sah Johanna eindringlich in die Augen. »Dir ist klar, dass das hier kein Spiel ist. Du warst eben nicht aufmerksam und ohne mich hätte dich Frau Rosenthal, und sicherlich auch Frederik, entdeckt. Ich brauche deine volle Aufmerksamkeit. Nur zusammen können wir das hier schaffen.«

Um ihm zu zeigen, dass sie verstanden hatte und sich des Ernstes der Lage bewusst war, zeigte sie ihm ihren nach oben gestreckten Daumen.

Ein Lächeln huschte über sein Gesicht, das Johanna erwiderte.

»Na dann, lass uns gehen!«

Nacheinander huschten sie über den Flur. Dabei übernahm Frank die Führung und Johanna folgte ihm wie ein Schatten. Sie versuchte so leise wie möglich zu sein, aber ihre Sneakers quietschten ständig auf dem gebohnerten Boden.

Das strenge Gesicht ihres ehemaligen Direktors tauchte in ihrem Gedächtnis auf und sie konnte seine mahnenden Worte hören: »*Sind Sie eine Greisin? Nein, dann heben Sie gefälligst Ihre Füße und schlurfen hier nicht durch die Gänge!*«

Hoffentlich hatten Geister kein so gutes Gehör. Ihm war damals absolut nichts entgangen, was sich auf seinen Fluren abspielte.

Einen Augenblick überlegte Johanna die Schuhe auszuziehen. Die Vorstellung, hier barfuß herumzulaufen, behagte ihr jedoch noch weniger.

Nach einiger Zeit kamen sie am Ende eines Ganges an und Frank verlangsamte das Tempo, bis er vor einer großen Flügeltür zum Stehen kam. Vorsichtig öffnete Frank sie einen Spalt und lugte hindurch. Er drehte sich um und zeigte auf Johanna und auf den Boden. Anschließend auf die Tür und schüttelte den Kopf.

Sie sollte hierbleiben. Das war deutlich und sie nickte. Im nächsten Moment war er verschwunden.

So ganz allein fühlte sich Johanna schon nach wenigen Augenblicken unbehaglich. Warum ließ er sie hier zurück? Wollte er schauen, wo sich die drei Jugendlichen befanden? Angespannt lauschte Johanna auf Schritte. Warum hatte sie ihm nur vertraut? Was, wenn er sie hierhergeführt hatte und nun abgehauen war? Allein der Gedanke an Frank, der sich irgendwo ins Fäustchen lachte, beschleunigte Johannas Puls. Sie brauchte Ablenkung von diesem Gedankenkarussell, weshalb sie sich Annelise und seine echte Trauer ins Gedächtnis rief. Nein, er würde sie nicht im Stich lassen.

Ihre Angst wich und Neugierde nahm den Platz ein. Ihr Blick glitt durch den Flur und blieb am nächsten Fenster hängen. Was wohl da draußen war? Entschlossen ging Johanna die drei Schritte, um nachzusehen. Was sie im hellen Licht des Vollmondes erblickte, war wunderschön. Ein parkähnlich angelegter Garten. Blumen, Sträucher und ein Gemüsebeet. Am Rand entdeckte sie einen großen Holztisch. Um ihn herum saßen mehrere schlicht gekleidete ältere Damen auf Bänken. Auf dem Tisch stapelte sich ein riesiger Berg Kartoffeln, den die Frauen schwatzend bearbeiteten. Johanna dachte an ihre Oma. Als Kind hatte sie es geliebt, ihr beim Kochen zuzuschauen.

»Träumst du schon wieder?« Franks Stimme ließ sie zusammenzucken. Ertappt wandte Johanna den Blick vom Fenster ab und sah Frank an. Sie setzte zu einer Antwort an, aber er winkte nur ab.

»Wie auch immer, die Luft ist rein. Wir sollten uns beeilen«, warf er ein und hielt ihr den einen Flügel auf, sodass sie durch die Tür schlüpfen konnte.

Schweigend huschten sie durch den Gang, der vor ihnen lag. Ein weiterer folgte und noch einer.

Die ganze Zeit lauschte Frank angespannt auf jedes kleinste Geräusch. Johanna tat es ihm nach, konzentrierte sich aber zeitgleich auf den gegangenen Weg. Nur für den Fall der Fälle. Letzten Endes bestand die Möglichkeit, Frank aus den Augen zu verlieren oder womöglich Schlimmeres. Doch den Gedanken verbot sich Johanna zu Ende zu denken. Nach dem vierten Gang fragte sie sich jedoch, wie sich hier überhaupt jemand zurechtfand. Alles sah so gleich aus und wirkte wie ein Irrgarten auf sie. Waren sie eben rechts oder doch links abgebogen? Johanna seufzte. So viel zum Thema: Den Weg merken.

Max

Eine der verbreitetsten Krankheiten ist die Diagnose.
(Karl Kraus)

Mitten in dem Chaos, das in Johannas Kopf herrschte, hielt Frank an und deutete auf die große Tür, vor der sie sich befanden.

»Hier müsste einer der Jungen sein«, teilte er ihr mit. Dabei wirke er wie ein verlegener Schuljunge, der zu spät zum Unterricht kam und sich nicht traute, den Klassenraum zu betreten.

Was verbarg sich hinter der Tür, das ihn so einschüchterte? Johanna forschte in seinem Gesicht nach einer Erklärung, aber gab nach ein paar Sekunden auf, als er den Mund zusammenkniff und einen lauten Seufzer ausstieß.

»Weißt du, ich wünschte, mich hätte auch jemand gerettet. Der damalige Direktor wusste genau, dass wir den Abtransport nicht überleben. Dennoch hat er es nicht verhindert.« Er verzog einen Mundwinkel zu einem Lächeln. »Du hingegen bist durch und durch ein guter Mensch. Genau wie meine Annelise.«

Peinlich berührt räusperte sich Johanna. Ihr war klar, dass sie etwas sagen sollte – nur was? Schließlich hatte er ihr gerade erzählt, wie er gestorben war.

Abtransport!
Was das im Detail hieß, musste nicht extra laut ausgesprochen werden. Arbeitslager und Gaskammer. *»Euthanasie«* gehörte zu den unschönen Themen, die Johanna aus ihrer Schulzeit kannte. Nur die Menschen dahinter hatte sie sich anders vorgestellt. Körperlich und geistig behindert. In das Bild passte Frank keineswegs. Er war witzig, wirkte gesund und schien nicht auf den Kopf gefallen zu sein. Er passte so gar nicht in die Vorstellung, die sie aus dem Unterricht mitgenommen hatte.

Sie schluckte bei dem Gedanken. Wie konnte ein Vater seinem eigenen Fleisch und Blut so etwas antun? Wieso hatte er ihn nicht herausgeholt?

Vor Wut schnaubte Johanna laut.

»Lass gut sein«, sagte Frank daraufhin. »Die Vergangenheit kann man nicht ändern. Und wer weiß, wozu es gut war.« Er deutete auf die Tür. »Jetzt sollten wir aber gucken, ob ich richtigliege«, verkündete Frank und wirkte schon wieder eine Spur gefasster. »Sonst müssen wir weitersuchen.« Während er sprach, drehte er sich um und drückte mit der freien Hand leise die Klinke der Tür nach unten. Mit der Schulter schob er sie auf und bedeutete Johanna, ihm in den dahinter liegenden Raum zu folgen.

Augenblicklich schlug ihr Herz wie verrückt. Bis eben hatte sie keinen Gedanken daran verschwendet, was sie dort erwartete. Doch das, was sie im schummrigen Licht, der winzigen Funzel, die von der Decke hing, sah, überraschte sie.

Hinter der Tür lag kein Behandlungsraum. Erst recht kein Patientenzimmer. Es war eher eine Besenkammer.

Nur ohne das Putzzeug. Stattdessen stand ein einsamer Stuhl am Rand. Johanna schaute in alle Richtungen. Die Kammer war so überschaubar, dass sie mit ausgestreckten Armen problemlos jede Wand hätte berühren können.

»Willst du mich verarschen?«, fragte sie und kam sich gehörig veräppelt vor. Wie kam Frank nur auf die Idee, dass sie hier fündig wurden?

Diese Frage schien ihn zu verwirren, denn er sah Johanna ungläubig an. »Nein, wie kommst du darauf, dass ich dich in einer solchen Situation auf den Arm nehme?« Auf Johannas Antwort wartete er gar nicht, sondern sprach nach einem Kopfschütteln weiter. »Bei den Ärzten ist diese Art von Therapie sehr beliebt. Deswegen dachte ich, versuchen wir es hier. Außerdem ist die Tür sonst abgeschlossen.«

»Aber ...«, setzte Johanna an und wollte ihn darauf hinweisen, dass sie allein in diesem Loch waren, als Frank den Raum buchstäblich vergrößerte.

Das gegenüberliegende Ende, das Johanna ebenfalls für eine Wand gehalten hatte, entpuppte sich als schwarzer Vorhang. Dahinter setzte sich der Raum fort. An den Wänden erkannte Johanna Dutzende von Regalen. Sie waren alle vollgepackt mit Akten. Der Stuhl diente wohl lediglich als Tritt, um an die obersten Fächer zu gelangen. Es sah aus wie in einem alten Archiv.

»Dort.« Frank deutete auf die andere Seite, wo sich eine Tür mit hell erleuchtetem Fenster abzeichnete. »Ich habe damit richtiggelegen, dass sie hier einen behandeln. Hoffen wir mal, dass wir noch rechtzeitig da sind.«

Ein Adrenalinstoß durchfuhr Johanna bei dem Gedanken, einen der Jugendlichen gefunden zu haben. Kurz fragte sie sich, was an einem solchen Ort für Behandlungen durchgeführt wurden.

Mit Sicherheit nichts Abscheuliches! Ansonsten hätte Frank mich vorgewarnt.

Voller Hoffnung trat Johanna einen Schritt vor, um sich neben Frank zu stellen. »Was passiert ...«

In diesem Augenblick entdeckte sie Franks Hände, die er zu Fäusten ballte, und verstummte. Der Rest ihrer Frage hing unausgesprochen zwischen ihnen.

Ein beklemmendes Gefühl ergriff ihr Herz, als Frank ihre dunkelsten Gedanken aussprach: »Wir sind leider zu spät.«

»Wie ... wie kommst du darauf?«, hakte Johanna mit brüchiger Stimme nach und trat mit zwei Schritten neben ihn. Ihr Blick war auf die Schuhspitzen geheftet. Wollte sie überhaupt sehen, was er sah? Nein, aber sie musste sich vergewissern. Sie hob den Kopf und schaute auf Franks Brust, die sich zwischen ihr und der Scheibe aufgebaut hatte.

Er packte sie an den Schultern, schüttelte den Kopf und sagte: »Sie behandeln ihn schon. Glaub mir, das willst du nicht sehen.«

Nein, das wollte sie in der Tat nicht. Dennoch sagte sie: »Und woher weißt du, dass wir zu spät sind? Vielleicht kommen wir gerade zur rechten Zeit. Das kannst du doch gar nicht beurteilen.« Johanna trat einen Schritt zur Seite und erreichte damit nur, dass Frank sie fester an den Schultern packte.

»Ich verstehe dich, aber du musst mir hier vertrauen. Wenn wir jetzt reingehen, entdecken sie uns. Und damit ist niemandem geholfen«, gab er Johanna mit fester Stimme zu verstehen.

Klar hatte er recht. Sobald sie den Raum beträten, flögen sie eiskalt auf. Dennoch blieb Johanna wie versteinert stehen. Es gab immer eine Möglichkeit. Man musste lediglich den perfekten Plan ausarbeiten und das ging nur, wenn sie wusste, was dort drinnen passierte.

»Johanna, vertrau mir. *Das* willst du nicht sehen!«

»Nein, will ich nicht«, fuhr sie ihn zischend an. »Aber ich kann auch nicht gehen. Es gibt immer eine Chance. Ich muss nur ...«

Obwohl ihr Herz so doll klopfte, dass sie den Puls schon hinter ihren Schläfen spürte, duckte sie sich und schlüpfte an Frank vorbei. Das Fenster lag ein Stückchen höher und Johanna musste sich auf die Zehenspitzen stellen, um hineinsehen zu können.

Sofort bereute sie ihre Entscheidung.

Mitten in dem Raum stand mit dem Fußende zur Tür ein gusseisernes Bettgestell. Darauf lag eine Person. An Händen und Füßen mit Lederriemen an den Rahmen festgeschnallt. Die harten, spitzen Federn vom Lattenrost bohrten sich in seinen Rücken, sodass er sich ständig wand, um eine bequemere Position zu finden. Hatte Johanna bis eben gehofft, dass sich Frank irrte, wusste sie es nun besser. Die Person war niemand anderes als Max.

Er war nicht allein in dem Raum. Neben seinem Bett stand eine Frau in weißer Schwesterntracht. Das Haar wurde durch eine ebenfalls weiße Haube bedeckt. Das war auch schon das einzig Freundliche an ihr. Ihr Kinn war spitz, dazu hatte sie eine riesige Warze auf der Nase. Dünne, zusammengekniffene Lippen und eiskalte Augen. Bei ihrem Anblick musste Johanna sofort an die böse Hexe aus *»Hänsel und Gretel«* denken. Das war keine Frau, die mit sich reden ließ. Vielmehr war sie jemand, der sichtbare Freude daran hatte, andere leiden zu sehen.

Sie stand an Max' Bett, tätschelte seine Stirn, beugte sich zu ihm hinunter und ihre Lippen bewegten sich. Was sie sagte, war durch die Tür nicht zu hören. Doch im Grunde war es egal. Die Hexe war abgelenkt und Johanna erkannte ihre Chance. Die Frau war wesentlich kleiner und zierlicher als sie. Sie musste sie nur direkt an der Taille packen und mit voller Wucht ...

Mitten in ihre Planung hinein tauchte eine weitere Person in Johannas Blickfeld auf. Der Unbekannte trug ebenfalls einen weißen Kittel, dazu schwarze Handschuhe und war um vieles kräftiger und größer. Das Gesicht erschien kantig, breit, aber irgendwie nicht bedrohlich. Ein Funke Hoffnung keimte in Johanna auf. Ja, offensichtlich war er der behandelnde Arzt, so selbstsicher, wie er auftrat, aber das hieß noch lange nicht, dass er bösartig war. Harte Schale, weicher Kern.

Red dir das nur ein! Du bist hier unter Geistern und willst an so einen Schwachsinn glauben?

Alles vage, halb gare Vermutungen, die sie nicht weiterbrachten. Darauf konnte sie sich nicht verlassen. Allein würde sie untergehen. Aber falls Frank ihr helfen würde ... Er könnte den Stuhl nehmen, während sie die Frau ansprang, dann ...

Als hätte sie ihre Überlegungen laut ausgesprochen, wandte sich der Arzt in ihre Richtung.

Reflexartig duckte sie sich und entfernte sich ein Stück von der Scheibe, ehe sie sich wieder auf aufrichtete und reinschaute.

Der Arzt runzelte die Stirn und kniff die Augen zusammen. Einen Moment, der Johanna wie eine Ewigkeit vorkam, starrte er sie direkt an.

Das war es. Er hatte sie entdeckt. Gleich würde er ...

... nichts tun.

Der Arzt schüttelte den Kopf, als habe er sich geirrt. Dann wandte er sich an die Pflegerin, sagte etwas zu ihr, woraufhin sie zur gegenüberliegenden Seite des Bettes eilte. Er nickte und beugte sich zu Max herunter.

Ein Ruck ging durch dessen Körper. Jetzt weiteten sich seine Augen und er sagte etwas. Johanna trat einen Schritt nach vorn in der Hoffnung, das eine oder andere Wort zu verstehen.

»Nein! Nein!« Erst waren seine Worte nur eine Lippenbewegung. Mit jedem *»Nein!«* wurde Max aber lauter und verständlicher. Bis seine Worte in einen entsetzten Schrei übergingen. Zeitgleich bäumte er sich auf und probierte mit aller Kraft, seine Fesseln zu lösen. Die Riemen hielten dem Versuch jedoch stand. Nackte Angst spiegelte sich in Max' Augen wider.

Das Gefühl übertrug sich auf Johanna und schnürte ihre Brust zu. Sie schüttelte sich, um es abzuwerfen, aber es gelang ihr nicht. Wenn sie sich schon so fühlte, wie litt Max dann? Sie musste hinein und ihm helfen. Ihre Beine stimmten dieser Auffassung aber nicht zu.

Erneut verweigerten sie ihr den Dienst. Selbst als sie eine Spritze mit extrem langer Nadel sah, die der Arzt in Max' Arm trieb.

»Johanna«, flüsterte Frank und packte sie an der Schulter. Sie schüttelte ihn im gleichen Atemzug wieder ab.

»Was ... was hat er ihm da ... Was war in der Spritze?« Johanna wunderte sich, dass sie überhaupt ein Wort herausgebracht hatte.

»Ich erkläre es dir, aber nicht hier. Lass uns raus hier, bitte.«

Ihre Beine teilten augenscheinlich diese Meinung, denn sie fingen regelrecht an zu kribbeln.

Doch statt die Flucht zu ergreifen, trat Johanna einen weiteren Schritt nach vorn.

»Nein. Sieh nur, sie sind abgelenkt. Wenn wir beide ... Wir schaffen das.« Wie zum Beweis legte Johanna die Hand auf die Klinke.

Zum Herunterdrücken bekam sie keine Gelegenheit mehr. Wie auf ein Stichwort fing Max an zu zittern.

Anfangs sah es aus, als würde er frieren oder die Nerven verlieren. Aber schon nach wenigen Sekunden, wurde sein Körper regelrecht durchgeschüttelt. Sämtliche Farbe war aus seinem Gesicht gewichen und hatte unzähligen Schweißperlen auf seiner Stirn Platz gemacht. Johanna zog ihre Hand zurück.

Was passierte da? Was war in der Spritze gewesen? Gift? Starb Max in diesem Augenblick? In ihrem Kopf wirbelten Tausende Gedanken umher.

Plötzlich ging ein weiterer Ruck durch Max und das Zittern hörte auf, als hätte es nie stattgefunden. Er lag reglos auf dem Bett. Nicht einmal seine Brust bewegte sich.

Endlich – es ist vorbei!

Im ersten Moment verspürte Johanna Erleichterung, bis die Erkenntnis in ihr Bewusstsein drang. Seine Brust bewegte sich nicht mehr. Dafür gab es nur eine logische Erklärung.

Auf keinen Fall. Das durfte nicht sein. Er konnte nicht tot sein. Nicht wo sie ihn doch gefunden hatten.

Johanna trat dichter heran, um besser sehen zu können, und presste ihr Gesicht gegen die Scheibe. Entsetzt wich sie einen Wimpernschlag später zurück.

»Er ... er atmet nicht. Ist Max ...« Johanna versagte die Stimme.

Wie zur Bestätigung schloss die Schwester Max' Augen. Doch dann öffnete sie mit dem Zeigefinger seinen Mund. Mit der anderen Hand griff sie in ihre Tasche und beförderte einen kleinen Stock hervor. Den platzierte sie zwischen seinen Zähnen.

»Was zur Hölle?«

»Bitte, lass uns gehen.«

»Was ... was macht sie da?«, fragte Johanna und ignorierte Franks Bitte. Sie musste wissen, was da vor sich ging. Wenn Max noch lebte, dann musste sie rein und ihm helfen. Genau deswegen ...

Ohne ersichtlichen Grund fing Max an zu zucken. Sein Körper bäumte sich auf. Von seinen Augen war nur noch das Weiße sichtbar. Im nächsten Moment warf er sich nach rechts, nach links. Nur die Riemen hielten ihn auf dem Bett. Schaum trat aus seinem Mund.

Johanna spürte, wie Frank sie am Handgelenk packte. Ohne es bemerkt zu haben, hatte sie den Arm gehoben, um gegen die Scheibe zu klopfen.

»Hör auf«, sagte er mit fester Stimme. »Es ist zu spät. Verstehst du es nicht?«

Zu spät? Wie zur Hölle kam Frank darauf. Max lebte und das würde nur so bleiben, wenn sie ihm halfen.

»Ich gehe da jetzt rein, ob es dir passt oder nicht.«

Gerade wollte sie ihre Worte in die Tat umsetzen, als eine Bewegung hinter der Scheibe ihre Aufmerksamkeit auf sich zog. Der Arzt drückte Luft aus einer Spritze und jagte den Inhalt in Max' Körper. Zwei, vielleicht auch drei Sekunden später war der Spuk vorbei. Noch immer stand Schweiß auf Max' Stirn und seine Atmung ging hektisch, aber er krampfte nicht mehr.

Ein Glück. Was immer der Arzt ihm verabreicht hatte, es wirkte.

»Sieh nur!« Johanna deutete auf Max. »Da, er öffnet die Augen. Von wegen, es ist zu spät.«

Der Arzt entfernte das Stück Holz, reichte es seiner Helferin und beugte sich zu Max hinab. »Wie fühlen Sie sich?«, fragte er. Dabei sprach er betont laut und deutlich.

»Wo bin … ich?«, wollte Max mit brüchiger Stimme wissen. Noch immer benommen unternahm er den Versuch sich aufzurichten, wurde jedoch von seinen Fesseln aufgehalten. »Wo …?«, setzte er ein zweites Mal an. Diesmal klang die Stimme deutlich kräftiger. Zugleich zerrte er an den Handfesseln.

Der Arzt ignorierte die Frage und notierte sich etwas auf einem Zettel, der auf einem Klemmbrett befestigt war. »Gut. Wirklich gut.« Er blickte von seinen Notizen auf und wandte sich wieder an Max. »Können Sie mir Ihren Namen sagen?«

»Ja, ich bin ...« Max' Stimme brach ab und sein Blick irrte durch den Raum. »Ich ... ich bin ... Ich weiß es nicht. Bitte, was mache ich hier? Ich kann mich nicht erinnern. Hatte ich einen Unfall?« Hilflosigkeit und Angst schwangen in seiner Stimme mit. Wieder ruckte er an den Fesseln. »Und was ist das hier? Wieso bin ich gefesselt? Habe ich jemanden umgebracht? Bin ich verhaftet.«

Der Arzt nickte und ignorierte Max' Fragen. »Das ist sehr gut.« Wieder schrieb er etwas auf seinen Zettel.

Gut, was war daran bitte gut? Max ging es allem Anschein nach nicht gut, wenn er sich nicht mal an seinen Namen erinnerte. Genau das sprach sie auch laut aus.

»Johanna, bitte.«

»Von wegen Johanna bitte. Was stimmt mit Max nicht? Warum kann er sich nicht an seinen Namen erinnern?«, fragte sie Frank, ohne den Blick abzuwenden.

Der Arzt beendete seine Notizen und wandte sich wieder an Max. »Ich habe eine letzte Frage. Ich hoffe, Sie können mir helfen. Die Geschichte vom Apfelbaum und Ihrer Mutter. Ich habe sie mir vorhin nicht ganz gemerkt und würde sie gern meiner Tochter erzählen. Können Sie sie mir noch einmal erzählen?«

Apfelbaum? Geschichte? Was sollte das?

»Apfelbaum? Meine Mutter?« Max schien auch nicht zu wissen, wovon der Fremde redete. Tiefe Furchen bildete sich auf seiner Stirn, während er sein Gehirn durchforstete. »Ich ... ich weiß nicht ... Was genau wollen Sie von mir? Wer sind Sie und wo bin ich?«

So langsam zweifelte Johanna daran, dass es sich um einen Arzt handelte, der Max behandelte.

O mein Gott!

Was war, wenn Max an einen verrückten Patienten geraten war? Der Typ hatte sie doch nicht mehr alle.

Als hätte der ihre Gedanken gehört, verzog er seine Lippen zu einem Grinsen. Eins von der Sorte, das eindeutig verrückt war.

»Sie haben mir vor einer Viertelstunde eine Geschichte erzählt.« Er legte eine Pause ein, aber Max schüttelte nur den Kopf.

»Was soll ich erzählt haben? Ich verstehe nicht. Ich kenne Sie nicht. Warum sollte ich Ihnen da etwas erzählt haben.«

Der Mann nickte. »Sie sind als Kind auf einen Apfelbaum geklettert. Ihre Mutter wollte sie herunterholen. Erinnern Sie sich? Als sie bei Ihnen war, traute sie sich ebenfalls nicht runter. Am Ende musste ihr Vater sie beide mit der Leiter herunterholen«, versuchte der Arzt ihm auf die Sprünge zu helfen. »Sie müssen sich erinnern!«

Die Stimme des Mannes war um mindestens eine Oktave angestiegen. Sie klang regelrecht euphorisch.

Wenn er die Geschichte kannte, warum fragte er Max danach? Warum sollte er sich erinnern? Und warum erinnerte der sich nicht daran, wenn er sie ihm angeblich ein paar Minuten vorher selbst erzählt hatte? Das ergab doch alles keinen Sinn.

Max sah ihn an, öffnete den Mund, schüttelte dann jedoch nur hilflos den Kopf.

»Aber du erinnerst dich an deine Mutter und deinen Vater, oder?« Der Arzt packte Max an den Schultern und rüttelte ihn leicht. Mit jeder Frage wirkte er aufgeregter. Fast wie ein kleiner Junge, der kurz vor der Bescherung stand. Seine Augen funkelten regelrecht. Er war so verzückt, dass er sogar zum Du gewechselt war. So unprofessionell war kein Arzt. Dieser Mann war eindeutig ein Patient. Bei dem Gedanken wurde Johanna schlecht.

»Deine Mutter. Hatte sie blonde Haare? Braune?« Inzwischen wartete er gar nicht mehr, sondern feuerte sogleich die nächste Frage auf Max ab. »Weißt du ihren Namen? Wo du wohnst? Wie alt bist du? …« Mit jeder weiteren unbeantworteten Frage strahlten seine Augen mehr.

»Nein, nein, nein. Hören Sie auf! Ich weiß es nicht. Ich kann mich an nichts erinnern.« Die ganze Zeit flatterte sein Blick durch den Raum auf der Suche nach irgendeinem Anhaltspunkt, der ihm auf die Sprünge half. Die ganze Zeit biss er sich auf die Lippen. So lange, bis Blut herauslief. Dann folgten Tränen. »Warum kann ich mich an nichts erinnern?«, fragte er mit erstickter Stimme.

»Das ist …« Dieser Irre richtete sich auf und ergriff die Hand der Schwester. Als er weitersprach, jubelte er: »Perfekt! Wir haben es geschafft. Notieren Sie bitte, Schwester Hildegard: Patient Nummer 2350 wurde erfolgreich therapiert. Er ist geheilt. Dank uns!« Er beugte sich zu ihr, packte ihr Gesicht und drückte einen schmatzenden Kuss auf ihre Wange.

Geheilt? Das war Schwachsinn. Max brauchte Hilfe. Und zwar von einem richtigen Arzt. Er hatte einen Gedächtnisverlust und damit war nicht zu spaßen.

Ein Ruck ging durch Johannas Körper und sie wurde nach hinten gerissen. Weg vom Fenster und der Tür.

»Glaubst du mir endlich? Hast du dich selbst überzeugen können, dass wir zu spät sind? Oder brauchst du noch mehr Beweise?«, zischte Frank und sah sie durchdringend an.

Johanna schüttelte den Kopf. Unmöglich konnte sie Max weiterhin bei diesen Wahnsinnigen lassen. »Nein, wir müssen ...«

»Weg. Das ist das Einzige, was wir müssen. Hast du nicht gesehen, was sie mit ihm angestellt haben? Möchtest du es am eigenen Leib erfahren? Das passiert nämlich, wenn wir jetzt nicht *sofort* abhauen. Sie räumen nur noch auf, und wenn sie herauskommen und wir noch hier stehen, sind wir die nächsten Patienten.«

Johanna schluckte. Auf der einen Seite konnte sie nicht einfach gehen und Max seinem Schicksal überlassen. Aber die Vorstellung, selbst auf dem Bett zu liegen, schnürte Johanna die Kehle zu.

»Aber ... wir müssen ... helfen.«

»Es ist zu spät. Vertrau mir.«

»Das tu ich, aber ...«

»Verdammt. Wie kann man nur so stur sein.« Er raufte sich die Haare. »Ich weiß, du möchtest ihm helfen. Und das finde ich wirklich bewundernswert. Aber was muss noch passieren, damit du kapierst, dass wir nichts mehr tun können. Ich erkläre es dir, wenn wir draußen sind.«

»Ich will nur ...«, sagte sie und warf einen letzten Blick in das Behandlungszimmer.

Max lag noch immer auf dem Bett, aber seine Fesseln waren gelöst. Er hätte fliehen können, wenn er gewollt hätte. Doch er lag nur da und starrte die Decke an.

»Du hast recht! Ihm ist nicht mehr zu helfen. Aber ...« Johanna riss sich zusammen und sagte: »Lass uns die anderen suchen.«

Wieder auf dem Flur lehnte sie sich an die Wand und atmete tief durch. Obwohl sie den Jungen nur kurz vom Sehen kannte, ging all das nicht spurlos an ihr vorbei. Eine Träne lief ihre Wange hinunter. Johanna wischte sie weg und stieß sich von der Wand ab. »Ich weiß, wir haben keine Zeit zu verlieren, aber was ... was war das?« Weder hatte sie so etwas schon einmal gesehen noch davon gehört oder darüber gelesen.

»Nicht hier und nicht jetzt«, wiegelte Frank ab und drehte sich zu ihr um.

»Schieb es auf die Journalistin in mir, aber ich muss es verstehen«, protestierte Johanna.

Frank quittierte dies mit einem genervten Augenrollen. »Na schön, aber nicht hier. Komm!«

Er lief voraus und führte Johanna zielstrebig durch das Labyrinth aus Gängen. Nach ein paar Minuten warf er seufzend einen Blick über die Schulter, öffnete die Tür, vor der er stehen geblieben war, und schob Johanna hindurch.

Dahinter lag diesmal kein Kabuff, sondern ein länglicher Saal. Zu beiden Seiten befanden sich, über die ganze Länge des Raumes, Tische, in die Keramikschüsseln eingelassen waren. Johanna guckte sich angstvoll um, aber da war niemand außer ihnen. Bis jetzt.

Frank schien ihre Bedenken zu spüren. »Keine Sorge. Nachts kommt niemand in diesen Waschraum. Wir sind hier absolut ungestört.«

Obwohl Johanna an seinen Worten keinen Zweifel hegte, ließ sie die Tür nicht aus den Augen.

»Sicher, dass du das weiter durchziehen willst? Ein Wort. Ein einziges Wort und ich bringe dich auf dem kürzesten Weg zurück zum Friedhof. Du musst das wirklich nicht machen.« Er lehnte sich gegen eines der Waschbecken und stützte sich darauf ab. »Ich bin vielleicht ein Geist, aber ich sehe doch, wie sehr dich das mitnimmt.«

Johanna schüttelte vehement den Kopf. Frank hatte recht. Diese Behandlung war ihr an die Nieren gegangen. Mehr als sie zugeben würde. Es war nur allzu logisch, dass das Angebot verlockend klang. All das Gesehene vergessen. Doch genau da lag das Problem. Sie war Journalistin geworden, weil sie nicht wie andere Leute wegsah. Sie wusste ja nicht einmal, was sie dort beobachtet hatte. Und dann waren da noch Max' Bruder und Kati.

Neben ihr stieß Frank einen Seufzer aus. »Das heißt dann wohl Nein! Irgendwie habe ich damit gerechnet. Bevor wir die anderen suchen ... Willst du wirklich wissen, was sie mit diesem Jungen angestellt haben?«

Johanna nickte und sah ihn an. Etwas in ihr sagte ihr, dass ihr nicht gefallen würde, was sie gleich zu hören bekäme.

Frank fuhr sich durch das Haar. »Na schön, vielleicht ändert das dann ja deine Meinung. Denn unter uns, was

sie mit dem jungen Mann angestellt haben, sah zwar schlimm aus, gehörte aber zu den harmloseren Behandlungen. Darüber musst du dir bewusst sein.«
Harmlos?
Johanna zog eine Augenbraue hoch. Was mit Max passiert war, war verstörend. Wenn er das als harmlos empfand ... Wo war sie da nur hineingeraten? Vielleicht war hier die bessere Methode: Augen und Ohren zu. So konnte sie es sich schön reden und sich auf die Rettung der beiden konzentrieren. Aber dafür war es zu spät, Frank setzte schon zur Erklärung an.
»In dieser Heilanstalt gibt es solche und solche Therapien. Ich rede von Tanzstunden, Gartenarbeit ... andere haben gemalt. Das waren die angenehmen Behandlungsmethoden. Viele kamen jedoch in den Genuss der speziellen Therapien. So eine, wie du sie eben erlebt hast. Sie zählt zu den sogenannten Schocktherapien.«
So ähnlich hatte es Wilhelm Hermanns ebenfalls beschrieben. Sie erinnerte sich an seine Bemerkung mit dem Elektroschock.
»Ohne Strom?«
»Einige Ärzte schworen auf Strom, andere, wie Doktor Schreck, bevorzugten hingegen Insulin. Wusstest du das nicht?«
Johanna schüttelte den Kopf. Davon hörte sie zum ersten Mal.
»Na schön.« Nachdenklich fuhr sich Frank über sein Kinn. »Der Arzt spritzt einem gesunden Patienten Insulin. Für gewöhnlich reagieren die meisten Menschen mit einer Art künstlichem Koma – eine Art Schock.

Manchmal kommt es wiederum zu Krampfanfällen, wie du es miterlebt hast. Irgendwann, wenn es der Arzt für richtig hält, wird das Gegenmittel injiziert. Es ist ein Drahtseilakt. Kommt es zu spät, wachen die Patienten nicht mehr auf. Ich weiß nicht, wie viele dadurch schon gestorben sind. Man kann also sagen, dass der junge Mann durchaus Glück hatte.« Das Gesagte ließ Frank einen Moment sacken, dann sprach er weiter: »Der Sinn hinter dieser Behandlung ist natürlich nicht der Tod. Vielmehr geht es um eine bewusst hervorgerufene, vollständige Amnesie. Einfach gesagt: Unnatürliche Wünsche sollen aus dem Gedächtnis gelöscht werden. Eine verbotene Liebe, der Wunsch, einen Menschen zu töten … Bei den nächtlichen Besuchern ist es der unnatürliche Wunsch oder Drang, nachts einen Friedhof aufzusuchen. Auf eine verquere Art und Weise eine logische Therapie.«

»Logisch?« Johanna sah ihn an und schüttelte den Kopf. Sie räusperte sich, ehe sie weitersprach: »Für mich ist das krank und widerlich. Man kann Menschen einsperren, ein Verbot erteilen, aber diesem Risiko aussetzen …« Bei dem Gedanken, was hätte passieren können, schüttelte sich Johanna. »Kann man es rückgängig machen? Ich meine, kommt die Erinnerung irgendwann zurück?«, fragte sie eine Spur gefasster.

»Rückgängig?« Ein verwunderter Ausdruck huschte über sein Gesicht. »Ich habe noch nie gehört, dass ein Patient je wieder sein Gedächtnis zurückerlangt hätte. Genau darum geht es ja. Ein dauerhafter Gedächtnisverlust. Sonst brächte die Therapie ja nichts.«

»Und das sagst du mir jetzt?«, fuhr sie ihn an und wich zwei Schritte zurück. »Wenn du mir das gleich an Ort und Stelle erzählt hättest, dann ...«

»Dann was?«, fuhr er dazwischen. »Wärst du reingegangen, um die letzte Injektion aufzuhalten, damit er gar nicht aufwacht?« Er schnaubte verächtlich. »Oder wärst du vor der ersten Spritze reingestürmt? Wie kann man so dumm und naiv sein. Sie hätten dich überwältigt und dich im Anschluss mitbehandelt. Wahrscheinlich sogar uns beide, weil ich wohl kaum tatenlos zugesehen hätte.«

Seine Worte verfehlten ihre Wirkung nicht. Johanna empfand die Bemerkung wie eine Ohrfeige und starrte ihn fassungslos an. Gleichermaßen fühlte sie sich ernüchtert. Er hatte recht. Sie hätte dort nichts ausrichten können, aber da draußen gab es noch zwei Personen, denen sie mit viel Glück helfen konnte.

Sie trat neben Frank an eins der Waschbecken und drehte kurzerhand den Wasserhahn auf. Irgendwo weit entfernt konnte sie sogleich die Rohre rumoren hören. Ein Glucksen ertönte und erstarb, bevor das Wasser aus dem Hahn schoss und Johanna es sich ins Gesicht spritzen konnte.

»Willst du, dass sie auf uns aufmerksam werden?«, fragte Frank, der soeben das Wasser ausgestellt hatte. »Die Rohre hörst du nicht nur hier, sondern auch in anderen Teilen dieses Traktes. Was, wenn ein aufmerksamer Pfleger das vernimmt und denkt, eine Patientin sei unerlaubt hier?« Er schritt zur Tür und lauschte.

»Und?« Johanna trat neben ihn und kaute nervös auf ihrer Unterlippe herum.

»Ich glaube, es ist noch mal gut gegangen. Aber in Zukunft solltest du so etwas unterlassen oder zumindest fragen.«

Sie nickte. »Und jetzt? Hast du eine Ahnung, wo sie die anderen beiden Jugendlichen hingebracht haben?«

»Sagen wir so: Ich hab da eine Vermutung, wo deine Freunde sein könnten.«

»Es sind nicht meine Freunde«, erwiderte Johanna mit einem Augenrollen.

»Deswegen würde ich an deiner Stelle lieber wieder zurück zum Friedhof. Versteh mich nicht falsch. Ich hab schließlich auch versucht dich zu retten. Als Geist hab ich aber nichts mehr zu verlieren. Du riskierst im Grunde dein Leben für drei, nein jetzt noch zwei vollkommen Fremde.«

»Wie man es nimmt«, entgegnete sie. »Ich bin niemand, der wegsieht. Das war schon in der Schule so. Außerdem hab ich dir erklärt, warum. Also, wollen wir hier weiter darüber diskutieren, wie hirnverbrannt das alles ist, oder die anderen suchen, damit es nicht wieder heißt: Wir sind zu spät?«

Erik

Liebe ist eine schwere Geisteskrankheit.
(Platon)

Zielstrebig ging Frank zu einer Tür, öffnete sie einen Spalt und lugte vorsichtig hindurch. Als er sicher war, dass niemand kam, winkte er Johanna zu sich und schob sie hinaus in den Flur, der aussah wie all die anderen zuvor. Kein Wunder, dass es unmöglich war, sich hier drinnen zu orientieren. Hätte jemand sie gefragt, wo sich die Tür befand, durch die sie in die Heilanstalt gelangt waren, sie hätte hilflos mit den Schultern gezuckt. Und es wurde nicht besser. Mal bog Frank links ab, dann rechts. Eine Treppe rauf, kurz darauf ging es ein Stockwerk nach unten. Johanna brummte inzwischen der Kopf. Ihr war schleierhaft, wie Frank so zielstrebig vorangehen konnte. Alles sah so gleich aus, dass es Johanna nicht einmal gewundert hätte, wenn sie die ganze Zeit im Kreis liefen. So weitläufig waren die Gebäude doch nicht, oder?
»Ist es noch weit?«
»Es ist …« Frank brach ab und blieb abrupt stehen.
»Was …?«
Mit einem Zeichen gab Frank ihr zu verstehen, still zu sein. Sie spitzte die Ohren. Dann hörte sie, was ihn

beunruhigte. Leise Stimmen, die sich von vorn näherten. Eine Frage von Sekunden, bis sie durch die breite Flügeltür traten.

»Wir müssen uns verstecken«, wisperte er und sah sich hektisch im Gang um.

Johanna deutete auf die Tür, die am nächsten lag, aber Frank schüttelte den Kopf. Als Johanna auf eine weitere Tür deutete, erntete sie einen bitterbösen Blick und zusammengekniffene Lippen.

»Was?«, formte sie lautlos mit den Lippen. Die Türen waren nun einmal das Naheliegendste und ihnen lief die Zeit davon. Die Stimmen kamen näher und wenn sie nicht entdeckt werden wollten, mussten sie handeln. Wenn die Türen keine Option darstellten, blieb nur eine übrig.

Johanna drehte sich um und lief drei Schritte in die Richtung, aus der sie gekommen waren, als Frank sie am Handgelenk packte und zischte: »Ganz schlechte Idee. Komm, ich hab einen Plan!«

Damit löste er seinen Griff und sprintete genau auf die Stimmen zu.

Hatte er sie nicht mehr alle? Johanna zögerte.

Nein.

Sie musste Frank in diesem Punkt vertrauen. Obwohl sich alles in ihr sträubte, folgte sie ihm. Inzwischen war er fast am Ende des Ganges angelangt und Johanna fragte sich, worin genau sein Plan bestand. Dort gab es nichts. Keinen Vorsprung, keinen Vorhang – nicht einmal eine Tür. Wie sollte sie sich dort verstecken? Sie rannte buchstäblich in ihr Verderben.

Johanna hielt an und warf einen verzweifelten Blick hinter sich.

Hau ab!

Sie musste eine Entscheidung treffen: Frank vertrauen oder auf ihren eigenen Fluchtinstinkt hören. Vergeblich kämpfte sie gegen die alles beherrschende Angst an. Wenn sie jetzt keinen klaren Gedanken zustande brachte, dann ...

»Setzen!« Frank tauchte in ihrem Blickfeld auf und deutete auf einen steinzeitlich aussehenden Rollstuhl.

»Was soll ...?«

Statt einer Antwort brummte Frank nur etwas Unverständliches und fuhr mit dem Rollstuhl von hinten an sie heran, sodass der Sitz sich in ihre Kniekehlen presste und Johanna in den Rollstuhl zwang.

»Hier!«, zischte er und hielt ihr eine grobe Wolldecke hin. Unbewusst griff Johanna danach und sah Frank verwirrt an. Er quittierte ihre stumme Frage mit einem Stöhnen, und bevor Johanna etwas sagen konnte, lag die Decke entfaltet auf ihren Beinen. »Kopf nach vorn. Tu so, als ob du schläfst«, raunte er ihr zu, aber zu spät.

Die große Tür schwang auf und ein junger Mann mit blonden, nach hinten gekämmten Haaren trat leicht abgewandt hindurch. Zu Johannas Verwunderung trug er keinen weißen Kittel, sondern eine braune Hose und ein passendes braunes Hemd.

Eine weitere Person trat durch die Tür. In diesem Moment fielen Johanna zwei Dinge auf. Erstens die Armbinde, die den Ärmel des Blonden zierte. Mit dem Hakenkreuz ergab die Kleidung plötzlich einen Sinn. Das

Zweite, das sie erkannte, war der Gesprächspartner, der niemand anderes war als der Wahnsinnige, der Max behandelt hatte.

Beides gefiel Johanna nicht. Sie hätte aber nicht sagen können, was sie mehr ängstigte. Die Tatsache, dass ihr ein waschechter Nazi entgegenkam oder dieser durchgeknallte Arzt. Hoffentlich noch rechtzeitig senkte sie den Kopf und flehte inständig, dass Franks Plan funktionierte. So laut wie ihr Herz schlug, zweifelte sie jedoch daran. Es war unmöglich, es nicht zu hören. Außerdem musste der Arzt nur einen Blick auf sie werfen und er würde erkennen, dass Johanna keine Patientin war. Ihre Kleidung war unzeitgemäß und die Schweißperlen, die sich langsam auf ihrer Stirn bildeten, machten es nicht besser.

Falls sie aufflog, gab es nur eine Möglichkeit – das Überraschungsmoment nutzen und laufen, als sei der Teufel höchstpersönlich hinter ihr her. Letzteres stimmte unterm Strich. Das Problem war nur – wohin? Johanna hatte nicht den Hauch einer Ahnung, wie sie hier herauskam. Die Flure der Heilanstalt stellten das reinste Labyrinth dar. Dazu die durchgeknallten Bewohner ...

Johannas Nerven lagen blank und sie schwitzte Blut und Wasser. Frank schien das herzlich wenig zu interessieren. Er hatte den Rollstuhl in Bewegung versetzt und schob sie ohne große Eile zu einem Fenster. Dort stellte er den Rollstuhl ab und zog die Bremse fest.

Ohne den Mond, der hinter einer dicken Wolke verschwunden war, konnte Johanna in der kohlrabenschwarzen Nacht nur ein paar Schemen erkennen. Sie beachtete die Außenwelt jedoch nicht, sondern beobachtete Franks

Spiegelbild in der Scheibe. Was war nur sein Plan? Sie stand so dicht an der Wand, dass ihre Fußspitzen sie fast berührten. Damit ruinierte er ihren Notfallplan. Blieb nur das Fenster. Sollte sie springen, falls sie sie entdeckten? Wie viele Knochen brach man sich bei einem Sturz aus dem ersten Stock? Johanna suchte Franks Blick, doch er schaute über sie hinweg.

»Ist das nicht eine herrliche Aussicht?«

Hatte er sie gerade wirklich nach der Aussicht gefragt? Was zur Hölle war mit ihm los? Hatte er die Situation etwa nicht erfasst? So lenkte er doch die Aufmerksamkeit auf sie.

Wie durch Watte nahm Johanna wahr, dass Frank neben sie trat und ihr eine Hand auf die Schulter legte. Sie zuckte zusammen, ohne jedoch den Blick von der Scheibe abzuwenden. Gleich würde der Arzt dort zu sehen sein und er würde erkennen, dass sie nicht zur Geisterfamilie gehörte. Und dann ... Daran durfte sie nicht denken. Stattdessen konzentrierte sie sich auf die Schritte. Waren sie nicht schon neben ihr?

Sie hörte die fremde Stimme, noch bevor die Männer als Spiegelbilder im Fenster auftauchten.

»Und ich sage Ihnen, bei uns hätte es so etwas nie gegeben. Der Führer hätte so etwas nie geduldet.«

»Grüß Gott, Herr Schreck. Heil Hitler, Herr Bergwald.«

Sie musste sich verhört haben. Frank würde doch niemals ...

Die beiden blieben stehen. Niemals hätte sie diesem miesen Verräter vertrauen dürfen. Jetzt saß sie in der Falle. Außer ... Brach Glas eigentlich leicht oder gab es damals schon Sicherheitsglas? Johannas Gedanken überschlugen sich. Sie hielt die Luft an. Jede Faser ihres Körpers war angespannt. Wartete auf den alles entscheidenden Befehl: Lauf!

Laufen? Ihre Lunge brannte jetzt schon. Sie wollte atmen, aber wusste nicht mehr wie. Johanna sah auf ihr bleiches Spiegelbild, das hämisch zu sagen schien: Tja, hättest du doch Nein gesagt.

Was sie wohl mit ihr anstellten? Das Rauschen des Blutes in ihren Ohren nahm zu und schwoll an, sodass Johanna von ihrer Umgebung nichts mehr zur Kenntnis nahm. Ihr Spiegelbild verschwamm und schien sich rasant von ihr zu entfernen. Dann wurde alles schwarz.

»Hanna?«

Die Stimme kam ihr bekannt vor. Nur wem gehörte sie? Johanna konnte sie nicht einordnen. Sie merkte, dass sie jemand an den Schultern rüttelte. War sie im Büro und eingeschlafen? Hatte sie gestern Abend jemanden mit nach Hause genommen?

»Hanna!«

Ein letztes Mal durchforstete sie ihr Gedächtnis, gab dann erfolglos auf. Sie benötigte dringend einen weiteren Anhaltspunkt. Anders würde sie nicht draufkommen.

Zögerlich öffnete sie ein Auge und sah durch den kleinen Schlitz einen fremden Mann, der wild vor ihr herumschnipste. Sie öffnete das Auge ganz und ...

Frank! Die Erinnerung überrollte Johanna wie eine riesige Welle. Sofort wirbelte ihr Kopf in alle Richtungen. Gleichzeitig spannte sich jeder Muskel in ihrem Körper, um ja nicht seinen Einsatz zu verpassen. Kampflos würden sie diese Irren nicht in die Finger bekommen.

Es dauerte ein paar Sekunden, bis ihr bewusst wurde, dass sie zwar an genau der gleichen Stelle saß, sich außer ihnen aber niemand im Flur aufhielt.

»Was? Wo sind sie?« Erst als sie die Worte ausgesprochen hatte, merkte Johanna, wie laut und schrill ihre eigene Stimme klang.

»Bist du verrückt? Willst du, dass sie uns hören und zurückkommen?«, zischte Frank und sah sie wütend an.

»Du hast sie eben sogar direkt angesprochen. Aber ich bin verrückt. Nee, ist schon klar«, warf sie ihm mit gesenkter Stimme an den Kopf.

»Meinst du, du wärst noch hier, wenn ich vorgehabt hätte, dich zu verraten?«

Einerseits ergab es Sinn, was er sagte. Schließlich saß sie hier und befand sich nicht auf dem Weg zu einer Behandlung. Trotzdem überzeugte es sie nicht vollständig.

»Aus welchem Grund hättest du sie sonst ansprechen sollen?« Johanna gab ihm keine Gelegenheit zur Antwort. »Du wolltest, dass der Doktor uns sieht und ihm dabei auffällt, dass ich nicht zu euch gehöre. Anscheinend hat es nur nicht funktioniert.«

Auf Franks Lippen schlich sich ein vergnügtes Lächeln. »Interessanter Gedanke, aber ich muss dich enttäuschen«, amüsierte er sich kopfschüttelnd. »Doktor Schreck ist durch und durch Arzt. Mit den Gedanken immer beim nächsten Patienten und möglichen Therapien. Aber dieser Bergwald bildet sich etwas auf seine Position ein. Ein gewissenhaftes Persönchen. Was denkst du, wäre passiert, wenn ich ihn nicht gegrüßt hätte? Er wäre stehen geblieben, um zu erfahren, warum ich ihm nicht den nötigen Respekt zolle. Damit hätten wir die ganze Aufmerksamkeit auf uns gezogen.«

»Oh.« Mehr brachte Johanna nicht heraus. Mit einem Mal kam sie sich albern vor. Als Patient kannte er die Marotten aller. Nachvollziehbar, dass er sich normal verhielt, um nicht aufzufallen.

Frank beschützte sie. Und was tat sie?

»Ja, *oh* ...«, äffte er sie nach. Kurz darauf fügte er versöhnlicher hinzu: »Wer weiß, was ich mir an deiner Stelle zusammengereimt hätte ... Alles wieder gut oder brauchst du noch einen Moment?« Er wartete gar nicht erst ab, sondern trat vom Rollstuhl weg. Johanna verfolgte ihn über das Spiegelbild. »Ich kann dich auch zurück zum Friedhof bringen, wenn dir in der Zwischenzeit Zweifel gekommen sind.«

»Was? ... Nein«, stammelte Johanna und senkte beschämt den Kopf. »Frank? Es ... es tut mir leid.«

Anstelle einer Antwort lief er los.

»Hey, warte!«, murmelte Johanna. Ihre Beine zitterten leicht, als sie sich erhob. Sie musste sich kurz auf der Fensterbank abstützen, bis ihr Kreislauf wieder hochgefahren war. Sobald ihre Beine nicht mehr aus Gummi bestanden, folgte sie ihm schweigend.

Obwohl Johanna ihn eben zu Unrecht beschuldigt hatte, wartete Frank an der Tür, durch die die beiden Männer einige Minuten zuvor gekommen waren. Als sie ihn erreichte, hielt er sie ihr auf. Dahinter lag ein kurzer, spärlich beleuchteter Gang. Eine Sackgasse. Es gab nur wenige Fenster und die befanden sich fast unter der Decke. Ansonsten entdecke Johanna nur drei Eisentüren, die nicht sonderlich einladend aussahen. Mit den kleinen vergitterten Fenstern auf Augenhöhe wirkten sie wie Zellentüren. Nur zögerlich trat Johanna in diesen Flur. Hinter ihr und Frank schloss sich langsam die Tür und tauchte alles in eine Art Halbdunkel, an das sich ihre Augen nur langsam gewöhnten.

In dem Zwielicht erschienen die Eisentüren noch unheimlicher. Was sich wohl dahinter befand? Gummizellen? Die ganz harten Fälle? Weitere Behandlungsräume? Unbehaglich warf Johanna einen Blick über die Schulter. Hier gab es nur diese drei Türen und die in ihrem Rücken. Wenn jetzt jemand käme, dann wären sie erledigt. Was, wenn Dr. Schreck zurückkehrte?

Als sie wieder nach vorn blickte, sah Johanna Frank vor der ersten eisernen Tür stehen. Er warf einen Blick hinein. Anscheinend gefiel ihm nicht, was er sah, denn er schüttelte den Kopf und ging zur nächsten Tür. Wieder schüttelte er nur den Kopf.

Johanna beobachtete, wie er zur letzten Tür ging, und schlang unbewusst die Arme um ihren Oberkörper. Eine winzige Stimme meldete sich in ihrem Kopf, die sagte: *»Bitte lass ihn wieder den Kopf schütteln.«* Sie wollte Erik und Kati ja retten, aber gleichzeitig fürchtete sie sich vor dem, was sie hier mit großer Wahrscheinlichkeit erwartete.

Sie schluckte, als Frank diesmal nickte und sie heranwinkte. Was immer dort hinter der Tür wartete, sie würde es gleich erfahren. Schon setzten sich ihre Beine wie von

Zauberhand in Bewegung und hielten erst an, als sie Frank erreichte.

»Wir sind richtig. Da drin ist der andere Bursche«, bestätigte er ihre Vermutung, während er durch das kleine Fenster schaute. »Ich weiß nur nicht, ob ...« Er verstummte und rieb sich über die Augen. »Nein, das ist gelogen. Tut mir leid. Wir sind wieder zu spät.« Er trat einen Schritt zurück. »Ich denke, es ist besser, wenn wir von hier verschwinden, und ...«

Schon wieder zu spät?

Eine unsichtbare Hand legte sich um Johannas Kehle. Frank hatte recht, es war besser, zu verschwinden. Auf der anderen Seite zog sie das Guckloch magisch an. Sie musste es mit eigenen Augen sehen. Johanna schloss die Lider, atmete tief durch und stellte sich auf die Zehenspitzen.

Als sie sie öffnete, erblickte Johanna einen spärlich beleuchteten Raum, der alles andere als einladend aussah. Die Wände und der Boden, zumindest der Teil, den sie sah, bestand aus Fliesen, die ihre beste Jahre schon lange hinter sich hatten. In den Ecken hingen große, altmodische Lautsprecher von der Decke. Mehr gab es nicht zu entdecken. Keine medizinischen Apparate, keine Betten und vor allen Dingen niemanden mit einer Spritze. Genau genommen saß Erik mutterseelenallein auf dem einzigen Stuhl. Den Blick auf die Tür gerichtet. Er schien ihr geradeheraus in die Seele zu sehen. Nur wirkten die Augen vollkommen leer. Fast so, als sei er gar nicht anwesend.

Sie waren zu spät. Anders ließ es sich nicht erklären. Dennoch drückte Johanna die Klinke hinunter.

Augenblicklich ertönte ein leises Klicken und ein kleiner Spalt öffnete sich. Überrascht hielt Johanna inne, dann stieß sie die Tür auf.

Ein beißender, bestialischer Gestank schlug ihr entgegen und ließ sie erstarren. Galle stieg in ihr auf und sie schlug sich mit der freien Hand auf den Mund, ehe sie die Tür zuschlug.

»Igitt, was zur Hölle ist das?«, fragte sie und wandte sich an Frank, der nicht einmal die Nase rümpfte.

»Wenn ich raten müsste, würde ich sagen Erbrochenes, gemischt mit Kot, Urin, Blut und Schweiß.«

Hat er aus Angst ... Johanna dachte den Gedanken nicht zu Ende, sondern zog sich den Ausschnitt ihres Oberteils vor die Nase, drückte die Hand fest dagegen und riss die Tür wieder auf. Obwohl sie sich innerlich auf den üblen Geruch vorbereitet hatte, drehte sich ihr buchstäblich der Magen um.

Das beißende Gemisch ätzte in der Nase, aber Johanna kämpfte dagegen an. Sie blickte auf und sah Erik, der unbeeindruckt auf dem Stuhl saß. Umgeben von einer riesigen Lache undefinierbarer Körperflüssigkeiten, die sich auf den Fliesen ausgebreitet hatte. Wie hielt er es hier drinnen nur aus? Hatten sie ihn unter Drogen gesetzt? Hypnotisiert? Das würde zumindest erklären, warum er so unbeteiligt sitzen blieb. Und das ohne Fesseln, die ihn dort hielten. Theoretisch hätte er zu jeder Zeit aufstehen und den Raum verlassen können. Stattdessen saß er nur da, starrte ins Leere und wippte.

Wieso war ihr das nicht vorher schon aufgefallen, oder lag es an ihrer Gegenwart? Johanna war sich nicht sicher.

»Erik?« Ihre Stimme klang in dem Raum hohl und lauter als beabsichtigt.

Der Junge zuckte merklich zusammen, als sie seinen Namen aussprach. Zum ersten Mal seit ihrem Eintreten schien er sie zu registrieren. Als erwache er aus einer Art Dämmerschlaf. Er schüttelte leicht den Kopf, blinzelte und die Leere in seinen Augen verschwand. Es war nur eine Kleinigkeit, aber Johanna fiel in diesem Moment ein Stein vom Herzen. Frank irrte sich. Diesmal kamen sie nicht zu spät. Erik wusste, wer er war, und er reagierte auf ihre Stimme. Ein Hoffnungsschimmer in der Dunkelheit.

»Erik, ich bin Johanna. Ich bin hier, um dir ...«

Weiter kam sie nicht, denn plötzlich veränderte sich etwas in Eriks Gesicht. Seine Augen weiteten sich und er erweckte den Eindruck eines Rehs, das im aufflammenden Scheinwerferlicht stand. Bis eben war seine Atmung kaum sichtbar gewesen, nun hob und senkte sich sein Brustkorb in einem rasanten Tempo.

Moment, hielt er sie für einen der Bösen?

Natürlich, schalt sich Johanna. Woher sollte er auch wissen, dass sie zu den Guten gehörte?

»Erik, du brauchst keine ...« Johanna brach ab, denn ihre Worte bewirkten das genaue Gegenteil.

Statt sich zu beruhigen, wippte er immer schneller vor und zurück.

»Bitte, ich ...«, sagte sie, »ich gehöre nicht zu diesem durchgeknallten Haufen.«

Aus dem Wippen wurde ein unkontrolliertes Kippeln, sodass Johanna befürchtete, er würde gleich samt dem Stuhl umkippen.

»Bitte, hör auf. Ich bin Journalistin. Ich will dir doch nur ...«

»Lass gut sein, Hanna. Ihm ist nicht zu helfen. Wir sind zu spät«, ertönte hinter ihr Franks Stimme.

Ihn hatte sie völlig vergessen. Johanna drehte sich um und sah ihn entgeistert an. »Blödsinn. Er hat einfach nur Angst, das sieht doch ein Blinder.« Um ihm das zu beweisen, drehte sich Johanna um und schritt langsam auf Erik zu. »Es ist alles gut. Ich will dir helfen. Hörst du, Erik?«

Das tat er. Aber er reagierte nicht so, wie Johanna es sich vorstellte. Je näher sie ihm kam, umso größer wurden die Augen und umso schneller schaukelte er vor und zurück.

»Hab keine Angst«, flüsterte sie. »Sieh doch, ich hab ganz normale Sachen an. Ich bin keine Schwester oder so.« Während sie sprach, zeigte sie auf ihre Hose und das Shirt. »Hör mal, Erik. Der Arzt ist weg, aber ich weiß nicht für wie lange. Wir müssen uns also beeilen. Ich hab auch Angst, aber wir haben Hilfe, und ...« Inzwischen war sie nur noch eine Armlänge von ihm entfernt. Entweder schaffte sie es, jetzt sein Vertrauen zu gewinnen, oder ... Daran durfte sie nicht denken. Sie spielte die einzige Karte aus, von der sie hoffte, dass sie funktionierte. »Kati und Max schicken mich. Sie sind in Sicherheit.«

Mitten in der Bewegung stoppte er und sah Johanna erstaunt an.

Ihr Plan schien aufzugehen. Ermutigt von seiner Reaktion streckte sie ihre Hand aus und berührte ihn zögerlich am Oberarm.

Erik zog den Arm weg und stieß einen spitzen Schrei aus. In seinen Augen spiegelte sich die nackte Angst wider. »Lass mich in Ruhe!« Auf Eriks Stirn bildeten sich Schweißperlen. »Geh! ... Geh weg!« Ein Zittern durchlief seinen Körper und er fing erneut an zu wippen. Diesmal aggressiver. »Geh weg, du dreckige Kuh! Ich weiß, du willst mich in Versuchung führen. Doch das wird dir nicht gelingen.« Mit dem Zeigefinger tippte er sich gegen die Stirn und grinste. »Nicht mit mir. Ich bin schlauer. Viel schlauer als du«, kicherte er. »Ja, ich weiß, dass Frauen nicht gut sind. Nein, überhaupt nicht gut. Du und deine Freundinnen, ihr kommt direkt aus der Hölle. Also verschwinde!«

Die Worte trafen Johanna eiskalt. Wie kam Erik auf solchen Unfug? »Das ist doch albern, Erik. Ich bin ...« Weiter kam sie nicht, denn er funkelte sie mit einem siegreichen Lächeln an.

»Gib auf, du Hexe. Deine Tricks fruchten nicht bei mir.«

Hilflos sah sich Johanna nach Frank um. »Was ... was ist mit ihm?«

Frank hob einfach nur die Schultern.

Mit vier Schritten war Johanna bei ihm und schlug ihm gegen die Brust. »Los, nun sag schon und zuck nicht so dämlich mit den Schultern.«

»Wie ich schon sagte, wir ...«

»Geh weg, Weibsstück! Hinfort mit dir! Zurück in die Hölle!«, unterbrach ihn Erik, und zwar so laut, dass es nur eine Frage der Zeit war, bis ein alarmierter Pfleger oder Arzt hier hereinstürmte.

»Das bringt nichts. Aber wenn wir jetzt nicht abhauen, dann ...« Frank deutete vage eine Linie entlang des Halses an.

»Wir können ihn doch nicht zurücklassen.« Johanna schüttelte den Kopf. »Sag du ihm, dass wir auf seiner Seite sind. Auf dich hört er vielleicht.«

»Hanna, das ist zwecklos, er ... Ich erkläre es dir draußen, aber du musst jetzt mitkommen.« Er griff nach ihrem Handgelenk, doch Johanna entzog es ihm blitzschnell.

»Nur ein Versuch, dann ...« Sie brach ab, denn plötzlich ertönten Schritte.

»Erik! Siehst du, Frank, ich wusste ...«

Ein Klatschen ertönte und in derselben Sekunde spürte sie ein Brennen im Gesicht.

Was zur Hölle?

Schon packte sie jemand grob am Handgelenk und riss sie mit sich. Erst bei der Tür erwachte sie aus ihrer Fassungslosigkeit und leistete Widerstand. »Was soll das? Wir können nicht ...«

»Wir können und werden«, zischte Frank. »Außer du möchtest, dass ich dich der Person überlasse, die sich auf dem Weg hierher befindet.«

»Aber ...« In ihrem Protest hörte Johanna ein leises Pfeifen, das eindeutig nicht aus diesem Raum kam. Noch bevor sie realisierte, was dies bedeutete, zerrte Frank sie hinaus auf den Flur, riss die Tür zum nächsten Raum auf und stieß sie hinein.

Keine Sekunde zu früh.

»Kann man nicht einmal in Ruhe eine Zigarette rauchen und einen Kaffee trinken?«, beschwerte sich eine unbekannte Stimme. Die Schritte verstummten. »Moment ... Wieso ist die Tür auf?« Wer auch immer im Flur stand, lief los und kam mit quietschenden Sohlen zum Stehen. Johanna vernahm ein erleichtertes Seufzen, ehe die Person sagte: »Hab ich dir nicht gesagt, du sollst artig sein? Findest du, schreien ist artig?« Ein Gemurmel kam als Antwort. »Na schön, dann bringen wir dich mal auf dein Zimmer.«

Kurz darauf schlürfte Erik an der Seite eines schlaksigen Glatzkopfes an dem kleinen Fenster vorbei, dann herrschte Stille.

Frank atmete hörbar aus. »Worauf habe ich mich da nur eingelassen.« Er lehnte sich mit dem Rücken gegen die Tür und glitt langsam nach unten. Das Gesicht verbarg er zwischen den Knien.

»Alles okay?«

Frank hob den Kopf und wischte mit den Händen einmal über seine Mundpartie, ehe er sie locker über die Knie legte. »Das war knapp. Verdammt knapp. Eine Sekunde früher oder du etwas lauter. Ich mag gar nicht daran denken.«

»'Tschuldigung«, nuschelte Johanna und setzte sich neben ihn. »Erik ... Ich wollte ihm doch nur helfen und ich habe einfach nicht verstanden, warum er so durchdreht. Das war alles einfach zu viel in dem Moment. Und als ich die Schritte hörte, ich dachte, er folgt uns.«

»Meinst du nicht, dann wäre ich umgekehrt. Du hast mir versprochen, dass du auf mich hörst. Erinnerst du dich noch? ›*Du machst das, was ich sage, wenn ich es sage!*‹ Und ich sagte: Es ist zu spät.« In der kurzen Pause, die entstand, fuhr er sich erneut mit einer Hand über den Mund. »Johanna, es tut mir leid, aber ich bin raus. Ich bring dich zurück zum Friedhof. Ich hätte mich niemals auf den Irrsinn einlassen sollen.«

»Was, zurück?« Das klang reichlich verlockend. Im ersten Moment erfüllte Johanna eine Welle der Erleichterung. Doch dann dachte sie an Kati. Wenn sie ginge ...

Sie musste es zumindest versuchen.

»Ja, zurück«, wiederholte Frank. »Ich weiß, du wolltest ihm nur helfen. Einer therapierten Person ist jedoch nicht mehr zu helfen. Wenn ich sage, wir sind zu spät, dann weiß ich, wovon ich rede. Ich habe hier gelebt! Du nicht.«

»Ich weiß, aber ...«

»Da gibt es kein Aber. Ich wusste, was hier drinnen passiert, und ein Blick in diesen Raum hat mir genügt, um zu wissen, dass ihm niemand mehr helfen kann. Die Therapie hatte bei ihm angeschlagen. Spätestens als du die Tür geöffnet hast, gab es nicht einen Hauch von Zweifel daran.«

»Das ist doch schön, dass du dir da absolut sicher warst. Für mich war das nicht klar. Wie auch? Wenn du nicht mit mir redest. Auf mich wirkte er eingeschüchtert. Nicht mehr und nicht weniger«, entgegnete Johanna und kniff die Lippen zusammen. »Außerdem wollte ein kleines Stück von mir sich nicht eingestehen, dass du recht hast. Du bist nicht allwissend. Oder?«

»Nein, bin ich nicht, aber ich kenne den Raum und weiß, wann es zu spät ist.«

Johanna zog eine Augenbraue hoch. »Willst du mir damit sagen, dass du hier behandelt wurdest?«

»Ich nicht«, fing Frank an und räusperte sich, da seine Stimme nur ein Flüstern war. »Aber ein ... guter Freund.«

»Oh«, murmelte Johanna betreten. »Das wusste ich nicht.«

»Wie auch, wenn du nicht fragst?«, hielt er ihr vor. »Hierhin kamen die Patienten mit einem überaus starken Sexualtrieb. Ich weiß nicht, wie die Therapie heißt. Es ist auf jeden Fall auch eine Art Schocktherapie, die sie hier durchführten.«

»Dann irrst du dich«, widersprach Johanna. »Versteh mich nicht falsch. Ich meine, ich kenne Erik nicht, aber ich hatte nicht den Eindruck, dass er ...« Einen Moment überlegte Johanna. »... notgeil war.« Hart formuliert, aber im Großen und Ganzen passend. »Außerdem war doch gar nichts in dem Raum. Wie hätten sie ihn dort *therapieren* sollen?«

Frank lachte bitter auf. »Sag das mal Karl.«

»Karl? Dein Freund?«, fragte Johanna sicherheitshalber nach, denn den Namen hörte sie zum ersten Mal.

Er nickte. »Wir kamen fast zur selben Zeit hier an. Zwar war er schon Anfang fünfzig, aber wir teilten den gleichen Humor und konnten uns stundenlang über Gott und die Welt unterhalten.«

»Und er war wegen seiner ...« Johanna suchte nach dem richtigen Wort. »... Triebe hier?«

»Was für ein Wort dafür, aber ja«, stimmte Frank ihr zu und Johanna glaubte sogar ein leichtes Lachen in seiner Stimme zu hören. »Um deine nächste Frage vorwegzunehmen. Er hat sich selbst eingewiesen. Genauer gesagt für seine Frau.«

Fragend zog Johanna die Stirn kraus.

»Sein Problem waren die Frauen. Kein Rock, dem er nicht hinterherschaute. Sein Arzt nannte es Sexsucht. Und wegen dieser wollte sich seine Frau Ilse von ihm scheiden lassen. Ihr waren die ganzen Liebschaften einfach zu viel.«

»Pfft«, machte Johanna. »Das kann ich gut nachvollziehen. Also ich hätte so einen Mann schon nach dem ersten Betrug aus der Wohnung geschmissen.«

»Das kann ich mir gut vorstellen.« Er zuckte mit den Achseln. »Damals war die Zeit aber eine andere. Jedenfalls hat er sich selbst eingewiesen, um seine Ehe zu retten. Am Anfang erwartete ihn harte Arbeit. Im wörtlichen Sinne. Tag für Tag. Wer arbeitet, kommt nicht auf dumme Gedanken. So der Ansatz. Später kamen verschiedene Medikamente hinzu. Trotzdem flirtete er mit jeder Pflegerin. Sogar mit der dicken Bertha.« Bei der Vorstellung lachte er kurz auf. »Das war auch der Zeitraum, wo er das erste Mal hierherkam.« Bei dem Gedanken wurden Franks Augen glasig. »Er hat mir davon erzählt. Nein, eigentlich machte er sich lustig. *Was für eine alberne Therapie und das nennen sie Schocktherapie*‹, sagte er zu mir. Ich meine, schau dich hier um.« Er deutete wahllos in den Raum.

Erst jetzt bemerkte Johanna, dass der Ort dem von eben glich. Die Wände und der Boden waren identisch gefliest, nur weniger schäbig. Lautsprecher hingen in den Ecken und ein einzelner Holzstuhl stand einsam herum.

»Am nächsten Tag holten sie Karl wieder und den Tag darauf. Er schien recht zu haben. Es schien bei ihm nicht zu fruchten. Und dann eines Tages, ich weiß nicht mehr genau, wie viel Zeit seit dem Beginn der Behandlung vergangen war, kam er wieder und zitterte am ganzen Körper. Er war leichenblass, irgendwie durch den Wind und sah sich immer um, als würde ihn jemand verfolgen. Mit viel Geduld und Engelszungen brachte ich ihn dazu, mit mir zu reden. Er erzählte mir von einem Band, das sie ihm immer und immer wieder vorspielten. Eine monotone, endlose Schleife, in der ihm gesagt wurde, dass zu viel Sex krank mache, Frauen böse seien und direkt aus der Hölle kämen. Aus diesem Grund müsse er sich von ihnen fernhalten. Das Band allein hatte er für albern empfunden. Doch seit heute würden sie ihm ein Medikament verabreichen, das starke Übelkeit hervorrief. Dazu kamen vereinzelte Elektroschocks. Er liebte Ilse und wollte sie nicht verlieren, aber nicht zu diesem Preis. Damals schüttelte er den Kopf und meinte, dass er das keinen Tag länger ertrage und er einen Termin beim Anstaltsleiter habe, um sich selbst zu entlassen.«

»Und?«, sprach die Journalistin aus Johanna, um nicht weiter über diese Abartigkeit nachdenken zu müssen.

»Karl ging am nächsten Tag zu dem Termin. Beim Mittagessen tauchte er dann nicht auf. Als er das Abendessen ausfallen ließ, dachte ich, dass er sich wirklich entlassen hatte. Ich gebe zu, dass ich sogar wütend war, weil er sich nicht von mir verabschiedet hatte. Auf der anderen Seite verstand ich ihn. Bloß raus hier aus dieser Irrenanstalt, denn was anderes war es ja nicht.« Er lachte bitter auf. »Eine Woche später sah ich Karl wieder. Ein Pfleger schob ihn in den Aufenthaltsraum. Karl war dünner geworden, wirkte ansonsten normal. Vielleicht etwas ruhiger und abwesender, aber ich dachte mir nichts dabei. Vor allen Dingen nicht, als er stolz berichtete, dass nun alles gut sei. War es aber nicht. Sobald eine Frau in seine Nähe kam – egal ob Patientin oder Pflegerin –, begann er zu wippen und ich sah wie sich seine Lippen ohne einen Ton bewegten. Eine Woche ging das so, dann kam seine Frau. Sie sollte ihn abholen. Ich ging zu ihm, um mich zu verabschieden, und was ich sah, daran hat mich dieser Junge erinnert. Er wippte genauso hysterisch und weigerte sich mit seiner Frau zu gehen. Sie sei eine Ausgeburt der Hölle. Waren das nicht sogar die Worte des Jungen?«

Johanna schluckte.

»Weißt du, was daran das Schlimmste war? Es dauerte keine Woche, bis Karl wieder zurück in die Klinik kam.«

»Heißt das ...« Johanna schöpfte Hoffnung.

»Nein, er kam nicht zurück, weil die Therapie versagte. Im Gegenteil, sie funktionierte zu gut. Er ging mit einer Axt auf seine Frau los, weil sie nun einmal eine Frau war.« Frank räusperte sich und schien einen Moment zu überlegen, ob er weiterreden sollte. »Kurz darauf hat er sich vor meinen Augen ein Messer mitten ins Herz gerammt. Damit wollte er all den teuflischen Frauen entkommen und ihnen ein Schnippchen schlagen.«

Kati

*Nur weil ein Mediziner andere Menschen heilt,
heißt es noch lange nicht,
dass er auch selber gesund ist.
(Wadim Korsch)*

»Reden wir nicht weiter darüber. Was mit Karl passiert ist, liegt Ewigkeiten zurück.« Mit einem Ruck erhob sich Frank. »Wir sollten uns beeilen und nicht noch weiter kostbare Zeit verplempern.«

»Wozu beeilen?« Johanna schaute verwirrt zu ihm auf. »Auf dem Friedhof wartet schließlich niemand auf mich, der nicht unendlich Zeit hat.« Ausgesprochen bereute sie ihren eindeutig flachen, schlechten Scherz. Dazu benötigte es nicht einmal den bitterbösen Blick, mit dem Frank sie bedachte.

»Wer hat gesagt, dass der Friedhof wartet.«

»Du«, erwiderte Johanna. »Vor nicht einmal zehn Minuten.«

»Ach das. Nein. Wir gehen jetzt dieses Mädchen retten. Für Karl!«

Das erklärte den plötzlichen Sinneswandel.

Johanna räusperte sich. »Versteh mich nicht falsch, Frank.« Mit einer ungelenken Bewegung erhob sie sich und vermied dabei Blickkontakt. Die Geschichte von Karl hatte einen schalen Nachgeschmack erzeugt. »Vielleicht ist es doch besser, wenn wir zum Friedhof gehen. Wir haben Erik und Max nicht retten können. Warum sollte es uns bei Kati gelingen? Wahrscheinlich wurde sie schon lange behandelt, und ich weiß nicht, ob ich noch einen Misserfolg verkrafte«, gab sie ehrlich zu.

»Weil, wenn wir es nicht versuchen, du es dir dein Leben lang vorwerfen wirst. So geht es mir mit Karl.« Er hob bedauernd beide Hände. »Oder liege ich damit falsch? Dann ...«

»Nein, du hast recht. Aber wir wissen doch gar nicht, wo Kati ist. Das Gebäude ist riesig. Und wahrscheinlich sind sie schon mitten in irgendeiner Therapie oder schon fertig. Und ...«

»Du irrst dich«, unterbrach Frank sie. »Bei den anderen war ich mir nicht sicher, aber bei dem Mädchen bin ich es. Ich weiß, wo sie ist, und die Behandlung heben sie sich immer bis zum Schluss auf. Wir können es also schaffen. Falls ich mich irre, fresse ich höchstpersönlich mein Hemd.«

Der letzte Satz brachte Johanna trotz der angespannten Situation zum Schmunzeln. »Okay, worauf warten wir noch? Lass sie uns retten. Für Max, Erik und für Karl.«

Sie trat zur Seite und deutete ihm den Vortritt an. Frank nickte. Ehe er die Tür geräuschlos aufzog, spähte er durch das Fenster.

»Die Luft ist rein«, verkündete er nach einem Blick auf den Flur. »Wir müssen jetzt ein gutes Stück zurück, aber wenn wir uns beeilen ... Bleib dicht hinter mir!« Damit setzte sich Frank in Bewegung und rannte mit großen Schritten zur Durchgangstür.

Obwohl Johanna ihm direkt folgte, vergrößerte sich der Abstand zusehends.

»Nicht so schnell«, keuchte sie schon bald und schwor sich, sich direkt morgen früh im Fitnessstudio anzumelden, sofern sie hier heil herauskam. Zumindest nachdem sie ausgeschlafen hatte und der fertige Artikel sich im Postfach ihres Chefs befand.

Frank drosselte sein Tempo minimal, sodass es Johanna gelang, aufzuholen. Trotzdem war das immer noch eine Geschwindigkeit, die sie nicht lange durchhalten würde. Immer wenn sie dachte, sie müssten langsam da sein, öffnete er eine Tür, hinter der ein neuer schier endlos langer Gang lag. Inzwischen brannten ihre Waden unerträglich. Von der Lunge ganz zu schweigen. Johanna klang wie eine Dampfwalze, die aus dem letzten Loch pfiff.

»Ich ... ich ... kann ...«

»Nur noch um die Ecke, dann sind wir da.«

Die Aussicht auf die Zielgrade verlieh Johanna Flügel. Sie mobilisierte noch einmal ihre letzten Reserven. Sie bog ab und kam neben Frank zum Stehen, der vor einer massiven Tür auf sie wartete.

Endlich!

Johanna stützte die Hände auf den Knien ab, um wenigstens ein paar Atemzüge zu verschnaufen. In diesem Zustand konnte sie wohl kaum jemanden retten.

»Dafür haben wir keine Zeit. Los jetzt! Du kannst dich ausruhen, wenn wir oben sind!«

Oben? Wovon redet er?

Der Gedanke hallte noch nach, als Frank die Tür öffnete und damit den Blick auf ein Treppenhaus freigab.

»Nein. Bitte nicht.« Allein die Vorstellung, einen Fuß heben zu müssen, ließ Johanna aufstöhnen. »Bist du dir sicher?«

»Ja, bin ich. Wir müssen da hoch. Es gibt keinen anderen Weg«, sagte er und sprintete auch schon zwei Stufen auf einmal nehmend nach oben.

O mein Gott, woher nimmt er nur diese Energie?

Kannten Geister keine Schmerzen?

Sie nahm die erste Stufe, da war Frank schon aus ihrem Blickfeld verschwunden.

»Verdammt«, brummte Johanna und griff nach dem Geländer. Sie zog sich mehr nach oben, als dass sie ging. Stufe um Stufe kämpfte sie sich so nach oben. Die Treppe schien kein Ende zu nehmen. Immer wenn sie den Absatz erreichte, offenbarte sich ein weiterer. Wie viele Stockwerke besaß dieses verdammte Gebäude? Von draußen hatte es gar nicht so hoch gewirkt. Zwei, höchstens drei Stockwerke. Johanna verwarf den Gedanken und konzentrierte sich auf den nächsten Treppenabschnitt.

Ich kann nicht mehr.

Ihre Beine fühlten sich bleischwer an. Die Lunge brannte wie Feuer.

Auf dem nächsten Absatz setzt du dich!

So motivierte sich Johanna, bis sie Frank entdeckte, der ihr entgegenkam. Er schüttelte den Kopf, trat vor sie und bevor Johanna wusste, wie ihr geschah, hob er sie hoch und trug sie vier weitere Absätze nach oben. Dort setzte er sie ab.

Obwohl Johanna den Rest nicht selbst gelaufen war, schnappte sie wie ein Fisch an Land nach Luft. »Wo ... wo ... ist ... sie.«

»Sie ist da draußen«, erwiderte Frank und zeigte aufgeregt auf eine Tür. »Bist du so weit?«

Ernsthaft?

Ihr Herz raste so flott, dass Johanna nicht einmal mitzählen konnte. In der Hoffnung, schneller wieder zu Atem zu kommen, fächelte sie sich mit beiden Händen Luft ins Gesicht. Wo war ein Sauerstoffzelt, wenn man es benötigte? Sie hob die Hand, um Frank zu signalisieren, dass sie eine Sekunde brauche. Sie stützte sich am Geländer ab und warf dabei einen Blick nach unten. Erschrocken zuckte sie zurück. Das mussten mindestens zehn Stockwerke sein, wenn nicht sogar mehr. Also hatte sie es sich nicht eingebildet. Aber ein so hohes Gebäude gab es doch gar nicht in der Heilanstalt. So etwas war unmöglich zu übersehen.

»Was ... Wieso?« Johanna lehnte sich mit ihrem Oberkörper weiter vor, um besser sehen zu können. »Wie ist das möglich? Die Heilstätte kam mir gar nicht so hoch vor.« Vergessen war der Marathon. Neugierig und gleichzeitig verwirrt schaute sie zu Frank und dann wieder in die Tiefe.

»Das liegt daran, dass wir nicht mehr auf dem Gelände der Heilanstalt sind. Erinnerst du dich an den langen Tunnel mit der gewölbten Decke?«

Johanna schüttelte den Kopf.

»Ein unterirdischer Gang, der zu einem geheimen Turm außerhalb führt. Die Nazis errichteten ihn in einer Art

Sperrzone. Das Gebäude ist dementsprechend auf keinen Plan verzeichnet und nur wenige wussten davon.« Seine Augen bekamen plötzlich einen sonderbaren Glanz. »Der perfekte Ort für Therapien, die niemand mitbekommen sollte.«

»Wenn niemand sie mitbekommen sollte, woher weißt du davon?« Johanna war gar nicht bewusst gewesen, dass sie die Frage laut ausgesprochen hatte. Erst als Frank zusammenzuckte, erkannte sie es.

Der Glanz verschwand aus seinen Augen und ein dämonisches Grinsen trat auf sein Gesicht.

Erschrocken wich Johanna einen Schritt zurück. Hatte sie doch recht gehabt und Frank gehörte zu ihnen? Sie ging noch einen Schritt. Doch diesmal trat ihr Fuß ins Leere. Johanna strauchelte. Panisch griff sie um sich und bekam etwas zu fassen. Sie packte zu und zog sich hoch – in Sicherheit. Das Adrenalin pumpte noch durch ihre Venen, als sie bemerkte, dass es nicht Franks Hand war, der sie den Halt verdankte, sondern das Treppengeländer. Sie starrte auf die Hände, die in seinen Hosentaschen steckten. Frank hatte gar nicht den Versuch unternommen, nach ihr zu greifen, ihr zu helfen.

Bedeutet das …?

Johanna schluckte.

Er hätte dich fallen lassen!

Die Erkenntnis traf sie wie ein Blitz. Johannas Beine fühlten sich augenblicklich noch weicher an und sie krallte sich regelrecht im Holz fest.

»Alles in Ordnung? Vielleicht solltest du dich kurz auf eine Stufe setzen. Du bist ganz blass.«

Besorgnis schwang in seiner Stimme mit und bevor Johanna wusste, wie ihr geschah, zog er eine Hand aus der Hosentasche, trat einen Schritt vor und packte sie am Handgelenk.

»Nicht dass du mir noch hinunterfällst«, fügte er hinzu und zog sie mit einem Ruck von der Treppe weg.

Johanna starrte ihn ungläubig an und erste Zweifel kamen auf. Er wirkte aufrichtig besorgt. Hatte sie es sich eingebildet? Die Sache mit dem Grinsen? Sie rief sich seinen Gesichtsausdruck ins Gedächtnis. Konnte es sein, dass ihre Fantasie mit ihr durchgegangen war? Bei dem Ort kein Wunder. Aber woher wusste er von dem Turm? Das misstrauische Gefühl kehrte zurück. Legte sich wie eine eisige Hand um ihr Herz.

»Denkst du allen Ernstes ...?« Frank ließ sie los, als hätte er sich verbrannt. Sprachlos trat er einen Schritt zurück. »Jeder in der Klinik kannte und fürchtete zugleich diesen Turm. Nur weil er geheim war ...«

Sofort kam sich Johanna albern vor und schämte sich für diesen absurden Gedanken. »Es ...«

Frank hob die Hand. »Vergessen wir die letzten Sekunden. Wo waren wir stehen geblieben? Genau ... Bereit?«

Ohne ihre Antwort abzuwarten, lief er zur einzigen Tür. Mit einem lauten Quietschen schwang sie auf und er trat nach draußen. Johanna folgte ihm mit klopfendem Herzen und erkannte eine Art Dachterrasse, die doppelt so groß wie ihre ganze Wohnung war. Der klare Sternenhimmel zeichnete sich deutlich von den Tannenwipfeln ab.

Dann entdeckte sie Kati, die am Ende der Dachterrasse stand und ganz normal wirkte.

»O mein Gott, wir sind rechtzeitig!« Johanna blinzelte und konnte ihr Glück nicht fassen. »Kati«, rief sie aufgedreht und hob die Hand, um zu winken. »Wir sind hier, um ...« Weiter kam sie nicht, denn just in diesem Moment tauchten zwei Gestalten auf, die vorher verborgen im Schatten gestanden hatten. Bei der einen Person handelte es sich um eine groß gewachsene und gertenschlanke Frau um die vierzig, die offenkundig zum Personal der Heilanstalt gehörte. Sie trug diesen klassischen Dutt, der unter einer weißen Haube steckte und ihr spitzes Kinn betonte. Alles an ihr strahlte eine gnadenlose Strenge aus. Doch das Schlimmste war, dass ihr Blick auf ihr ruhte und nicht auf Kati. Mit ihrem Ruf hatte sie die Aufmerksamkeit auf sich gelenkt. Und das war gar nicht gut.

Johanna schluckte, als ihr Blick auf die Gestalt neben der Frau fiel, die sie intensiv musterte. Der Kleidung nach gehörte der junge Mann ebenfalls zur Belegschaft. Er war nicht wesentlich älter als Johanna, aber genauso groß wie seine Kollegin. Nur mit zwanzig Kilo zu viel auf den Rippen. Ein Koloss von Mann. Das Bild von David und Goliath blitzte vor ihrem inneren Auge auf. Nur dass sie keine Steinschleuder besaß.

Als könne er ihre Gedanken lesen, verzogen sich seine Mundwinkel abfällig nach unten und sein Schnäuzer kräuselte sich.

Die Genugtuung wollte, nein konnte sie ihm nicht gönnen. Wenn Kati helfen würde, wären sie zu dritt. Außerdem ...

»Wen haben wir denn da?«, hörte Johanna eine inzwischen vertraute Stimme in ihre Gedanken hinein.

Dr. Schreck trat mit seinem Notizbuch aus den Schatten und durchbohrte Johanna stechenden Blickes.

Jetzt waren sie so was von am Arsch.

Max und Erik tauchten vor ihrem geistigen Auge auf, was nicht nur zur Folge hatte, dass ihr Herz buchstäblich in Richtung Kniekehlen rutschte, sondern auch dafür sorgte, dass sich jedes einzelne Haar auf ihrem Körper aufstellte. Wenn er sie in die Finger bekäme ... Nein, sie wollte sich nicht ausmalen, was der Psychopath mit ihr anstellte. Bloß weg hier und heil aus dieser Sache rauskommen. Mit einem Mal war ihr Kati vollkommen egal. Aber wohin sollte sie fliehen? Wenn es ihr gelänge, ein Versteck zu finden ... Oder noch besser eine Tür, die nach draußen führte. Im Wald würden sie Johanna wohl kaum aufspüren können. Nicht bei Nacht. Das würde ihr Zeit zum Nachdenken verschaffen.

Instinktiv drehte sich Johanna um. Bereit, so schnell zu laufen, wie sie konnte. Diesmal sogar nur zu gern.

Doch es blieb bei dem Gedanken. Ihre Hand lag auf dem Knauf, drehte sich ... allerdings ohne den runden Griff, der an der gleichen Stelle verharrte.

»Was ...« Johanna entdeckte das winzige Schlüsselloch im Türgriff und verstummte. Ohne den passenden Schlüssel saß sie in der Falle. Ein gequältes Quieken entschlüpfte ihrer Kehle.

»Na schön, heben wir uns die Formalitäten für später auf. Kommen Sie.«

Dr. Schreck winkte sie zu sich, bemerkte Johanna aus dem Augenwinkel. Obwohl sie es besser wusste, rüttelte sie an der Tür.

»Sehen Sie – wir dürfen keine Zeit verlieren und sollten umgehend mit der Therapie beginnen. Mit Angstzuständen ist keineswegs zu spaßen.«

Angstzustände? Wohl eher Todesangst, dachte Johanna, widerstand jedoch dem Impuls, ihn zu korrigieren. Ein letztes Mal rüttelte sie an der Tür. Sie saß in der Falle, sofern es keinen anderen Weg gab.

Johanna schaute sich gehetzt um. Vielleicht auf der anderen Seite. Oder über eine Leiter. Gab es damals schon so etwas wie Brandschutzsicherheit? Um das herauszufinden, hätte sie in die Richtung dieses Wahnsinnigen gemusst.

»Jetzt schauen Sie nicht so verschreckt drein, meine Liebe«, sagte Dr. Schreck und sah von seinem Notizbuch auf, in das er bis eben geschrieben hatte. »Keine Sorge, meine Liebe. Ich kann und ich werde Ihnen mit Freuden helfen. Darauf bin ich spezialisiert, wie Sie vielleicht schon gehört haben. Wenn Sie mir erlauben, kümmere ich mich im gleichen Maße um Ihre schlechten Manieren.«

Manieren?

Unbewusst zog Johanna die Stirn kraus, was den Arzt dazu veranlasste, sich zu erklären: »Sie sind in meine Behandlung geplatzt. Egal wie schlecht es einem geht, der gesunde Menschenverstand besitzt so viel Höflichkeit, dies nicht zu tun, sondern zu warten, bis man selbst an der Reihe ist.« Er schenkte Johanna ein Nicken. »Ich bitte Sie daher um Verständnis, dass ich mich Ihrer später annehme. Erst mal bedarf dieses junge Mädchen meiner ungeteilten Aufmerksamkeit.« Damit wandte er sich an die Schwester und den Pfleger. »Bitte. Fahren Sie fort.«

Johannas Herz vollzog einen Hüpfer. Der Fokus lag nicht mehr auf ihr. Solange das der Fall war, befand sie sich nicht in akuter Gefahr. Von ihr aus konnte die andere Behandlung die ganze Nacht dauern. Denn je länger die sich mit dem Mädchen beschäftigten, umso weniger Zeit hatte Dr. Schreck für sie. Und das wiederum verschaffte ihr Zeit, nach einem Ausweg zu suchen – einem Fluchtweg. Niemals gab es nur diese eine Tür. Das war definitiv zu gefährlich. Doch wo …

»Pst!«

Johanna zuckte zusammen!

Frank. Natürlich!

An ihn hatte sie nicht mehr gedacht. Wenn einer den Weg kannte, dann er. Auf keinen Fall wäre er mit ihr auf diese Plattform gegangen, wenn er nicht einen Notfallplan in Reserve hätte.

Jetzt wird alles gut!

Der Gedanke blieb nur einen winzigen Augenblick, dann erinnerte sie sich voller Argwohn an die Szene im Treppenhaus. Das Misstrauen kehrte zurück und Johanna fragte sich, warum Frank so überstürzt nach draußen geeilt war. Die ganze Zeit handelte er besonnen und umsichtig. Verschaffte sich erst einen Überblick. Schätzte Gefahren mit Bedacht ein und agierte vollkommen souverän. Aber hier … Tür auf und raus. Das passte so gar nicht in das Bild, das sie von Frank gewonnen hatte.

»Es tut mir leid«, flüsterte Frank, fast so, als hätte er ihre Gedanken gelesen.

Konnten Geister das? Schließlich war es nicht das erste Mal, dass Frank auf ihre Gedanken reagiert hatte.

Wahrscheinlicher war es jedoch, dass er sich gerade über sich selbst ärgerte.

Er atmete hörbar aus und stellte sich neben sie. Seine Entschuldigung klang so aufrichtig und reuevoll, dass sich Johannas Zweifel zerstreuten.

»Dafür haben wir keine Zeit«, flüsterte sie und stupste ihn mit dem Ellbogen in die Seite. »Solange sie in die Behandlung vertieft sind, haben wir eine kleine Chance.«

Frank nickte. »Du hast recht. Eine kleine Chance besteht.« Dennoch blieb er wie angewurzelt stehen.

Johanna drehte sich zu ihm und schaute ihn an. Noch immer unternahm er nichts. Worauf wartete er – auf etwas Bestimmtes? Oder wollte er nicht ein weiteres Mal überstürzt handeln? Zwei, drei Sekunden ruhte ihr Blick auf ihm. Was sie sah, konnte sie von der Seite schwerlich deuten. Die Schultern hingen herab und erweckten einen unendlich traurigen und hilflosen Anschein. Ganz im Kontrast zu seinem neugierigen Gesichtsausdruck.

Ein spitzer Schrei ertönte und holte Johanna aus ihrer Überlegung zurück auf die Dachterrasse. Es dauerte eine weitere Sekunde, bis Johanna die Situation vor sich erfasste.

Die Schwester und der Koloss hatten Kati verdächtig nah am Rand in die Zange genommen.

»Ich will nicht. Gehen Sie weg!«, flehte die mit schriller Stimme. Sie trat einen Schritt zurück und wurde von der Brüstung, die ihr knapp bis zur Hüfte reichte, aufgehalten. »Bitte.« Sie wandte sich an Dr. Schreck. »Helfen Sie mir. Das ist doch verrückt.« Als der Arzt sie regungslos betrachtete, wurde sie noch eine Spur panischer. »Sie machen einen Fehler. ... Max! Erik! Wo seid ihr? Bitte helft mir.«

»Tztztz.« Die Schwester schwang mahnend den Zeigefinger. »Belästige nicht den lieben Doktor. Sei einfach ein braves Mädchen und spring!« Die Frau stemmte die Hände in ihre Hüften und baute sich so vor dem Mädchen auf.

Eingeschüchtert drückte sich Kati gegen die Brüstung.

»Lass mich mal!«, mischte sich der dicke Pfleger ein und trat zielstrebig einen Schritt vor. »Spring endlich! Wir haben nicht die ganze Nacht Zeit. Ich kapiere nicht, warum du dich so zierst. Das ist es doch, was du willst.«

»Nein, nein. Das will ich wirklich nicht«, setzte Kati an, wurde aber direkt wieder unterbrochen.

»Papperlapapp. Warum sonst solltest du dich mitten in der Nacht auf einem Friedhof herumtreiben? Das macht nur jemand, der sich nach dem Tod sehnt. Also, mach es uns nicht so schwer und spring endlich!«, meldete sich die Pflegerin zu Wort. »Deine Eltern werden erleichtert sein, wenn sie davon hören.«

»Das ... das stimmt nicht. Meine Eltern lieben mich. Sie würden das niemals wollen«, antwortete Kati und reckte trotzig das Kinn nach vorn. Selbst aus der Entfernung sah Johanna, wie sehr es dabei zitterte.

»Bist du dir da sicher?« Die Schwester zog einen Zettel aus ihrer Kitteltasche hervor und hielt ihn Kati hin. »Hier steht es schwarz auf weiß, deine Eltern wollen, dass du springst. Du bereitest ihnen nur Kummer. Hätten sie geahnt, was für ein Ärgernis du wirst, sie hätten dich niemals bekommen.«

»Abgetrieben hätten sie dich. Also mach ein Mal in deinem Leben etwas richtig«, argumentierte der Pfleger.

Johanna hörte erschüttert zu. Wollten diese Irren wirklich, dass Kati sprang? Wie gestört war das? Sie befanden sich nicht im Erdgeschoss. Wenn Kati spränge – das überlebte sie niemals. Bei dem Gedanken wurde Johanna speiübel. Einen Menschen in den Tod treiben. Wer tat so was?

Scheiß auf die Chance. Hier steht ein Menschenleben auf dem Spiel.

»Hör nicht auf sie!« Vier Worte, die Johanna, kaum dass sie diese aussprach, mit Stolz erfüllten und gleichzeitig dafür sorgten, dass sie sich mächtig dumm vorkam. Sie rechnete damit, dass sich die Schwester, der Pfleger oder Dr. Schreck wieder zu ihr umdrehten. Ihr Herz raste bei dem bloßen Gedanken, aber nichts passierte. Keiner von ihnen reagierte auf ihren Einwand. Kati blickte nur gehetzt zwischen der Schwester und dem Pfleger hin und her, und Dr. Schreck schrieb etwas in sein Notizbuch.

»Jetzt reicht es aber langsam. Spring endlich oder willst du weiterhin die kostbare Zeit des ehrenwerten Doktors vergeuden. Es warten noch andere Patienten auf ihn.« Während die Schwester das sagte, deutete sie in Johannas Richtung.

Kati schien das nicht zu interessieren. Sie blickte über die Schulter. »Nein ... Das ist ... Ich will das nicht.«

»Doch, du willst. Sieh dir deine Arme an. Voller Narben. Niemand schneidet sich so mit einem Messer, wenn er nicht den Wunsch hat, zu sterben.«

»Wir wollen dir nur bei deinem Wunsch helfen«, versicherte der Pfleger und ging dabei einen kleinen Schritt auf Kati zu.

»Das ist ein Missverständnis.« Sie hielt ihre Unterarme vor den Körper. »Eine Freundin von mir tut das ständig und meinte, wenn man das macht, fühlt man sich richtig lebendig. Ich hab das ein einziges Mal probiert, aber ich kann kein Blut sehen. Außerdem tut das höllisch weh.«

»Frank!«, sagte Johanna und erkannte, dass er wie eingefroren die Szene studierte. »Wach auf! Das können wir nicht zulassen. Bitte! Wir müssen ihr helfen.« Die Vorstellung, dass Kati sprang ... Das durfte keinesfalls passieren. Nicht einmal wenn das bedeutete, dass Johanna sich selbst in Gefahr brächte. »Sie sind nur zu dritt«, stieß sie hervor. »Wir können das schaffen.« Dieser kleine Hoffnungsschimmer sorgte für den nötigen Adrenalinschub. Sie musste die Aufmerksamkeit auf sich lenken.

Ohne weiter darüber nachzudenken, stürmte Johanna laut schreiend auf die Gruppe zu. Ihr Fokus lag auf diesem Mädchen. Den Rest blendete Johanna aus. Sie durfte nicht darüber nachdenken. Sich keine Folgen ausmalen, sonst würde sie wieder panisch werden und einen Rückzieher machen.

Der Schrei zeigte Wirkung. Zwar nur bei Kati, deren Augen sich weiteten, aber immerhin nahm sie endlich Notiz von ihr.

»O Gott, bitte«, kreischte sie. »Sie müssen mir helfen. Die wollen, dass ich springe.«

Johanna war drei, höchstens vier Schritte von Kati entfernt, als etwas Großes, Dunkles in ihrem Blickfeld auftauchte. In der nächsten Millisekunde prallte sie hinein. Das Hindernis roch nach Schweiß, Kohl und Tabak. Sie brauchte nicht hochzusehen, um zu wissen, dass es sich um den bulligen Pfleger handelte.

»Haben Sie den Doktor denn nicht gehört? Sie sind als Nächstes dran. Erst mal hat diese Patientin Vorrang. Sie wollen doch nicht die Therapie dieses Mädchens gefährden, oder?«, gab der Bär brummend von sich.

Johanna trat einen Schritt zurück und warf ihm einen eiskalten Blick zu. »Sie sind doch gestört«, schleuderte sie ihm an den Kopf und versuchte an ihm vorbeizustürmen, aber der Pfleger war schneller und trat ihr erneut in den Weg. »Sie machen mir jetzt auf der Stelle Platz, sonst...«

Die Ansprache entlockte ihm ein Lächeln. Mehr aber nicht.

Johanna täuschte einen Schritt nach rechts an, um dann links vorbeizupreschen, aber der Pfleger kam ihr zuvor. Verzweifelt boxte Johanna ihn mit voller Wucht in den Bauch. Doch die gewünschte Reaktion blieb aus. Weder ging er in die Knie noch zuckte er zusammen. Der Treffer entlockte ihm nicht einmal ein Keuchen. Blieb nur noch eine Option.

»Sorry«, murmelte sie und riss ihr Bein schwungvoll nach hinten, um ihn einen kräftigen Tritt in seine Weichteile zu verpassen.

»Jetzt reicht es aber«, verkündete er und packte sie am Ausschnitt ihres Oberteils. Durch den ausgestreckten Arm hielt er Johanna gekonnt auf Abstand und wandte sich wieder Kati zu. »Siehste, du bereitest allen nur

Kummer und Ärger. Vertrau mir, es ist besser, wenn du endlich springst.«

»Hör nicht darauf«, rief Johanna und ihre Stimme überschlug sich dabei. Gleichzeitig mühte sie sich ab, um sich aus dem Griff des Pflegers zu befreien. Er war stark, aber jeder besaß eine Schwachstelle. Wie eine Löwin kämpfte Johanna und schlug vor Wut schäumend um sich. Als das nichts brachte, änderte sie ihr Vorgehen. Sie grub ihre Fingernägel tief in seinen Arm, bis die ersten Blutstropfen auf der blassen Haut leuchteten, aber der Pfleger schüttelte nur belustigt den Kopf.

Es gibt eine Schwachstelle. Du musst sie nur finden!

Sie drehte ihren Kopf und rammte ihre Zähne, so fest sie konnte, in seine Hand. Der metallische Geschmack von Blut breitete sich in ihrem Mund aus.

Doch anstatt unsanft auf den Boden geschleudert zu werden oder ein wildes Heulen zu vernehmen, schien es den Hünen nicht im Geringsten zu jucken. Kannte der Typ keinen Schmerz?

Johanna powerte sich aus, kam aber kein Stück weiter. Erschöpft gab sie auf. Wenn sie Kati helfen wollte, musste eine andere Taktik her. Wer wusste schon, wofür sie ihre Kräfte am Ende benötigte.

»Bitte. Sie müssen das nicht tun. Ich verspreche Ihnen, dass ich das Mädchen nach Hause bringe und persönlich dafür sorge, dass so ein Besuch nie wieder vorkommt. Außerdem sorge ich dafür, dass sie von ihren Eltern eine angemessene Strafe erhält. Wie wäre es mit einem Jahr Hausarrest?«

»Faszinierend. Wirklich faszinierend und verlockend.«

Johanna blickte über die Schulter und sah Dr. Schreck, der etwas in sein Buch kritzelte.

»Auch wenn Sie mich gerade überrascht haben. Das Angebot muss ich gleichwohl dankend ablehnen. Mein oberstes Ziel ist die vollständige Heilung meiner Patientin. Ich kann dieses junge Mädchen schlecht in ihrem Zustand zurück zu ihren Eltern lassen. ... Hans halt sie gut fest! Ich dulde keine weitere Einmischung.«

Der Griff verstärkte sich.

»Du hast den Chef gehört«, teilte der angesprochene Pfleger Johanna mit und lachte. Sofern dieses Grunzen ein Lachen darstellte.

Einen kurzen Moment überlegte Johanna, es mit Geld zu versuchen. Ein reizvolles Sümmchen lehnte niemand ab. Aber erstens hatte sie keins bei sich und zweitens waren das hier Geister.

Vielleicht sollte sie die Waffen einer Frau nutzen? Den Gedanken verwarf Johanna einen Wimpernschlag später. Sie war nicht Meggy, die mit einem koketten Augenaufschlag Männerherzen höherschlagen ließ. Allenfalls in einem sexy Minikleid, aber selbst daran hegte Johanna Zweifel. Weder Dr. Schreck noch dieser Hans sahen aus, als könnten sie überhaupt weiblichen Reizen erliegen.

Plötzlich fiel ihr Frank ein. Warum kam er ihr nicht zu Hilfe? Er musste diesem Fettklops nur einen ordentlichen Kinnhaken verpassen oder Dr. Schreck angreifen, dann ... Verdammt, wo steckte er.

»Frank?«

»Der kann dir hier auch nicht helfen.« Erneut grunzte der Pfleger und warf seinen Kopf in den Nacken. Dabei lockerte er unabsichtlich seinen Griff. Nur eine Millisekunde, aber Johanna nutzte ihre Chance. Sie holte aus und trat ihn mit voller Wucht zwischen seine Beine. Augenblicklich ertönte ein schweres Schnaufen. Der Griff lockerte sich weiter, während Hans mit aufgerissenen Augen ein Stück weit in die Knie ging. Seinem Blick nach zu urteilen, hatte Johanna seine Schwachstelle getroffen. Beflügelt von ihrem ersten Erfolg biss sie erneut zu. Diesmal mit Erfolg.

Ohne weiter nachzudenken, nutze Johanna die gewonnene Freiheit. Sie tänzelte an ihm vorbei, nur um im nächsten Augenblick von der alten Hexe ausgebremst zu werden, die sich ihr in den Weg stellte.

»Lass mich durch, sonst wird dir das leidtun.« Pures Adrenalin floss durch Johannas Adern. Diese Frau würde sie nicht aufhalten. Da musste schon mehr passieren. Den Sprung in den sicheren Tod würde sie um jeden Preis verhindern. Komme, was wolle. Auch wenn es bedeutete, bis zum bitteren Ende zu kämpfen.

»Geh mir endlich aus dem Weg«, zischte sie und starrte die Schwester feindselig aus winzigen Augenschlitzen an. Um ihren Worten Nachdruck zu verleihen, ballte Johanna ihre Hände zu Fäusten.

Die Hexe verharrte unbeeindruckt an Ort und Stelle.

»Sag hinterher nicht, ich hätte dich nicht gewarnt«, fauchte Johanna, um ihre Glaubwürdigkeit nicht zu verlieren. Sie atmete tief durch, dann stürzte sie sich mit einem Kampfschrei auf ihre Gegnerin.

Was dann passierte, erlebte Johanna wie in Zeitlupe. Sie holte aus, um ihrem Gegenüber einen Kinnhaken zu verpassen. Ihre Faust schwang im perfekten Bogen durch die Luft. Die richtige Höhe, der ideale Schwung. Eine Punktlandung. Wäre da nicht die Reaktion der Schwester gewesen, mit der Johanna so gar nicht rechnete. Erst bildete sich ein überlegenes Grinsen auf ihren Lippen. Dann, noch ehe Johanna die Gelegenheit bekam, es zu deuten, trat sie beherzt einen Schritt zur Seite. Der Schlag landete im Leeren. Verzweifelt trat Johanna einen Schritt nach vorn, um ihr Gleichgewicht zurückzuerlangen. Ein zweiter Schritt folgte und noch einer. Gleichzeitig ruderte sie ohnmächtig mit den Armen in der Luft herum. Der nun folgende Sturz war unvermeidbar. Reflexartig streckte sie ihre Arme aus, tat einen letzten aussichtslosen Schritt und bereitete sich innerlich auf den Schmerz vor.

In diesem Moment tauchten zwei Schuhspitzen in ihrem Blickfeld auf. Etwas berührte zur gleichen Zeit ihre Hände und fing ihren Sturz ab. War sie gegen die Brüstung getaumelt? Bevor sie die Möglichkeit bekam, sich damit zu beschäftigen, vernahm sie ein entsetztes Keuchen. Von dem Laut aufgeschreckt hob Johanna ihren Blick und sah Kati, die direkt vor ihr stand. Ihre Augen waren panisch aufgerissen. Unkoordiniert ruderte sie mit den Armen durch die Luft. Im nächsten Augenblick streckte sie einen Arm Hilfe suchend vor. Mit der anderen Hand versuchte sie sich an der Brüstung abzustützen. Und griff daneben. Das war der Moment, in dem Johanna Begriff, dass es Kati gewesen war, die sie aufgehalten hatte, die durch den ungewollten Stoß selbst ins Straucheln geraten war.

Blitzschnell streckte Johanna ihren Arm aus, um das Mädchen irgendwie festzuhalten. Um das, was sich vor ihren Augen anbahnte, zu verhindern. Die Finger berührten sich, Johanna packte zu. »Hab dich!«, hörte sie sich selbst noch sagen, als die Schwerkraft einsetzte und ihr Kati mit einem Ruck entriss. Johanna sah sie kippen, hörte ihren angsterstickten Schrei, dann war das Mädchen aus ihrem Blickfeld verschwunden.

»Kaaaaatiiiiii!« Grell und von Panik erfüllt hallte ihr Schrei über die Tannenwipfel.

Die Wahrheit

*In dem Augenblick,
in dem ein Mensch den Sinn und den Wert des Lebens bezweifelt,
ist er krank.
(Siegmund Freud)*

»Nein, nein, nein!« Johanna stürzte das letzte Stück nach vorn. Sie streckte ihre Hand über die Brüstung in der Hoffnung, dass Kati sich an einem Vorsprung festklammerte. Aber sie war zu spät. Kati befand sich im freien Fall, den Mund zu einem Schrei weit aufgerissen. Das, was herauskam, ließ Johanna das Blut in den Adern gefrieren. Noch nie hatte sie so einen Laut vernommen. Todesangst lag darin, die sich buchstäblich auf Johanna übertrug. Mit jeder Faser ihres Körpers spürte sie die Furcht, das Adrenalin. Vom kleinen Zeh bis zum feinsten Nackenhaar. Johanna wollte den Blick abwenden, nicht sehen, wie sie aufschlug. Aber es gelang ihr nicht. Stattdessen traf sich ihr Blick mit Katis. Was sie sah, ging ihr durch Mark und Bein. Niemals würde sie ihn vergessen können. Er brannte sich regelrecht in ihr Gedächtnis. Tränen liefen Katis Wangen hinunter und hinterließen in Johannas Herz eine tiefe Spur. Erst jetzt merkte sie, wie schnell ihr eigenes Herz schlug, als wolle es gleich explodieren. Sie hörte nur noch das Rauschen in ihrem Kopf. Die Distanz zum Boden verringerte sich rasend. Jeden Augenblick würde Kati aufschlagen.

Ihre Beine gaben nach und Johanna sackte zusammen, bevor Kati auf den Boden knallte. Kurz fragte sie sich, warum sie keinen Schmerz verspürte, als ihre Knie den harten Untergrund berührten. Dann war sie nur noch dankbar für dieses Gefühl der Leere, das ihren Körper übernommen hatte.

Wie aus weiter Ferne hörte Johanna ein Würgegeräusch, merkte, dass sie selbst es verursachte. Unfähig es zu unterdrücken oder die bittere Galle zu schmecken. Wie hatte das nur passieren können? Warum hatte sie es nicht vorhergesehen? Jetzt im Nachhinein war es logisch, dass die Frau einen Schritt zur Seite gehen würde. Sie selbst hätte es nicht anders gemacht. O mein Gott, sie hatte Kati umgebracht. Wimmernd ließ sich Johanna zur Seite gleiten, zog die Knie an und schlang ihre Arme darum.

Das Erste, was zu Johanna durchdrang, war ein kehliges, tiefes Lachen. Danach nahm sie die Kälte des Bodes wahr. Irgendwie war es ihr jedoch egal. Es interessierte sie nicht einmal, wer dort lachte. Sie hatte auf ganzer Linie versagt. Kati war tot. Und das Schlimmste daran war ihr Versagen. Sie war schuld – sie und niemand anderes.

»Hanna.«

Frank! Beim Klang seiner Stimme zuckte sie zusammen und versteifte sich unwillkürlich.

Dieser miese Verräter. Er hatte sie im Stich gelassen und war nicht zu Hilfe geeilt. Damit traf ihn mindestens genauso viel Schuld.

Dieser Gedanke rüttelte sie wach. All die Angst, die Trauer und der Hass auf sich selbst verblassten.

Langsam drückte sich Johanna mit den Händen vom Boden ab, drehte sich um und probierte aufzustehen. Blut rauschte in ihren Ohren, während ihr Herz heftig zu pumpen anfing. Sie wollte nur eins: Frank so leiden sehen, wie Kati gelitten hatte. Sie ...

Gerade als sie ganz aufstehen wolle, tauchte Frank vor ihren Augen auf. Johanna hielt in der Bewegung inne und sackte zurück auf ihr Hinterteil. Entsetzt keuchte sie auf. Für ein oder zwei Schläge setzte ihr Herz aus, ehe es mit einem kräftigen Schlag wieder in seinen gewohnten Rhythmus fand. Erst als ihr Rücken gegen den kalten Stein der Brüstung stieß, wurde Johanna bewusst, dass sie zurückgewichen war. Sie schloss die Augen und zählte langsam von zehn rückwärts. Das alles musste ein Konstrukt ihrer Fantasie sein. Ausgeschlossen, dass Frank ...

Bei Null öffnete sie wieder die Lider. Das Bild hatte sich nicht geändert. Und falls doch, war es nur marginal.

Frank hockte noch immer auf Augenhöhe und grinste sie auf eine selbstgefällige Art und Weise an. In seinen Augen lag dieser befremdliche Glanz, den Johanna im Treppenhaus für einen winzigen Augenblick hatte aufblitzen sehen. Eine Mischung aus Distanz, Härte gepaart mit einer gehörigen Portion Wahnsinn, die Johanna das Blut in den Adern gefrieren ließ. Wo war der traurige und nachdenkliche Frank, den Annelises und Karls Tod so mitnahmen? Zwei komplett unterschiedliche Persönlichkeiten. Fast so, als hätte sie es inzwischen mit einem bösen eineiigen Zwilling zu tun.

Johanna verwarf die unsinnige Erklärung. Wahrscheinlicher war, dass er an Schizophrenie oder einer anderen Geisteskrankheit litt. Dennoch legte sie ihren Kopf leicht schräg zur Seite, nur um zu sich zu vergewissern.

Nein, da stand definitiv kein Zwilling. Nur die Schwester und Hans, die ebenfalls grinsten und auf ihre Art stumm zu sagen schienen: »*Danke, dass du uns die Arbeit abgenommen hast.*« Und dann war da Dr. Schreck. Er war es auch, der lachte. So doll, dass er sich mit einer Hand den Bauch hielt. Die andere ruhte samt Notizbuch auf Franks Schulter.

Verstört blickte Johanna zwischen Frank, der Hand und Dr. Schreck hin und her. Moment – gehörte er zu ihnen?

Nein, das ergab keinen Sinn. In dem Fall hätte er sie doch gleich auf dem Friedhof ans Messer geliefert, statt sie zu beschützen.

Plötzlich kam ihr ein anderer Gedanke. Die Hand – es gab noch eine andere Erklärung. Er war ihr zu Hilfe geeilt und nun wollte dieser Irre ihm seine Anwesenheit und Macht demonstrieren, um ihn am Weglaufen zu hindern.

Bevor Johanna Frank signalisieren konnte, dass sie es wusste, räusperte sich Dr. Schreck.

»So, jetzt ist aber genug!« Er hatte aufgehört zu lachen und klang wieder sehr fachmännisch.

Johanna hielt die Luft an. Würde er ihr sagen, was er mit ihr vorhatte? Sollte sie auch springen? Nein, sie war eindeutig nicht selbstmordgefährdet. Aber was dann? Sie schaute mit flatterndem Herzen zu Frank. Ahnte er, was auf sie zukam? Hatte er einen Plan im Hinterkopf, um ihr aus ihrer verzwickten Lage zu helfen?

»Ein wirklich interessanter Ansatz, Joseph.«

Joseph?

Der Pfleger hieß doch Hans. Oder war das der Nachname? Eine Abkürzung für Josephine? Noch während Johanna sich anstrengte, um daraus schlau zu werden, antwortete die angesprochene Person.

»In der Tat. Und dieses faszinierende Exemplar untermauert meine Theorie.«

Johanna brauchte einige Sekunden, bis ihr Gehirn die Tatsache verarbeitet hatte, dass Frank die Worte sprach.

Theorie? Exemplar? Was redet er da?

Und warum nannte dieser Arzt ihn Joseph. Johanna verstand die Welt nicht mehr. Tausende Gedanken und Fragen rasten durch ihre grauen Zellen und versuchten das Puzzle zusammenzusetzen.

Heißt das? Bedeutet das? Gehört er dazu? Wieso nannte er ihn Joseph?

In ihre Überlegung hinein erhob sich Frank und stellte sich zu Dr. Schreck. Er holte einen zusammengefalteten Zettel aus seiner Gesäßtasche.

»Wie Sie sehen, bauen Brünette ab Mitte zwanzig den Instinkt der inneren Mutter deutlich aus. Bei rothaarigen Frauen fällt dies in dem Alter noch nicht so ausgeprägt aus. Bei Blondinen ist der Instinkt noch weniger ausgeprägt.« Frank deutete auf eine Stelle weiter unten auf dem Zettel. »Männer im gleichen Alter hingegen tun lediglich so, aber wenn es hart auf hart kommt, sind sie nur auf sich selbst fixiert. Keinerlei Rettungsinstinkt.«

»Eine durchaus überzeugende Arbeit. Ich kann diesen Ergebnissen nur zustimmen, Joseph.«

»Ich bin noch nicht fertig. Außerdem ist es mir heute gelungen, zu beweisen, dass auch meine zweite Theorie nicht aus der Luft gegriffen ist. Das Studienobjekt zeigte deutlich, dass es bei diesem Instinkt völlig irrelevant ist, ob sie mit der Person in einem verwandtschaftlichen Verhältnis steht oder nicht. Sie hat bis zum Schluss versucht, die drei Patienten zu retten. Selbst in dieser aussichtslosen Situation.«

»Sie wollte also nicht auf den Friedhof zurück?«, hakte Dr. Schreck nach.

»Es gab einen kurzen Moment, nachdem Bertram mit dem Patienten an uns vorbeigegangen ist, aber es war leicht, sie davon abzubringen. Ein kurzschlussähnlicher und somit nachvollziehbarer Reflex. Aus diesem Grund glaube ich, dass wir den Ansatz in Bezug auf die Heilung des Mutterinstinktes auch in Zukunft weiterverfolgen sollten. Vielleicht gelingt es uns so, den inneren Wunsch nach einem eigenen Kind zu unterbinden. Gerade bei Müttern mit einem Gendefekt wäre dies perfekt. Eine solche Therapie wäre mit weniger Kosten verbunden als eine Sterilisation.«

Ansatz? Studienobjekt? Mutterinstinkt? Kinderwunsch?
Die Worte dröhnten in Johannas Schädel.

»Sehen Sie nur«, redete Frank weiter und deutete diesmal in ihre Richtung. »Das Adrenalin und der Schock zusammen sorgen dafür, dass sie noch immer keinen klaren Gedanken fassen kann. Ich schätze, dass es bei der Härte der durchgeführten Therapie noch eine halbe Stunde dauert, bis sie aus ihrer Schockhaltung erwacht. Apropos Schock. Meinen Sie, ich sollte die Gunst der Stunde nutzen, um sie von ihren ständigen Panikattacken zu befreien?«

»Und Sie sind überzeugt, dass Sie zu ihr durchdringen können?«

Frank suchte Johannas Blick, dann nickte er und beugte sich herunter. »Einen Versuch ist es wert. ... Hanna? Kannst du mich hören?« Er schnipste direkt vor ihren Augen mit den Fingern.

Nach dem fünften Schnippen zuckte Johanna zusammen. »Frank?« Ungläubig blickte sie ihn an. »Was ... Wieso ... Ich ...«, stammelte sie und beobachtete, wie er sich zu ihr hockte.

»Es tut mir leid, Hanna. Ich war vorhin nicht ganz ehrlich zu dir.« Er schenkte Johanna das traurige Lächeln, das sie kannte und mochte. »Mein vollständiger Name ist Joseph Frank Reininger. Ich kam schon 1932 in die Heilanstalt. Nicht als Patient, wie ich dir erzählte, sondern als Pfleger. Dort habe ich Arthur Schreck kennen und schätzen gelernt.« Er legte eine Pause ein. »Verstehst du, was ich dir sage?«

Hören? Ja! Aber verstehen ...

Kaum merklich schüttelte sie den Kopf.

Anscheinend reichte ihm ihre Reaktion.

»Mit der Zeit interessierte ich mich immer mehr für die Heilung an sich. Das blieb nicht lange verborgen, weshalb ich dem einen oder anderen Experiment beiwohnen durfte. Später unterstützte ich ihn regelmäßig bei seinen Arbeiten oder übernahm sie unter seiner Anleitung während seiner Abwesenheit. Nach seiner Rückkehr nahm er mich gänzlich unter seine Fittiche. Gemeinsam erforschten, nein erforschen wir neue Therapie-Ansätze und stellen Thesen in Bezug auf die menschliche Psychologie auf. Mit Erfolg, wie du siehst.«

Seine Worte hallten in Johannas Kopf, aber ihr Gehirn hatte Schwierigkeiten, sie zu verarbeiten. Frank war eins dieser Monster? Aber all seine Geschichten und die Trauer. Das konnte er nicht gespielt haben. Wurde er zu dieser abstrusen Geschichte gezwungen? War das ihre Therapie?

»Frank.«

»Johanna, es wäre echt schön, wenn du mich nicht so nennen würdest. Wenn ich ehrlich bin, ist mir der Name zuwider. Er gehörte meinem Großvater und er war ein Tyrann, wie er im Buche steht. Aber ich dachte mir, wenn ich meinen wirklichen Namen sage, kommt er dir vielleicht bekannt vor. Immerhin bist du Journalistin und hast sicherlich vor deinem Besuch auf dem Friedhof einiges recherchiert.«

»Aber Annelise und all die anderen Geschichten. Deine Tränen.« Johanna starrte ihm um Fassung ringend in die Augen. »Das kannst du dir nicht alles aus den Fingern gesogen haben. Das war ...«

»Echt?« Er lächelte und legte den Kopf schief. »Das macht eine gute Geschichte aus. Sie ist nur glaubhaft, wenn man auf wahre Begebenheiten zurückgreift. Annelise zum Beispiel war meine Mutter. Sie starb, als ich drei Jahre alt war. Es war mein Vater, der damals auf dem Feld schuftete, als sie starb. Tja, und mein Großvater war das herzlose Monster, das verhinderte, dass er sich noch von meiner Mutter verabschieden konnte. Und Karl, er war ein Patient, den ich mitbehandelt habe. In meinen Augen sehr erfolgreich.«

»Du ... du ... mieses Schwein.« Johanna merkte, wie die Worte ihre Lippen verließen, hörte sie, aber sie klangen so gar nicht nach ihr. Blechern, viel zu grell.

»Was für eine simple Wortwahl«, antwortete er und erhob sich mit einem schallenden Lachen. »So hat mich jedenfalls noch niemand genannt. Die meisten Menschen bevorzugen Genie, Streber oder schlauer Kopf. Ich habe auch schon Monster, Bastard oder Geisteskranker gehört. Aber Schwein. Ehrlich gesagt hätte ich dich für kreativer gehalten, meine Liebe. Gerade bei deinem Beruf.«

Johanna öffnete den Mund, um ihm zu zeigen, wie kreativ sie war. Doch ihr Kopf war wie leer gefegt.

Als sie stumm blieb, redete Frank weiter. »Ein mieses Schwein war höchstens der Pilot, der die Fliegerbombe abwarf, die mich kurz nach der Schließung der Anstalt in Stücke zerfetzte. Direkt am Anfang meiner Karriere, wenn man so will. *Vati* ...« Als er Johannas hochgezogene Augenbrauen sah, zeigte er auf Dr. Schreck und erklärte: »So hat jeder ihn genannt, weil er einfach wie ein Vater für uns da war. Für Patienten wie auch Kollegen oder Untergebene. Mich hat er ermutigt, meinen Traum zu verfolgen, und mich für das Studium in Leipzig empfohlen. Nach dem Studium sollte ich zu ihm kommen, um in seine Fußstapfen zu treten. Ich war gerade auf dem Weg zu meinem gemieteten Zimmer, als der Fliegeralarm kam. Ich dachte, ich schaffe es noch. Zwei Straßen von meinem Zuhause entfernt hörte ich das Flugzeug und das Surren, dann war alles schwarz um mich. Ohne diese

Bombe wäre ich sicherlich ein genauso berühmter Arzt geworden wie mein Vorbild.« Er rümpfte die Nase und spuckte verächtlich auf den Boden. »Stattdessen wurde ich aus dem Leben gerissen. Zumindest bin ich nun hier und darf mich mit Menschen beschäftigen, die nachts auf unserer Ruhestätte herumtrampeln, unser Andenken beschmutzen und sich über unsere Namen lustig machen. Am Anfang war ich unglaublich wütend, aber jetzt mit meinem Mentor an der Seite ... Ich würde sagen, ich hätte es schlechter treffen können.« Er verneigte sich mit einem Augenzwinkern vor Johanna. »Du entschuldigst mich. Es war eine anstrengende Nacht und ich muss meine Ergebnisse noch festhalten. Für das, was kommt, ist *Vati* der bessere Arzt.« Er nickte Dr. Schreck zu und wandte sich schon ab, als er sich doch noch einmal umdrehte. »Obwohl ...«, verkündete er mit einem fetten Grinsen im Gesicht.

Bevor Johanna wusste, was passierte, hatte Joseph sie unter den Achseln gepackt, aufgestellt und umgedreht.

»Sieh runter!«

Instinktiv schloss Johanna die Augen. Gerade noch rechtzeitig. Joseph packte sie am Hinterkopf und drückte sie nach vorn, damit Johanna besser nach unten sehen konnte.

Kati.

Nein, das wollte sie nicht sehen. Das Blut, die Gedärme, der aufgeplatzte Schädel. Bei dem Gedanken sträubten sich Johannas Nackenhaare. Sie schüttelte hilflos den Kopf und konnte den Schluchzer, der ihr entschlüpfte, nicht unterdrücken.

»Das war keine Bitte«, zischte Joseph und drückte ihren Kopf noch weiter nach unten.

Aus einem Reflex heraus kniff Johanna die Augen noch fester zu. Auf keinen Fall würde sie diese freiwillig öffnen. Niemals.

Anscheinend begriff Joseph dies ebenfalls, denn er beugte sich zu Johanna herunter und flüsterte: »Es gibt jetzt zwei Möglichkeiten. Ich zähle langsam bis fünf und du öffnest die Augen. Oder ...« Er legte eine kurze Pause ein. »Du machst die gleiche Erfahrung wie deine Freundin und siehst sie unten wieder.«

Johanna schluckte, während Joseph leise im Hintergrund zählte: »Eins ... zwei ... drei ... vier ...«

Sie spürte den Griff fester werden. Gleich würde er sie einfach hochheben und ...

»Ich mach es, hör auf!«, kreischte Johanna und öffnete blitzschnell die Augen. Es war nur eine Sekunde, bevor sie Johanna wieder schloss. Doch die Zeit reichte aus. Sie hatte Kati gesehen. Kati, die nicht mit verrenkten Gliedern in einer Blutlache lag, sondern putzmunter unten stand, eingewickelt in eine graue Decke. Johanna öffnete verstört die Augen, nur um sich noch einmal zu vergewissern. Nicht dass ihr Gehirn ihr einen Streich spielte. Aber das tat es nicht.

Kati stand tatsächlich auf ihren eigenen Beinen. Eine Schwester hatte den Arm um sie gelegt und führte sie zu einem Rollstuhl. An der Stelle, wo Kati hätte liegen müssen, befand sich ein gigantisches quadratisches Etwas mit einem großen roten Kreis in der Mitte. Drumherum standen zehn stattliche Männer, die zu ihr nach oben starrten.

Ein Lachen ertönte neben ihrem Ohr. »Damit hast du nicht gerechnet? Kati im Übrigen auch nicht. Genau so funktioniert der freie Fall. Erst im letzten Moment wird das Sprungkissen, das unten an der Wand lehnt, umgeworfen«, raunte er ihr ins Ohr. »So denkt jeder, sein letztes Stündlein habe geschlagen und kann den freien Fall mit vollem Todesbewusstsein genießen. Glaub mir, danach will niemand mehr freiwillig abdanken. Das Dumme ist: Nicht alle landen so perfekt wie dieses Mädchen.« Mit den Worten richtete er sich lachend wieder auf. »Ich denke, jetzt gehört sie dir«, sagte Frank.

Oder Joseph. Oder wie auch immer er hieß.

Dann wandte er sich an Dr. Schreck. »Hanna ist hart im Nehmen, du kannst also das volle Programm aufwarten, um ihre vollständige Genesung zu garantieren.« Er nickte Dr. Schreck zu und lief in Richtung Treppenhaus.

Johanna sah ihm panisch nach, während ihr Gehirn den Versuch unternahm, all die Informationen zu verarbeiten. Wieso hatte sie nicht auf ihr Bauchgefühl gehört? Er wusste viel zu gut Bescheid.

»Wir hätten sie nie retten können, oder?«, rief sie, als er den Schlüssel ins Schloss steckte, ihn umdrehte und die Tür zum Treppenhaus aufzog.

Er blieb stehen und schüttelte den Kopf. »Nein«, sagte er. »Das gehörte alles zu meiner Studie. Zwar alles sehr kurzfristig geplant und teilweise improvisiert, aber durchweg gelungen, würde ich behaupten. Obwohl es ein paar Stellen gab, wo ich mich wundern musste, wieso du diese Inszenierung nicht erkannt hast. Zum Beispiel als der Pfleger bei Erik auftauchte. Ist dir da nicht aufgefallen, dass er uns gar nicht entgegenkam? Er wartete im ersten Raum auf ein Zeichen. Statt von einer Zigarettenpause sollte er von der Betreuung eines anderen Patienten kommen.« Er hob die Hand an die Stirn und deutete einen Gruß zur Verabschiedung an. »Es war mir jedenfalls eine Freude, dich zu treffen, Hanna. Du warst ein faszinierendes Studienobjekt und hast mir sehr bei der Belegung meiner Theorie geholfen.«

Damit verschwand er ins Treppenhaus.

»Kommen Sie. Ich werde Ihnen …«

Johanna spürte die fleischige Hand von Arthur Schreck auf ihrer Schulter. Heiß und schwer lastete sie auf ihr und machte deutlich, dass es für sie noch lange nicht zu Ende war. Ihr Horror fing genau in diesem Moment an. Daran bestand kein Zweifel, obwohl der Rest seines Satzes im pulsierenden Rauschen ihres Blutes untergegangen war.

Ich werde Ihnen helfen!

Eine seiner Therapien versuchen, an der sie zerbrach. Die sie zerstörte.

Die Panik stieg von ihren Zehenspitzen her auf. Nahm langsam Besitz von jeder Faser ihres Körpers. Als sie den Hals erreichte, baute sich ein Druck auf. Sie schnappte nach Luft, aber die Lungen bekamen einfach zu wenig Sauerstoff. Sie kämpfte gegen den Druck an. Atmete gegen die eisigen und unsichtbaren Hände an, die sich um ihren Hals legten, aber mit jedem Versuch wurde der Druck nur schlimmer. Johannas Herz hämmerte, holperte und Sterne begannen vor ihren Augen zu tanzen. Alles um sie herum begann sich zu drehen. Johanna merkte noch, wie ihre Beine nachgaben. Ein kurzer, scharfer

Schmerz durchzuckte ihren Ellbogen, als sie mit diesem zuerst auf dem Boden aufschlug. Vor ihren Augen tauchte *Vati* auf, der mit ihr zu reden schien. Seine Lippen bewegten sich und formten Worte. Kein einziges drang zu ihr durch. Hinter ihm tauchte das gehässige Gesicht der Hexe auf und direkt neben ihr erschien Hans, dessen massiger Körper vom Lachen durchgeschüttelt wurde. Doch all das nahm Johanna nur noch verschwommen wahr. Langsam umfing sie die rettende Dunkelheit und zog sie mit sich in die Tiefe.

Dachbodenfund

Brief an seine Verlobte vom 13.3.1940

Mein betörender Liebling,

mein letzter Brief an dich ist schon einige Zeit her, aber hier sind Dinge geschehen, die es für mich zu begreifen galt. Mein strahlender Sonnenschein, du brauchst dir keine Gedanken zu machen. Ich habe frohe Kunde. Aber ich fange am besten von vorn an. Vor einigen Wochen bekam die Abteilung, in der ich zurzeit arbeite, einen Neuzugang. Josephine Kraus. Diagnose schizophrene Psychose. Eine patente ältere Frau, die meinen Alltag vollkommen auf den Kopf stellte. Anfänglich probierten wir es mit den üblichen Therapieansätzen. Die erste Zeit funktionierte die Ruhigstellung mithilfe von Barbituraten. Sie schlief stunden- sogar tagelang. Wir waren kurz vor einem Durchbruch. Josephine hörte weniger Stimmen, die sie zu aggressiven Ausbrüchen verleiteten und sie gegen ihre Mitmenschen aufhetzte. Zurück blieben die ruhigen Stimmen, die sie nicht beeinträchtigten. Doch dann veränderten sich genau diese und setzten ihr einen neuen Floh ins Ohr. Statt Aggressivität legte sie nun eine Form von Panik an den Tag. Aus diesem Grund beschlossen die Ärzte, sie mit einem neuerlichen Ansatz zu therapieren. Wasserretentionstherapien. Damit wurde schon die eine oder andere Psychose erfolgreich behandelt. In diesem Fall dauerte es jedoch zu lange, sodass ich beherzt zu einem meiner eigenen Ansätze griff. Zusätzlich zum Antidiuretikum Tonephin, das ihr verabreicht wurde und zu einer Minderung der Nierentätigkeit führt, habe ich ihr eingeredet, dass sie mehr trinken soll, um die bösen Stimmen in ihrem Kopf einfach auszuschwemmen. Diese Kombination sorgte dafür, dass das gewünschte Hirnödem recht schnell auftrat und ihr Hirn wieder einrenkte. Keine Sorge, mein Engelchen, Josephine geht es besser denn je. Sie ist vollständig genesen. Sie ermüdet zwar schneller, aber dadurch schläft sie mehr und kann sich weniger auf die falschen Stimmen konzentrieren, sofern sie diese überhaupt noch wahrnimmt. Um zurück auf meine frohe Botschaft zu kommen. Mein persönliches Dazutun blieb dieses Mal nicht unbemerkt. Ein ehemaliger Arzt, der inzwischen eine andere Klinik leitet und hierher noch regen Kontakt hält, wurde darauf aufmerksam. Ich rechnete fest damit, dass postwendend meine Kündigung erfolgen würde. Doch dem war nicht so. Dr. Arthur Schreck war fasziniert von meinem Ansatz. Er versprach mich unter seine Fittiche zu nehmen. Sprach von talentiert, nützlich für den Führer. Und das Beste, mein Engel, Arthur, wie ich ihn inzwischen nennen darf, wird demnächst die Klinikleitung übernehmen. Er wird mich anleiten und, wenn ich so weit bin, mich für das Medizinstudium vorschlagen. Kannst du dir das vorstellen? Du, Frau eines Arztes? Endlich wird unser gemeinsamer Traum greifbar, mein Liebling. Ich melde mich, sobald ich mehr weiß.

Dein dich liebender Joseph.

Böses Erwachen

Du kannst vor dem davonlaufen,
was hinter dir her ist,
aber was in dir ist,
das holt dich ein.
(Aus Afrika)

Helles, warmes Licht drang durch ihre geschlossenen Augenlider und weckte sie.

Verdammt! Ich hätte die Vorhänge gestern Abend zuziehen sollen.

Sie drehte sich genervt auf die andere Seite, aber noch immer war es viel zu hell. Jetzt gab es nur zwei Möglichkeiten: Aufstehen, um die Sache mit den Gardinen nachzuholen, oder einfach die Decke über den Kopf ziehen. Der letzte Gedanke klang deutlich verlockender. Mit einem wohligen Seufzer ließ Johanna ihre Hand nach unten gleiten. Dahin, wo sie die Bettdecke vermutete. Doch da war nichts.

Johanna bewegte ihre Beine. Da lag sie auch nicht. Hatte sie in der Nacht so gewühlt, dass sie aus dem Bett gefallen war?

Ob es ihr gefiel oder nicht. Jetzt musste sie aufstehen. Johanna unternahm einen Versuch, die Augen zu öffnen, aber ihre Lider fühlten sich bleischwer an. Mehr als ein halbherziges Blinzeln brachte sie nicht zustande.

Wie spät war es eigentlich? Warum zur Hölle kam sie sich wie durch die Mangel gedreht vor?

Angestrengt durchforstete Johanna ihr Gedächtnis nach Erinnerungen an die letzte Nacht. Weit kam sie nicht. Es begann mit einem leichten Ziehen, gefolgt von einem Stechen in ihrem Kopf, das sich binnen weniger Sekunden in rasende Kopfschmerzen verwandelte.

War sie gestern zu lange mit Meggy unterwegs gewesen? Hatte sie über den Durst getrunken?

Johanna entschied sich, später darüber nachzudenken. Sie wollte nur eins: schlafen. Und zwar ohne aufzustehen.

Um sich wenigstens ein bisschen Dunkelheit zu verschaffen, legte sie einen Arm vors Gesicht. Es dauerte nicht lange, bis der Schmerz erträglicher wurde und sie kurz davor war, einzuschlafen.

Ein Kitzeln unter ihrer Nase holte sie jedoch zurück in den Wachzustand. Was auch immer das verursachte, es ließ sich nicht mit einem Nasenkräuseln beheben. Johanna rieb sich mit dem Arm, der vor ihrem Gesicht lag, über die Nase und verschlimmerte damit das Kribbeln. Jetzt konnte sie nicht mehr anders. »Haaaatssssschiiiiii.«

Prompt erfüllte lautes Vogelgezwitscher die Luft.

Johanna erstarrte zur Salzsäule. Den Schmerz hinter ihren Schläfen ignorierend.

Vögel?

Wie konnte das sein? Sie wohnte mitten in der Stadt. Da gab es zwar Bäume, aber nicht direkt vor ihrem Fenster. Außerdem schloss sie diese abends immer.

Die Kopfschmerzen waren vergessen. Ebenso die bleierne Müdigkeit. Mit einem Ruck setzte sich Johanna auf und bemerkte als Erstes, dass ihre Hände nicht in die Matratze einsanken. Vielmehr drückten sie auf etwas Feuchtes, das in die Handflächen pikste.

»Was zur Hölle ...«, entschlüpfte es ihr. Im selben Moment sprang Johanna auf, als hätte sie eine Biene gestochen, und sie riss die Augen auf. Sie erkannte eine Mischung aus Grüntönen und Braun, bevor sie die Lider wieder schloss, um das Licht, das in den Augen stach, zu verbannen. Gleichzeitig begann sich alles um sie herum zu drehen.

Johanna tastete nach etwas, das ihr Halt bot. Doch da war nur Leere. Kein Schrank, keine Wand. Keine Ikea-Lampe ...

Die endgültige Gewissheit, nicht ihn ihrem Zimmer, geschweige denn in ihrer Wohnung zu sein, sickerte langsam bis zu ihrem Gehirn durch. Wo in drei Teufels Namen war sie?

Der Schwindel in ihrem Kopf nahm zu und Johanna stützte sich auf den Knien ab, bis sich der Strudel in ihrem Kopf beruhigte.

Als sie das Gefühl hatte, nicht gleich umkippen zu müssen, öffnete sie die Augen. Um sie herum war es immer noch grün mit jeder Menge brauner Tupfer. Das allein sorgte schon für genug Verwirrung. Der große weiße Engel, der vor ihr emporragte, machte es jedoch nicht besser.

Erschrocken machte Johanna einen Satz nach hinten.

Bin ich tot?, fragte sie sich, erkannte jedoch im selben Augenblick, dass der Engel sich nicht bewegte. Er war aus Stein. Dahinter entdeckte sie Grabsteine. Wie auf einem Friedhof.

Zwei, drei Atemzüge später machte es Klick.

Natürlich! Johanna schlug sich mit der flachen Hand gegen die Stirn. Der Auftrag. Sie war noch immer auf diesem merkwürdigen Waldfriedhof.

Innerlich stöhnte sie auf. Jetzt, wo sie sich genauer umsah, erkannte sie, dass sie genau an der gleichen Stelle stand, wo sie sich abends hingelegt hatte. Sie musste eingeschlafen sein. Eine andere Erklärung gab es nicht. Erleichterung machte sich in ihr breit.

»Dummerchen«, schalt sie sich und kicherte, als ihr bewusst wurde, wie viel Angst sie gestern Abend noch gehabt hatte. »Siehst du, nichts ist passiert.«

Kaum hatte sie die Worte ausgesprochen, tauchte ein Gefühl auf, als hätte sie etwas Wichtiges vergessen. Es war nur eine flüchtige Ahnung, die sie jetzt, wo sie einmal da war, nicht mehr losließ. Nur was war es? Sie spürte die Wichtigkeit dahinter. Wie bei einem Knoten, den man machte, um etwas Wichtiges nicht zu vergessen.

»Hanna, jetzt streng dich an!«, sagte sie zu sich selbst.

Du bist zurückgekommen und hast dich vor der Frauenfigur versteckt. Und dann?

War sie schlicht und ergreifend eingeschlafen?

Ihr Blick fiel auf ihre Kamera, und plötzlich überrollte sie eine Welle mit Erinnerungen.

Erst war es nur ein schreiender Junge auf einem Stuhl.

Dann ein roter Kreis auf einem weißen Quadrat.

Ein fetter Arzt.

Arthur Schreck …

Die Bilder der vergangenen Nacht prasselten auf Johanna nieder.

Frank, Max, Erik, Kati ...

Joseph!

Johanna taumelte entsetzt rückwärts, bis ihr Rücken gegen etwas Hartes stieß. Ein kurzer, unnatürlich klingender Schrei verließ ihre Kehle.

Was, wenn ...?

Johanna drehte sich blitzschnell um, aber da war kein Frank, kein Arzt, sondern nur der Zaun. Trotzdem. Ihr Herz raste. Was, wenn sie noch hier waren? Beobachteten sie sie? Was hatten sie mit ihr angestellt? Wie ein gehetztes Tier drehte sich Johanna mehrmals im Kreis. Bäume, Farn, Grabsteine, der Engel, ein hoher Zaun. Hier saß sie in der Falle, falls sie ...

Johanna hielt inne. Die Sonne schien. Es war nicht mehr Nacht. Hieß das etwa ...?

Dieses Mal nahm sie sich bei ihrem Rundblick mehr Zeit. Keine Menschenseele und schon gar kein Geist in ihrer Nähe. War sie wirklich allein? Mit angehaltenem Atem lauschte sie. Das Einzige, was sie hörte, waren Vögel und der Wind, der durch das Laub und die Baumwipfel raschelte. Kein Geräusch, das einen Menschen vermuten ließ.

Erleichtert atmete Johanna aus und wartete, bis sich ihr Puls normalisierte. Erst jetzt merkte sie, wie friedvoll alles aussah. Genauso wie gestern, als sie mit Herrn Hermanns den Friedhof das erste Mal besucht hatte. Nichts deutete darauf hin, dass all die Dinge, die in ihrem Kopf herumspukten, passiert waren. Fast so, als erinnere sie sich an einen bösen Albtraum, der sich beängstigend real angefühlt hatte.

Sie sah zu ihrem Rucksack, dem platt gedrückten Umriss ihres Nachtlagers im hohen Gras. Aber es gab keine niedergedrückten Halme, die darauf hindeuteten, dass sie kürzlich von jemand anderen hier abgelegt worden war. Außer Geister schwebten, dann ... Nein, die Geister, an die sie sich glaubte zu erinnern, waren richtig gelaufen. Leiser als sie, aber dennoch war das Knirschen auf den Sandwegen hörbar gewesen.

Und wenn es eine andere Erklärung gab?

Johanna krempelte ihre Ärmel hoch und stellte erleichtert fest, dass keine Einstichstellen zu sehen waren. Auch sonst entdecke sie auf die Schnelle nichts an sich, das auf eine Therapie hindeutete. Keine blutigen Striemen, keine Blutergüsse, nicht mal sichtbare Abdrücke, die auf Fesseln hindeuteten. Aber dieser Arzt wollte sie behandeln. Daran erinnerte sie sich genau. Sie schloss die Augen und ging noch einmal die vermeintlich letzte Nacht in Gedanken durch. Es wirkte mit einem Mal alles so surreal. Wie ein Film, an den man sich erinnerte. Konnte es sein, dass alles tatsächlich nur einem Traum entsprang? Die Anstalt, die Therapien, die Jugendlichen? Gerade an einem solchen Ort und nach der Geschichte, die Herr Hermanns Johanna erzählt hatte, ergab dies durchaus Sinn.

Genau, das muss es sein.

Ein Traum. Ein gottverdammter Albtraum. Ausgelöst durch all die Storys. Nicht mehr und nicht weniger.

Mit einem Mal kam sich Johanna richtig albern vor. Sie spürte, wie das Adrenalin aus ihren Adern verschwand.

Prompt meldete sich ihr Magen mit einem lauten Knurren. Erst jetzt fiel ihr auf, was für einen Hunger sie verspürte. Kein Wunder! In den letzten 24 Stunden hatte sie schließlich kaum etwas zu sich genommen.

»Du hast recht, wir sollten zurück zum Auto«, sagte Johanna lachend und bückte sich nach ihrem Rucksack, als ein schrilles Geräusch die Stille zerriss. Vor lauter Schreck zuckte Johanna zusammen und ließ den Rucksack fallen. Sogleich fing ihr Herz wieder unkontrolliert an zu pochen. Sie war nicht allein. Irgendwer war da. Sie hielt die Luft an, um das Geräusch besser orten zu können. Es kam ganz aus der Nähe. Fast schon zum Greifen …

»*Das Handy, du begriffsstutziger, schreckhafter Hasenfuß*«, hörte sie Meggy buchstäblich sagen.

Rasch bückte sie sich zu ihrem Rucksack und angelte das Handy heraus.

»*MEYER*« stand auf dem Display.

Verdammt, warum rief er so früh an. Oder war es schon spät und er rief deswegen an? Johanna biss sich auf die Lippen und überlegte, es zu ignorieren. Meyer rief nur aus einem Grund an. Wenn sie jetzt abhob, musste sie ihm Bericht erstatten. Nur was sollte sie sagen? Hey Boss, sorry, aber ich bin eingeschlafen? Die Kündigung wäre ihr garantiert, noch ehe sie zu einer Entschuldigung ansetzen könnte. In ihre Überlegung hinein endete das Klingeln.

»Puh!«, gab Johanna von sich und atmete erleichtert aus. Mit Glück beließ es Meyer fürs Erste dabei. Auf der Rückfahrt würde ihr schon eine gute Erklärung einfallen.

Zu ihrem Pech gehörte Meyer zu den hartnäckigen Personen, denn erneut durchdrang das Klingeln die Stille. Ihr blieb nichts anderes übrig, als ins kalte Wasser zu springen.

»Guten Morgen«, krächzte Johanna und spürte, wie sich der Kloß in ihrem Hals ausdehnte. Sie schluckte unüberhörbar.

Meyer verzichtete wie üblich auf Floskeln und grunzte: »Na endlich. Das wurde aber auch Zeit. Hast du mal auf die Uhr geschaut? Es ist gleich acht. Seit zwei Stunden warte ich auf deinen Anruf.«

»Ich ... ähm ... also«, stammelte Johanna hilflos, um etwas Zeit zu schinden. Sie brauchte eine gute Ausrede. Vielmehr eine Beschönigung, die Meyer zufriedenstellte und ihren Job nicht gefährdete.

»Sag mir nicht, dass du eingeschlafen bist!«, brüllte er.

Johanna sah förmlich den knallroten Kopf samt der pochenden Ader an seiner Schläfe vor ihren Augen. Eine falsche Antwort und das Nächste, was sie hören würde, wäre: »*Heute Abend ist dein Schreibtisch geräumt.*«

»Nein! Natürlich nicht«, brachte sie hervor. Leider nicht sonderlich überzeugend, so piepsig, wie ihre Stimme klang. »Es ist nur so, dass ...«

Ja, Johanna, wie ist es denn?

»Also, wie soll ich es sagen.«

Sag irgendetwas!

»Wenn ich ehrlich bin, es ist einfach nichts passiert.«

Shit! Das war das falsche Etwas.

Johanna zog von Reue erfüllt die Nase kraus und die Lippen zusammen. Gleich würde Meyer sie feuern. Eine

Frage von Millisekunden, ehe er lauthals lospolternd ihre Kündigung durchs Telefon brüllte. Doch Meyer überraschte sie. Er schnaubte nur verächtlich und blieb still.

Das war ihre Chance, um den Hals aus der Schlinge zu ziehen.

»Ich habe die ganze Nacht auf der Lauer gelegen.« Demonstrativ gähnte sie. »Der Friedhof war so, wie man ihn sich nachts vorstellt. Unheimlich, aber friedvoll.« Was ja irgendwie stimmte. Bis auf diesen dämlichen Albtraum war nichts passiert. Sonst wäre sie mit Sicherheit aufgewacht.

Ein paar Sekunden blieb es am anderen Ende der Leitung mucksmäuschenstill, dann vernahm Johanna das berühmte Zähneknirschen. Das tat Meyer nur, wenn er sich mehr von einer Story versprochen hatte.

»Dann beweg deinen Arsch in die Redaktion. Spätestens 16:00 Uhr liegt dein Artikel auf meinem Schreibtisch. Und Johanna! Lass dir was einfallen, damit es nicht ganz so *einschläfernd* klingt.«

Er war wütend. Eindeutig. Aber nicht so schlimm, wie Johanna befürchtet hatte.

»Ich gebe mein Bestes«, versprach sie, bekam aber keine Antwort mehr, sondern nur endloses Schweigen. Meyer hatte aufgelegt.

Typisch für ihn, dachte Johanna und schulterte ihren Rucksack. Bevor sie losging, überflog sie die Benachrichtigungen auf ihrem Sperrbildschirm.

Fünf Werbemails und ein paar verpasste Anrufe von Meyer.

Ups, kein Wunder, dass er so sauer ist.

Und eine Nachricht von Meggy. Kurz überlegte Johanna sie zu ignorieren, schließlich verdankte sie ihr das alles, entschied sich dann aber dagegen. Was, wenn Meggy genauso wie Meyer auf glühenden Kohlen saß und sich sorgte? Immerhin hatte sie ihr angeboten, die ganze Nacht aufzupassen, wenn auch nur virtuell.

»Hey Süße,

noch mal DANKE!!! Du hast mir mal wieder den Arsch gerettet. Ich hoffe, der Artikel ist nicht zu langweilig. Ich ruf dich an, wenn ich zurück bin. Ach, ich kann nicht warten. Carlos will am Montag die Scheidung einreichen, damit wir heiraten können. Sein Antrag war soooo was von romantisch. Wenn ich zurück bin, erzähle ich dir alles. So, ich muss aufhören, Carlos kommt aus der Dusche und wir wollen gleich an den Strand.

Bussi.«

So viel zum Thema sie sorgt sich.
Mit keinem Wort hatte sich Meggy nach ihrem Wohlbefinden erkundigt. Johanna schnaubte vor Wut. Ohne zu antworten, verstaute sie das Handy in der Hosentasche. Wieder hatte sich alles nur um sie gedreht. Sie und diesen egoistischen Lügenarsch von Carlos. Der genau wusste, wie er sich Meggy warmhielt. Alle paar Monate sprach er von Scheidung. Und nichts passierte. Inzwischen hatte Johanna aufgehört mitzuzählen. Daran

änderte der Antrag nicht die Bohne. Eine weitere Taktik, um sich seine Affäre bei Laune zu halten. Am Ende passierte nichts. So wie vor einem Jahr, ehe es hieß: »*Mein Schwiegervater ist krank geworden, ich kann meine Frau jetzt unmöglich verlassen und zu dir ziehen.*« Diesmal würde Johanna diese treulose Nudel zur Rede stellen. Tränen konnte sie danach immer noch trocknen.

Fünf Minuten später verließ Johanna eiligen Schrittes den Friedhof. Der Moment, als sie auf der anderen Seite des schmiedeeisernen Tores stand, wirkte befreiend. Jetzt, wo sie der Sache wieder Herr war, hielt sie inne, um einen letzten Blick über die Schulter zu werfen. Der Friedhof zeigte sich von seiner schönsten Seite. Die Sonnenstrahlen, die sich durch die Bäume zwängten. Dazu die farbenfrohe Mischung der Blätter und der verwitterten Steine. Eigentlich wunderschön. Dazu die klare Luft. Sie atmete einmal tief ein, dann verkündete sie laut: »Auf Nimmerwiedersehen!«

Damit setzten sich ihre Beine wieder in Bewegung. Ab zum Auto und nach Hause, um den Artikel zu schreiben und all das abhaken zu können. Im Geiste suchte Johanna schon nach einer passenden Überschrift.

»*Eine riesige Familie und ihr ganz persönlicher Friedhof.*«

Treffend, aber ohne Pep.

»*Illenau – ein Waldfriedhof mit bewegender Geschichte wird 175.*«

Schlicht, passend und leicht dramatisch, aber zu lang.

Johanna würde zu Hause noch ein bisschen daran feilen müssen. Nach der Headline würde sie sich den

Fakten über die Heilanstalt und den Friedhof widmen. Nicht zu viel, aber ein paar Informationen gehörten in so einen Bericht. Für das gewünschte Drama beschloss sie, im Internet ein bisschen zu recherchieren. Vielleicht fand sie die eine oder andere Patientenakte in den öffentlichen Archiven. Ansonsten griff sie auf die Geschichte von Herrn Hermanns zurück. Und falls Meyer unzufrieden war, nur für den absoluten Ausnahmefall, hatte sie noch die Geschichte mit dem Enkel in der Hinterhand. Auf welchen Teil und in welchem Umfang sie darauf zurückgriff, könnte sie auf der langen Rückfahrt nach München austüfteln. Ja, genau. So würde sie es machen. Innerlich sah sich Johanna schon lächelnd am Computer, die Senden-Taste drückend. Und damit das Abenteuer Waldfriedhof zu den Akten legend. Nie wieder, wirklich nie wieder, würde sie so einen Auftrag annehmen. Nicht einmal, wenn Meggy in den Wehen lag, spontan vor den Traualtar trat oder sie aus einem anderen wirklich wichtigen Grund fragte.

Johanna war nur ein paar Meter gegangen und noch ein gutes Stück von der Straße entfernt, als sie hinter sich Sand knirschen hörte. Unverkennbar Schritte. Automatisch zog sie die Schultern hoch und erstarrte in lauschender Position.

War sie doch nicht allein auf dem Friedhof gewesen? Bei dem Gedanken begann ihr Herz bis zum Hals zu schlagen.

Mist, die Schritte kamen zweifelsfrei von hinten. Wer auch immer dort lief, würde gleich auf sie stoßen. Ob das gut war?

Sofort befand sich Johanna in Alarmbereitschaft. Sie wusste nicht, warum, aber ihr ganzer Körper schrie: *Lauf!*

Sei nicht albern, wahrscheinlich ist es nur ein Besucher auf dem Rückweg zu seinem Auto, sagte sie wenig überzeugend zu dieser anderen Stimme. Ein Tourist, der sich für den Friedhof interessierte. Vielleicht auch Herr Hermanns, der nach dem Rechten sah. Was würde er wohl denken, wenn er sie hier erblickte?

Es war so lächerlich, und dennoch verspürte Johanna nur eins: Furcht. Sie musste sehen, wer da vom Friedhof kam. Gleichzeitig hatte sie eine Heidenangst davor, sich umzudrehen.

Reiß dich zusammen! Drei ... zwei ... eins ... Es war nur ein Albtraum.

Bevor Johanna es sich anders überlegen konnte, drehte sie sich um. Auf halber Strecke erstarrte sie in der Bewegung. Sie öffnete den Mund zum Schreien, aber mehr als ein heiseres Krächzen gelang ihr nicht. Ohne den Blick abzuwenden, verselbstständigten sich ihre Beine. Erst langsam, dann immer schneller. Jedoch nicht in Richtung Straße, sondern in das kleine Wäldchen, durch das der Weg verlief. Laub raschelte unter ihren Füßen. Sie musste sich umdrehen, nach einem Versteck suchen, konnte aber den Blick unmöglich abwenden. Träumte sie noch immer? Sie kniff sich in den Arm und unterdrückte das *Aua*, das ihr auf der Zunge lag. Nein, das war kein Traum. Aber dennoch unmöglich. Drei, vier Schritte, dann stieß sie mit ihren Rücken gegen etwas Hartes. Sie zuckte zusammen.

Ist das ...?
Sie schluckte und weigerte sich, den Gedanken zu Ende zu führen. Ganz nach dem Motto, was du nicht siehst, tastete sie mit den Händen nach dem, was in ihren Rücken drückte.

Hart, rau, geriffelt und rund. Ein Baumstamm.

Johanna atmete auf. Wenn auch nur einen gedehnten Wimpernschlag lang. Sie musste sich irren. Weiterhin träumen. Ein Wachtraum. Eine Fata Morgana. Eine andere Erklärung gab es nicht. Außer ...

Johanna rieb sich die Augen und öffnete sie blinzelnd. Obwohl sie im ersten Moment nur verschwommen sah, ließen sich die drei Umrisse, die immer schärfer wurden, nicht leugnen. Im Gänsemarsch mit hängenden Schultern und leeren Blicken, gen Boden gerichtet, liefen sie über den Weg in Richtung Straße. Keiner von ihnen sagte ein Wort. Eigentlich war es auch kein Laufen, sondern eher ein Schlürfen. Mit den aufgeweckten Jugendlichen von letzter Nacht hatten sie nicht viel gemein. Ihre Kleidung war zerrissen, verdreckt und obwohl sie noch ein Stück weit entfernt waren, wehte Johanna eine Wolke von Kot, Urin und Erbrochenem entgegen. Angeekelt hielt sie sich eine Hand vor Nase und Mund. Sie dachte an die Bahnunterführung zur U-Bahn, die genauso roch. Nur waren das keine Schnapsleichen in einer schwach ausgeleuchteten Ecke. Vielmehr kamen sie Johanna vor wie Zombies. So wie sie sich bewegten und aussahen.

Wie konnte das möglich sein?

Noch einmal kniff sich Johanna. »Au!«, entschlüpfte es ihr diesmal. Doch nun war sie sich sicher. Das hier war kein Traum. Sie war eindeutig wach. Aber wenn dem so war, dann ...

Erinnerten sich Kati und ihr Freund an sie? Gaben sie ihr womöglich die Schuld?

Bei der Vorstellung schluckte sie hart.

Ein Teil von ihr wollte zu den drei, Hilfe anbieten. Doch die andere Hälfte wollte in diesem Moment nur eins: weg! Die Vorstellung, dass einer aufschaute und sie entdeckte, behagte ihr gar nicht. Und hier, angelehnt an den Baum, stand sie wie auf einem Präsentierteller.

Ohne die Gruppe aus den Augen zu lassen, versuchte Johanna, an den Baumstamm gepresst, auf dessen Rückseite zu gelangen. Sie hielt inne, aber zu spät, das Laub unter ihren Füßen raschelte. Nur leicht. Doch ausreichend.

Katis Kopf schnellte in ihre Richtung, während sie im gleichen Atemzug ihre Arme um den Oberkörper schlag. Sie sah Johanna direkt in die Augen. Es bedurfte nur einen Wimpernschlag, dann flackerte eine Art Erkennen in Katis Augen auf, welches Johanna trotz der Distanz nicht abstreiten konnte. Falls sie irgendwo tief in sich noch einen Hauch von Zweifel verspürt hatte, war dieser hiermit ausgelöscht. Johanna schloss die Lider und prompt tauchte Katis Sturz vor ihrem inneren Auge auf.

»Kati!« Es war nur ein Wispern, das aus ihrem Mund drang. Sie öffnete die Lider wieder und streckte die Hand nach dem Mädchen aus.

Ob es an dem Namen oder an der ausgestreckten Hand lag, konnte sie nicht sagen. Die Angesprochene zuckte merklich zusammen, blieb aber stehen.

Jetzt lag es an ihr. Nur was sollte sie tun?

Noch während Johanna überlegte, vernahm sie ein leises Wimmern. Erst durch das Geräusch merkte sie, dass die Brüder, die mit einem guten Abstand vorangegangen waren, ebenfalls stehen blieben und sie offenkundig anstarrten. Reglos, wie Johanna erkannte. Keiner von ihnen wimmerte. Sie war es, die diesen herzzerreißenden Ton verursachte. Genau aus diesem Grund starrten sie die drei Jugendlichen auch an. Bestürzt schlug Johanna ihre beiden Hände vor den Mund.

Die Zeit schien still zu stehen.

Dann, irgendwann, änderte sich etwas in Eriks Gesicht und er fing ohne Vorwarnung an zu kreischen.

»Geh weg! Verschwinde!«, schrie er, Angstschweiß bildete sich auf seiner Stirn. »Du kriegst mich nicht.« Wie in der Anstalt kicherte er. Dann rief er: »Niemals. Hörst du! Du bekommst mich nie.« Mit diesen Worten drehte er sich um und rannte wie ein aufgescheuchtes Kaninchen davon.

»Erik!« Johanna trat einen Schritt vor und verharrte in der Position. Ihm nachzulaufen war zwecklos. Allein der Klang ihrer Stimme sorgte dafür, dass Erik nur noch schneller lief. Viel Zeit, um diese Erkenntnis zu verdauen, blieb ihr nicht.

»Können Sie mir helfen?« Max' Stimme lenkte Johannas Aufmerksamkeit zurück zu den beiden anderen Gestalten. »Ich ...ich weiß nicht, wer ich bin oder wo ich bin. Können Sie mir helfen?«

Sein Gedächtnis. Es war nicht zurückgekehrt. Johanna sah ihn verzweifelt an. Was sollte sie sagen? Erklären?

»Du … Das hier ist der Weg zum Waldfriedhof«, beantwortete sie die leichtere der beiden Fragen. Gleichzeitig überlegte sie, wie sie ihm den Rest erklären könnte, ohne ihn zu schocken. Fakten. »Du … du heißt Max. Und das dahinten ist Kati. Und der Junge, der eben weglief, war dein Bruder. Erik. Wie soll ich sagen … Ihr wart gestern zusammen auf dem Friedhof und dann …«

»Auf dem Friedhof? Was soll ich denn da?«, murmelte er und blickte das Mädchen an. »Und sie heißt Kati? Ich habe sie noch nie gesehen. Kann es sein, dass Sie mich verwechseln? Ich habe auch keinen Bruder. Zumindest kann ich mich an keinen erinnern.«

»Doch«, rief Johanna aufgebracht. »Du kennst den Jungen und auch das Mädchen. Sie ist seine Freundin. Das Problem ist …« Sie legte eine kurze Pause ein, um nach der richtigen Erklärung zu suchen. »Ihr seid in die Fänge von der Familie geraten und dieser verrückte Arzt, Doktor Schreck, hat dich einer Art Gehirnwäsche unterzogen. Deinen Bruder auch, deshalb hat er jetzt Angst vor Frauen. Und Kati …« Ihre Stimme versagte.

Max ließ die Worte wirken. Er blickte zwischen Kati und Johanna hin und her, dann schüttelte er den Kopf. »Tut mir leid, ich denke, es ist besser, ich gehe jetzt. Ich muss herausfinden, wer ich bin und wo ich bin.« Wieder bedachte er beide mit einem langen Blick. »Sorry, aber Sie scheinen total durchgeknallt zu sein. Das gefällt mir nicht. Ich mach mich vom Acker und such jemanden, der mir wirklich helfen kann.«

Für einen Moment verfolgte Johanna perplex, wie Max sich abwandte und in Bewegung setzte.

Durchgeknallt? Nüchtern betrachtet, konnte sie es ihm nicht einmal verübeln. Nicht nur dass die Schilderung klang, als sei sie höchstpersönlich aus einer Irrenanstalt geflohen. Nein, sie zitterte spürbar am ganzen Körper und Kati, die stumm wie ein Fisch der Szene beiwohnte, kaute verbissen auf ihren Nägeln herum und gab ein ziemlich verstörtes Bild ab. Wieso sollte er ihr also glauben, wenn sie selbst schon Schwierigkeiten hatte.

»Du ... Du ... Ich ... Du warst ... auf dem Dach.«

Die ersten Worte, die das Mädchen sprach, und Johanna konnte nicht sagen, wie sie zu deuten waren. Gab ihr Kati die Schuld? Es gab nur eine Möglichkeit, das herauszufinden.

»Kati«, erwiderte sie und stieß sich vom Baum ab. Mit einem unsicheren Lächeln hielt sie kurz inne. Dann ging sie langsam auf das Mädchen zu.

Sie war erst drei Schritte gegangen, als sich deren Augen weiteten. »Du ... Du ...«, stammelte sie erneut. Ihr Brustkorb hob und senkte sich hektisch.

Sie hatte Angst. Ganz eindeutig. Und Johanna war die letzte Person, die es ihr verübeln konnte.

»Kati. Ich ... Es tut mir leid. Das musst du mir glauben«, setzte sie mit brüchiger Stimme an, obwohl ihr bewusst war, dass Worte allein nicht ausreichten. »Ich wollte ...« *dich retten.*

»Du ... Du hast versucht mich umzubringen. Du willst, dass ich sterbe«, kreischte Kati und ihre Augen weiteten sich zur Größe von Untertassen.

»Was?« Dann klickte es. »Nein, das stimmt nicht. Ich würde doch niemals ... Das war ein Versehen. Ehrlich.

Ich kann dir das erklären, wenn du mir die Möglichkeit gibst.« Johanna streckte die Hand aus und trat einen Schritt vor.

»Komm mir nicht zu nah!« Katis Stimme überschlug sich. »Ich habe meine Lektion gelernt. Wirklich.«

»Nein, du verstehst nicht. Bitte. Lass es mich erklären. Ich will dir helfen«, murmelte Johanna und ging den nächsten Schritt. »Bitte.«

Damit brachte sie das Fass zum Überlaufen. Kati preschte los, als sei Johanna kein Mensch, sondern der Teufel höchstpersönlich.

Sollte sie hinterherlaufen? Sie aufhalten? Alles erklären? Kati würde ihr unter den Umständen wohl kaum zuhören. Aber irgendetwas musste sie tun. Sie konnte schließlich nicht zurück nach München fahren und so tun, als sei all das niemals passiert.

»Kati«, rief sie ein letztes Mal mit aller Kraft und Hoffnungslosigkeit.

»Und jetzt?«, fragte sie sich selbst, als Kati längst aus ihrem Blickfeld verschwunden war. Die Polizei verständigen? Und was wäre, wenn Kati weiterhin behauptete, dass Johanna versucht hätte, sie umzubringen? Unvoreingenommen sah es genauso aus. Sie hatte Kati geschubst, wenn auch unbeabsichtigt.

Sie könnte zurück. All das vergessen. Aber wenn Kati selbst zur Polizei lief und man nach ihr mithilfe eines Phantombildes fahndete?

Untertauchen? Nein, das war keine Option. Wenn es ihr nur gelänge, Kati alles begreiflich zu machen. Sie musste es versuchen.

»Kati, warte!«, rief sie und stürmte vorwärts, als etwas sie am Fuß packte. Ein stechender Schmerz fuhr durch ihren Knöchel. In der nächsten Sekunde sah sie den Boden näher kommen. Schützend hob sie die Hände, dann schlug sie hart auf, ohne den Sturz abgefedert zu haben.

»Uff«, hörte sie, dabei wurde sämtliche Luft aus ihrer Lunge gepresst. Fast zur gleichen Zeit erfasste sie ein durchdringender Schmerz an der Schläfe. Sterne begannen vor ihren Augen zu tanzen.

Hilfe!

Das war ihr letzter Gedanke, ehe alles um sie herum schwarz wurde.

Der Anruf

*Ein Neurotiker ist ein Mensch,
der ein Luftschloss baut.
Ein Psychotiker ist der Mensch,
der darin lebt.
Und ein Psychiater ist der,
der die Miete kassiert.
(Jerome Lawrence)*

Ein dumpfer, pochender Schmerz bohrte sich in Johannas Bewusstsein und weckte sie aus einem traumlosen Schlaf.

»Au«, stöhnte sie. Ihr Kopf fühlte sich an, als hätte er Bekanntschaft mit einem Vorschlaghammer gemacht. Irgendetwas lief ihre Stirn hinunter. Johanna hob ihre Hand und berührte vorsichtig die Stelle. Sofort durchzuckte sie ein brennender Schmerz und ließ sie von Neuem aufstöhnen. Sie musste sich auf die Lippen beißen, um nicht loszuweinen. Sogleich bemerkte sie Krümel darauf. Als Johanna mit der Zunge darüberfuhr, schmeckte sie Erde.

Was zur Hölle ..., dachte Johanna und öffnete blinzelnd die Augen. Blätter und Äste tauchten in ihrem Blickfeld auf. Sie lag auf dem Boden, aber wo? Den Schmerz ignorierend richtete sie sich vorsichtig auf. Im Sitzen betastete

Johanna ihre Stirn und spürte wieder diese feuchte Spur. Sie zog die Hand zurück und blickte auf frisches Blut.

Schlagartig erinnerte sie sich. Kati. Sie wollte hinterher, aber etwas ...

Ihr Blick fiel auf eine bogenförmige Wurzel, die unweit von ihr aus dem Boden ragte. Jetzt bemerkte sie auch den pochenden Schmerz in ihrem Fuß. Außerdem waren ihre Hände aufgeschürft und die Knie brannten wie Feuer. Nachher würde sie sich eine Packung Aspirin aus der Apotheke besorgen. Jetzt war es aber wichtiger, Kati einzuholen.

Benommen bückte sich Johanna nach ihrem Rucksack, der ihr beim Sturz von der Schulter gerutscht war. Augenblicklich bereute sie die Bewegung. Hinter ihren Schläfen pochte es unerträglich, und ein einzelner Tropfen Blut fiel auf den Boden.

»Verdammt«, murmelte Johanna und richtete sich auf. Sie holte ihr Handy hervor und betrachtete über die Frontkamera den ganzen Schaden. Auf ihrer Stirn prangte eine tiefe, blutende Schramme. Noch während sie die Wunde aus verschiedenen Blickwinkeln besah, beförderte sie ein altes Taschentuch zutage und drückte es vorsichtig drauf. Der Rest musste warten. Sie hatte genug Zeit verloren. Und bei ihrem Pech hatte Kati schon einen ordentlichen Vorsprung herausgeholt.

Humpelnd setzte sie sich in Bewegung und folgte dem Weg in Richtung Straße. Als sie dort angelangte, war weit und breit niemand zu sehen.

»War ja klar«, stöhnte Johanna. Blieb nur die Hoffnung, dass sie das Mädchen rechtzeitig auf dem Weg in die Stadt erwischte. Sie legte einen Zahn zu. Klammerte den stechenden Schmerz bei jedem Schritt aus. Doch als das Ortsschild auftauchte, ahnte sie, dass sie zu spät kam. Jegliche Spur von den Jugendlichen fehlte.

Johanna hielt an und lehnte sich an einen Zaun, um in Ruhe nachzudenken. Sie könnte jetzt einfach zu ihrem Auto gehen, einsteigen, nach Hause fahren und alles hinter sich lassen.

Bei dem Gedanken seufzte sie. Was wenn Kati zur Polizei lief? Nein, sie musste mit dem Mädchen reden. Nur wie? Sie kannte lediglich die Vornamen und das half ihr auf keinen Fall weiter. Sollte sie jeden, dem sie im Ort über den Weg lief, fragen? Herrn Hermanns aufsuchen, um ihm noch mehr Kummer zu bereiten? Es blieb nur die Möglichkeit, zur Polizei zu gehen, um ... was zu sagen?

Hey, ich war letzte Nacht auf dem Friedhof und wurde zusammen mit drei Jugendlichen von Geistern in die Heilanstalt verschleppt?

Das klang total irre. Johanna konnte förmlich die feixenden Gesichter der Beamten sehen und die tuschelnde Frage hören, ob sie die Leute mit den weißen Jacken rufen sollten. Aber irgendetwas musste sie unternehmen, um mit Kati zu reden. Sie von ihrer guten Absicht zu überzeugen. Wenn sie Kati auf ihre Seite zog, bestand durchaus die Möglichkeit, den anderen zwei zu helfen.

Meggy! Sie war nie um eine Antwort verlegen. Wenn jemand wusste, was zu tun war, dann sie.

Johanna kramte nach ihrem Telefon. Mit dem schwebenden Zeigefinger über dem Kontaktsymbol verharrte sie, als ihr einfiel, dass ihre Freundin mit Carlos höchstwahrscheinlich am Strand chillte. Somit lag ihr Smartphone mit Sicherheit im Hotelsafe. So wie immer, seit ihr letztes Jahr jemand am Strand ihr heiliges Handy geklaut hatte. Bei ihrem Glück würde sie Meggy den ganzen Tag nicht erreichen.

Johanna seufzte.

Wen konnte sie an Meggys Stelle fragen? Wer war kompetent genug?

Es dauerte ganze drei Minuten, bis sie darauf kam.

Natürlich, Meyer!

Der wusste immer, was zu tun war, wie man aus verzwickten Lagen kam und vor allen Dingen Probleme löste. Johannas Finger zitterten, als sie ihre Kontakte durchblätterte. Oder besser gesagt es wollte, denn ihr komplettes Telefonbuch war leer.

Kein Meyer, keine Meggy, kein Pizzadienst. Nicht einmal ihre Mutter stand drin.

Komisch, dachte Johanna und schüttelte den Kopf. Um das Problem würde sie sich zu Hause in Ruhe kümmern.

»Dann eben so«, murmelte sie und tippte die Nummer, die sie in- und auswendig kannte, ins Handy. Dabei zitterten ihre Hände so doll, dass sie vier Anläufe brauchte, bis die Nummer wieder gespeichert und gewählt war.

Warum dauert es so lange?

Sonst ging Meyer doch auch immer beim ersten Klingeln ran.

Nervös trat Johanna von einem Bein aufs andere, während sie wartete. Ihr Kopf fing vom lauten Tuten an zu hämmern. Sobald sie wusste, was zu tun war, würde sie die nächste Apotheke ansteuern und sich eine Packung Aspirin organisieren.

Am anderen Ende ertönte ein Klicken und riss Johanna aus ihren Gedanken.

»Hallo, hier ist ...«

Erst da bemerkte Johanna, dass sie mit der Mailbox sprach. »Ahhh, das kann doch nicht wahr sein«, fluchte sie und legte schnell auf.

Konzentrier dich!, schalt sie sich und wählte erneut. Wieder klingelte es. Nervös fuhr sich Johanna mit der Hand durch die Haare. Was war, wenn er aufs Neue nicht ans Telefon ging? Es war Sonntag und vielleicht war er mit seiner Frau ...

»Meyer.«

Diesmal war ihr Chef tatsächlich dran.

»Hallo ... Hier ist ...«

Reiß dich zusammen, das weiß er doch.

Johanna atmete tief ein und langsam aus. »Es ist so, ich brauche Ihre Hilfe. Ich ... ich muss da etwas richtigstellen. Als ich meinte, dass nichts passiert sei. Also ... Ich habe gelogen, weil ich dachte, es sei alles bloß ein schlechter Traum. Und ... ich wollte nicht, dass Sie mich entlassen, wenn ich Ihnen beichte, dass ich eingeschlafen bin. Aber das alles war kein Traum und ich weiß nicht, was ich machen soll«, platzte es aus ihr heraus.

So viel zum Thema zusammenreißen, dachte Johanna und begann stammelnd und leicht durcheinander von ihrer Nacht zu berichten.

»Ich dachte, es war ein Traum, aber eben ... Diese drei Jugendlichen sind an mir vorbeigegangen. Und das

Mädchen hat mich erkannt. Sie hat sogar gesagt, dass ich versucht hätte sie umzubringen. Es ist also alles wahr und nun muss ich was tun, aber ich weiß nicht, was. Nicht nur, weil das Mädchen denkt, ich hätte sie gestoßen. Ich meine, ich muss ihnen doch helfen. Und Sie wissen immer, was zu tun ist«, beendete Johanna ihren langen Monolog. Fast schon schämte sie sich für das unprofessionelle, ja regelrecht hysterische Benehmen. Sie konnte sich gut vorstellen, wie Meyer am anderen Ende mit den Augen rollte und sich abmühte, um sich einen Reim aus ihrem Gestammel zu machen.

Inständig betete Johanna, dass er ihr daraus später keinen Vorwurf machen würde. Allein die Vorstellung, dass er sie beim wöchentlichen Meeting als inkompetent darstellen könnte, ließ ihr Herz wieder eine Spur schneller schlagen. An die Lüge, die sie ihm aufgetischt hatte, wollte sie gar nicht erst denken.

Warum sagte er nichts? Hatte er vor lauter Wut aufgelegt? Immerhin war es keine belanglose Flunkerei gewesen, sondern ein fetter Schwindel. Schweißperlen bildeten sich auf ihrer Stirn und sie fuhr sich nervös mit der Zunge über die trockenen Lippen. Er war ihre einzige Aussicht darauf, dass alles gut werden würde.

»Hallo?«, krächzte sie, aber Meyer blieb still. Johanna schaute aufs Display, aber die Verbindung stand noch.

»Hanna?« Es war nur ihr Spitzname, aber aus Meyers Mund klang es, als hätte er ihr gerade den Nobelpreis verliehen. Eine Welle der Erleichterung durchflutete sie.

»Ja und es tut mir leid, dass ich Sie angelogen habe«, stellte sie sicherheitshalber klar. Jetzt würde alles gut werden. Die Vorstellung sorgte dafür, dass sich ihr Puls spürbar beruhigte. »Ich mach es wieder gut, aber bitte helfen Sie mir. Ich weiß wirklich nicht, was ich machen soll. Das ist kein Spaß. Ich wollte erst zur Polizei, aber ich weiß selbst, wie verrückt das alles klingt. Ich habe Angst, dass alle Welt denkt, ich hätte ...« In dem Moment wusste Johanna, was sie wollte. Sie atmete tief durch und sammelte sich, ehe sie weitersprach: »Hören Sie. Ich möchte nur, dass Kati, aber auch die anderen beiden und deren Eltern wissen, was wirklich auf dem Friedhof passiert ist. Vielleicht gibt es eine Möglichkeit, den Kindern so zu helfen. Sie waren doch Polizeireporter und ich dachte, Sie hätten eine Idee.«

Am anderen Ende vernahm sie ein Räuspern, dann kehrte die erdrückende Stille zurück, die Johanna in den Wahnsinn trieb.

Warum sagte er nichts? Überlegte er? So lange?

Nach einer gefühlten Ewigkeit hielt sie es nicht mehr aus. »Sagen Sie doch bitte was!«, flehte Johanna regelrecht eingeschüchtert. »Wenn es wegen meiner Lüge ist, feuern Sie mich, aber ich bitte Sie, mir vorher zu helfen.« Als es noch immer ruhig blieb, fügte sie hinzu: »Chef?«

»Ja, ich bin noch dran«, schnaubte er prompt und erlöste Johanna damit in gewisser Weise. Ihr war gar nicht bewusst gewesen, dass sie die ganze Zeit die Luft angehalten hatte.

»Warte bitte kurz.« Im Anschluss klickte es hörbar, dann ertönte auch schon die Wartemusik, die von einem regelmäßigen *»Bitte warten. Please hold the line«* unterbrochen wurde.

Johanna stieß sich vom Zaun ab und tigerte nervös die Straße entlang. Zehn Meter in die eine Richtung, dann machte sie kehrt und wiederholte das Ganze in die andere Richtung.

Was machte Meyer nur so lange? Suchte er schon nach den Adressen? Rief er Kollegen bei der örtlichen Presse an? Die Polizei?

»Hanna, bist du noch da?«

Na endlich!, dachte sie, sagte aber: »Natürlich.«

»Gut. Das ist gut«, murmelte er vor sich hin und fragte dann: »Wo genau bist du jetzt? Noch auf dem Friedhof?«

»Ja. Nein, eigentlich in der Stadt. Besser gesagt beim Ortsschild. Brauchen Sie den Straßennamen? Ich ...«

Sie sah sich mit fahrigem Blick nach einem Schild um.

»Schon gut. Hör mir jetzt genau zu. Du unternimmst nichts, bis ich da bin.« Er seufzte. »Schließlich wollen wir uns doch nicht die Story des Jahrhunderts entgehen lassen.«

Das klang eindeutig nach Meyer. Und zwar nach einem Chef mit einem Plan im Hinterkopf.

Ein gelöstes Lächeln breitete sich auf Johannas Gesicht aus. »Okay.«

»Du machst jetzt Folgendes, Hanna.« Seine Stimme klang inzwischen fester als am Anfang des Gesprächs. »Du gehst jetzt in die Stadt. Such dir ein nettes Café und setz dich hin. Wenn du da bist, schickst du mir deinen Standort. Ich finde dich dann schon. Ach so, Johanna ... Bestell dir, was du magst. Geht heute alles auf mich. Versprich mir nur, dass du dort wartest und nichts unternimmst. Hast du verstanden?«

Johanna nickte.

»Hanna? Hast du mich verstanden?«, bellte er.

»Ja, sorry. Ich bin nur so ...« *durcheinander.*

»Jaja«, unterbrach er sie geschäftig. »Gut, ich fahre jetzt los, also such dir ein Café. Wir sehen uns dann. Und vergiss nicht den Standort!«

»Nein, auf keinen Fall. Und danke!«

Ein unverständliches Brummen kam als Erwiderung, dann war die Verbindung getrennt.

Er kam und er würde ihr helfen. Damit fiel eine riesige, unsichtbare Last von Johannas Seele. Sie drückte befreit das Handy an die Brust und atmete hörbar auf. Meyer war eindeutig der beste Chef der Welt. Auf ihn konnte man sich immer verlassen. Streng, aber seine Schützlinge konnten auf ihn zählen, wenn es hart auf hart kam. Jetzt würde alles wieder gut werden. So viel war klar. Sogar die Kopfschmerzen ließen nach. Bevor Johanna das Handy wegsteckte, warf sie einen Blick auf die Uhr. 10:04 Uhr.

»Na schön«, murmelte sie und steckte es wieder weg. »Suchen wir uns ein Café.«

Das lange Warten

*Ein Psychiater ist ein Mann,
der sich keine Sorgen zu machen braucht,
solange andere Menschen sich welche machen.
(Karl Kraus)*

Johannas Füße trugen sie zu dem ersten Ort, den ihr Handy ausgespuckt hatte – den Illenauer Arkaden mit seinem Bistro. Was schon irgendwie ironisch war, wenn sie an die letzten vierundzwanzig Stunden dachte.

Zwanzig Minuten nach dem Telefonat mit Meyer betrat Johanna das Lokal und ließ sich erschöpft an einem der kleinen braunen Holztische nieder. Er stand mitten im Raum. Von dort hatte sie einen freien Blick auf die große Eingangstür mit ihren weißen Flügeln. Um sie herum herrschte schon reger Betrieb. Gäste, die lachten, Kaffee tranken oder herzhaft in ihre Brötchen bissen. Zu ihrem eigenen Erstaunen erschütterte sie der Anblick. Alles in ihr verspürte den Wunsch, aufzuspringen und zu schreien: »*Wie könnt ihr hier in aller Ruhe frühstücken, wenn da draußen Geister ihr Unwesen treiben und aus reinem Vergnügen Menschenleben ruinieren.*«

Es blieb bei dem Gedanken, denn jemand sprach sie direkt an.

»Einen wunderschönen guten Morgen.«

Johanna sah auf und blickte in das freundliche Gesicht einer jungen Dame. Verwirrt musterte sie die Fremde. Die braunen Haare hatte sie zu einem lockeren Pferdeschwanz gebunden. Sie trug eine weiße Bluse, eine schlichte Brille und eine braune Schürze. Kannten sie sich? Hatte Meyer sie geschickt? Oder ahnte die Frau, was sie in der letzten Nacht erlebt hatte? Kannte sie das Geheimnis des Friedhofs? Hatte sie den letzten Gedanken doch laut ausgesprochen. Johanna riss die Augen auf und merkte, wie ihre Wangen anfingen zu glühen.

»Haben Sie schon ausgesucht?«, erkundigte sich die junge Frau und deutete mit einem Nicken auf die Speisekarte, als Johanna sie weiterhin nur umnachtet anstarrte.

»Oh«, entschlüpfte es ihr. »Nein, die hab ich gar nicht gesehen«, entschuldigte sich Johanna und lächelte sie zaghaft an. »Kleinen Moment«, warf sie hinterher, als die Frau sich schon umdrehen wollte, um sich einem anderen Tisch zuzuwenden.

Rasch griff sie nach der Karte. Der Gedanke, in dieser Situation etwas zu essen, missfiel ihr, aber ein unüberhörbares Grummeln in ihrem Magen zog sämtliche Blicke auf sich. Darauf konnte sie im Moment gut und gern verzichten. »Ähm, ich würde sagen, ich nehme das Herzhafte«, verkündete Johanna nach einem Blick in die Karte. Süß kam ihr falsch vor und ein deftiges Frühstück füllte bekanntlich lange den Magen. Also genau das Richtige, um den Tag durchzustehen. »Ach, und einen Prosecco, bitte.« Um ihre Nerven zu beruhigen, bis Meyer endlich eintraf.

Die Bedienung nickte und fragte: »Kaffee, Tee oder Kakao?«

»Äh, Kakao«, entschied Johanna spontan und dachte dabei an ihre Mutter, die immer zu einer heißen Tasse Schokolade riet, wenn das Leben mal nicht rundlief. Kakao hatte ihr über den ersten Liebeskummer hinweggeholfen, den Prüfungsstress gemildert und half ihr noch heute bei einem Streit mit Meggy. »Und falls Sie haben, eine Kopfschmerztablette. Ich ... bin beim Joggen gestürzt.« Sie lächelte zaghaft.

Die Kellnerin nickte.

Sobald Johanna wieder allein war, griff sie sich ihr Handy und schickte ihrem Chef den Standort. Jetzt hieß es warten. Sie legte das Telefon zur Seite, um es einen Wimpernschlag später wieder in die Hand zu nehmen. Hinter der Nachricht leuchteten zwei blaue Haken. Dennoch rief sie nur zur Sicherheit an. Erleichtert stellte sie fest, dass er im Auto saß. Er kam also wirklich.

Zehn Minuten später, Johanna wusste es so genau, da sie gefühlt jede Sekunde nach ihrem Handy griff und auf die Uhr dort sah, kam die Bedienung zurück. Vor sich her trug sie ein großes Tablett mit einem Glas Prosecco und einer Tasse Kakao, auf der ein riesiger Berg Sahne thronte. Beides stellte sie mit einem »Bitteschön« ab, verschwand und erschien kurz darauf erneut. Diesmal mit einer Kopfschmerztablette und je einem Glas Wasser und einem O-Saft, Brötchen, einem Croissant, jeder Menge Belag und einem Obstsalat mit Joghurt.

»Dann wünsche ich guten Appetit!« Die Kellnerin lächelte sie an. »Wenn etwas fehlt, sagen Sie Bescheid.«

Damit ließ sie Johanna allein, um sich neuen Gästen zuzuwenden.

Johanna starrte auf ihr ästhetisch angerichtetes Frühstück. Bei dem köstlichen Anblick grummelte ihr Magen hörbar. Noch gestern – in einem anderen Leben – hätte sie jetzt ihr Handy gezückt und ein Foto von diesem herrlichen Frühstück auf Instagram gepostet. Ihr lief das Wasser im Mund, im wahrsten Sinne des Wortes, zusammen, während ihr Bauch sich anfühlte, als hätten die sieben Geißlein ihn mit Steinen gefüllt.

»Du musst etwas essen, sonst wird es hier echt peinlich!«, hörte sie Meggys belustigte Stimme in ihrem Ohr. Wie sähe es aus, wenn sie hier zwei, drei Stunden saß und nicht einen Bissen zu sich nahm? Definitiv seltsam.

Bevor die Ersten auf sie aufmerksam wurden, griff Johanna zur Kopfschmerztablette und spülte diese mit dem Wasser hinunter, dann nahm sie den Sekt und trank das Glas auf ex leer. Ein warmes Gefühl breitete sich in ihrem Bauch aus. Der Alkohol wirkte umgehend. Jetzt musste Johanna, ob sie wollte oder nicht, etwas essen. Widerwillig griff sie nach dem Croissant und biss hinein.

»Hmmm«, stöhnte sie. Es war saftig und schmeckte herrlich nach Butter. Die Steine in ihrem Magen lösten sich auf und Johanna biss ein zweites Mal zu. Diesmal herzhaft. Das war eindeutig das beste Croissant, das sie in ihrem Leben gegessen hatte. Sie lehnte sich zurück, schloss für einen Moment die Augen und genoss das köstliche Aroma. Als Johanna sie wieder öffnete, betrat ein Mädchen mit ihren Eltern das Café. Sogleich kehrte das schlechte Gewissen zurück. Was tat sie hier? Sie ließ es sich schmecken, während Kati und die Jungen durch die Hölle gingen. Der Rest von dem Croissant in ihrem Mund verwandelte sich in eine staubtrockene Masse, die immer mehr wurde. Sogar der Geschmack war plötzlich fad, als würde sie auf einer Schuhsohle herumkauen. Irgendwann schluckte Johanna und bekam die Masse prompt in die falsche Röhre. Augenblicklich fing sie heftig an zu husten. In ihrer Not schnappte sie sich das Glas mit dem O-Saft und trank es in einem Zug aus. Der Hustenreiz verschwand, dafür spürte sie, wie sich ein Rülpser seinen Weg bahnte. Johanna wollte noch die Hand vor den Mund halten, aber zu spät. Es war nur ein kleiner, aber laut genug, dass sich die beiden alten Damen vom Nachbartisch umdrehten. Sie quittierten Johannas *unmögliches* Benehmen mit einem synchronen Kopfschütteln und bitterbösen Blicken.

Johanna zuckte mit den Schultern. Auf ihren Lippen lag eine Entschuldigung, die sie aber hinunterschluckte. Es gab keinen Grund dafür. Nicht nach dem, was sie erlebt hatte.

Blöde Gänse, dachte Johanna und widerstand dem Drang, ihnen die Zunge herauszustrecken. Stattdessen biss sie demonstrativ herzhaft in ihr Croissant. Es schmeckte nach wie vor nach Schuhsohle, aber sorgte dafür, dass die Damen mokiert die Nase rümpften und sich wieder ihrem Kaffee widmeten.

Um sich abzulenken und die Zeit sinnvoll zu nutzen, rief sich Johanna die letzte Nacht mit allen Einzelheiten ins Gedächtnis. Nicht weil es ihr Freude bereitete. Das auf keinen Fall. Sie wollte nur auf alle Fragen, die Meyer ihr mit Sicherheit stellen würde, direkt eine Antwort parat haben.

Am Ende fühlte sie sich bereit für seine Befragung. Es gab nur einen Punkt, den sie selbst nicht verstand. Warum war sie vor ihrer eigenen Behandlung aufgewacht? Arthur Schreck wollte sie therapieren. So viel war klar. Sie war in Ohnmacht gefallen und auf dem Friedhof erwacht. Dazwischen fehlte alles und genau das ergab für sie keinen Sinn.

Eine halbe Stunde früher, als Johanna mit ihm gerechnet hatte, tauchte Meyer auf. Anscheinend witterte er eine riesige Story, sonst wäre er nicht so gerast.

Johanna schob den Teller zur Seite und hob leicht wedelnd die Hand, um auf sich aufmerksam zu machen. Meyer nickte, als er sie entdeckte. Auf dem Weg zu ihr nahm er die Sonnenbrille ab. Johanna stutzte. Er wirkte älter und ... weniger dick. Hatte er schon immer so weißes Haar?

Das ist nur die Perspektive – und das Licht. Im Büro sitzt er schließlich die ganze Zeit.

Der Stuhl gegenüber gab ein schabendes Geräusch von sich, als Meyer ihn vom Tisch wegzog und sich mit einem lauten Schnaufen setzte. Aus der Nähe betrachtet wirkte er noch älter und müder. Dunkle Schatten lagen unter seinen Augen und die Falten um seine Mundwinkel und auf der Stirn erschienen tiefer als sonst. Lag es an der Geschichte oder hatte er schlicht und ergreifend mies geschlafen?

Sie sah nicht besser aus. Vorhin auf der Toilette hatte sie ihr eigener blasser Anblick mit dem getrockneten

Schorf auf der Stirn geradezu erschreckt. Die Nacht war nicht spurlos an ihr vorbeigegangen.

»Hanna, Hanna, Hanna. Mädchen, du machst mir Sachen«, begrüßte Meyer sie und steckte die Sonnenbrille in die Brusttasche seines Jacketts. Er beugte sich vor und sah ihr tief in die Augen.

Irgendetwas stimmte nicht. Das spürte sie. Sein Blick wirkte so traurig. Das Feuer, dass sonst überdeutlich in seinen Augen loderte, wenn er Lunte roch, fehlte.

Ein Ruck ging durch sie hindurch. War etwas Schlimmes passiert? Etwas mit Meggy oder ihrer Mutter? Ein dicker Kloß breitete sich in ihrem Hals aus, als er nach ihrer Hand griff und sie sanft tätschelte. Seine Finger fühlten sich heiß und feucht an.

»Mensch Mädchen ...«

Wenn sie eben noch unsicher gewesen war, wusste sie nun ganz bestimmt, dass etwas nicht stimmte. Dieses Verhalten passte nicht zu Meyer. Alles fühlte sich so komisch an. Aber warum sagte er nichts? Wollte er sie wegen der Lüge feuern? Dafür wäre er niemals diese Strecke gefahren.

Oder er fühlt sich einfach schrecklich, weil ich wegen ihm all das miterleben musste, und will nicht mit der Tür ins Haus fallen, dachte Johanna. Trotzdem machte sein Verhalten sie nervös. Unruhig rutsche sie auf ihrem Stuhl hin und her.

»Ähm ... Danke. Ich meine, danke, dass Sie gekommen sind«, unterbrach Johanna die unangenehme Stille und entzog Meyer ihre Hand. Um ihn nicht vor den Kopf zu stoßen, griff sie nach der vollen Tasse Kakao, der inzwischen kalt war. Sie trank einen kleinen Schluck und entschied sich für den Angriff. Unnötig, weiter Zeit zu verlieren. Sie atmete durch und tat das, was sie schon am Telefon getan hatte. Sie redete ohne Punkt und Komma. Nur chronologischer – so wie sie es die ganze Zeit in ihrem Kopf durchgegangen war. Ab und an öffnete Meyer den Mund, aber Johanna schüttelte den Kopf. Sie hatte Angst, dass er sie mit seinen Fragen aus dem Konzept brachte und sie etwas Wichtiges vergaß.

»Und, wie gehen wir jetzt vor? Was soll ich machen? Ich habe das Gefühl, dass ich durchdrehe«, beendete Johanna ihren Monolog. Vom vielen Reden fühlte sich ihr Mund trocken an, weswegen sie den restlichen Kakao austrank. Gleichzeitig wartete sie auf Meyers Fragen. Doch der sah sie nur an und griff erneut nach ihrer Hand, als sie die leere Tasse abstellte. Mit seinem breiten Daumen strich er väterlich über ihren Handrücken.

»Ach, Hanna, du weißt gar nicht, wie leid mir das alles tut.« Überdeutlich schwang das schlechte Gewissen mit.

»Das muss Ihnen nicht leidtun«, beruhigte sie ihn. »Mir ist ja nichts passiert und woher hätten Sie das wissen sollen. Ich meine, ich hätte Nein sagen können. Im Grunde ist es auch egal. Okay, ich werde ein paar schlaflose Nächte haben und sicherlich den einen oder anderen Albtraum, aber im Gegensatz zu den Jugendlichen bin ich glimpflich davongekommen. Ich kann mich an keine Behandlung erinnern.« Um ihm zu zeigen, dass es ihr gut ging, setzte sie ein schiefes Lächeln auf. »Viel wichtiger sind diese Jugendlichen. Wir müssen etwas tun, um ihnen zu helfen. Ich weiß, wie wichtig die Story …« Mitten im

Satz hörte Johanna auf und runzelte die Stirn. Es war, als hätte Meyer sie gar nicht gehört. Schon wieder hatte er gemurmelt: »Es tut mir so unendlich leid. Du weißt gar nicht, wie sehr.« Was stimmte nur nicht mit ihm? Trotz der harten Schale hatte er einen weichen Kern, aber dieses Mitgefühl bei so einer Geschichte. Das passte nicht.

Meyer murmelte eine weitere Entschuldigung, dann nahm er die Hand weg und winkte damit der Kellnerin. »Können wir bitte zahlen?«

Johanna beobachtete sprachlos, wie er seine Geldbörse zückte und die Rechnung mit einem saftigen Trinkgeld beglich.

»Komm, lass uns gehen«, murmelte er gedankenverloren und erhob sich.

Johanna blieb sitzen. Wollte er mit ihr draußen reden, wo weniger Zuhörer waren? Nein, dann hätte er sie beim ersten Satz energisch unterbrochen. Der Impuls, dass etwas nicht stimmte, keimte von Neuem.

Er weiß etwas, das du nicht weißt. Und er will es dir so schonend wie möglich beibringen.

Etwas, das er auf der Fahrt hierher erfahren hatte.

»Kommst du?«, fragte er.

Johanna stützte ihre Hände auf den Tisch und stand auf. In dieser Position verharrte sie und sah ihren Chef herausfordern an. Sie wollte jetzt wissen, was Sache war.

»Ich komme erst mit, wenn Sie mir sagen, was los ist!« Unbemerkt hatte Johanna ihre Stimme gehoben und es erst gemerkt, als sich ein paar Gäste nach ihr umdrehten.

»Wir reden am Auto darüber«, antwortete Meyer und wandte sich dem Ausgang zu.

Wohl oder übel würde sie ihm folgen müssen, wenn sie erfahren wollte, was er herausgefunden hatte. Meyer war niemand, der seine Meinung änderte. Sie würde nichts aus ihm herausbekommen, ehe sie am Auto waren.

Widerwillig schnappte sich Johanna ihre Sachen und folgte ihm. Auf dem asphaltierten Weg vor dem Café holte sie ihn ein. »Aber am Auto verraten Sie mir, was Sie herausgefunden haben«, ließ Johanna ihn wissen.

Meyer nickte und damit war das Thema für ihn erledigt.

Währenddessen hing sie ihren Gedanken nach. Hatte sich einer der Jugendlichen schon etwas angetan? War Meyer auf weitere Fälle gestoßen? Gut möglich.

Plötzlich kam ihr ein ganz anderer Gedanke, der sie zum Lächeln brachte. In einem Punkt hatte Frank – oder Joseph? –, Johanna war sich nicht sicher, wie sie ihn letzten Endes nennen sollte, recht. Sie besaß diesen Mutterinstinkt – selbst jetzt noch. Aber drei Sachen hatte er nicht eingeplant. Erstens: die heutige Zeit. Die Medizin und Forschung waren weit fortgeschritten. Es musste eine Möglichkeit geben, die Therapien aufzuheben oder zumindest die Folgen zu lindern. Mit ihrem Wissen über die Hintergründe bestand Hoffnung. Zweitens würde es keine neuen Versuchskaninchen mehr geben. Ganz egal, was es kostete. Weder er noch Arthur Schreck würden jemals wieder einen Patienten in die Finger bekommen. Und wenn sie sich jeden Abend vor das Tor setzen musste. Und drittens hatte ihr Chef mit Sicherheit schon einen gewieften Plan in petto.

Ein Räuspern riss sie aus ihren Überlegungen. Sie waren angekommen. Allerdings nicht an der gepflasterten

Parkfläche vor den Arkaden, die Johanna auf ihrem Hinweg entdeckt hatte, sondern an einem kleinen Sandplatz mitten im Wald. Warum hatte er seinen Wagen hier abgestellt? Erst jetzt bemerkte sie, dass auf dem gesamten Parkplatz nur drei Autos standen. Keines davon war sein roter Porsche. Dabei war der sein ganzer Stolz. Er fuhr damit sogar zum Bäcker um die Ecke. Was hatte das zu bedeuten?

»Wo ist …?«, murmelte sie.

»Ach so, ähm, der ist in der Werkstatt. Irgendwas mit den Zündkerzen oder so«, sagte er und deutete auf eine schwarze V-Klasse. »Das ist der Leihwagen. Komm, wir reden auf der Rückfahrt.« Er ging los, blieb aber nach drei Schritten stehen, als sie ihm nicht folgte.

Auf der Rückfahrt?

Das hier war nicht München, wo sie ins nächste Taxi stieg oder Meggy bat sie zu ihrem Wagen zu bringen.

»Aber mein Auto«, warf sie ein.

Johanna hatte ihre Worte kaum ausgesprochen, als sie ein leichtes Zittern bei Meyer bemerkte.

Albern, warum sollte Meyer bei der Erwähnung ihres Autos zittern. Sie sah schon Gespenster, wo keine waren. Nach der Nacht kein Wunder.

»Reiß dich zusammen! Und hör auf dich wie ein Kleinkind zu benehmen.«

Erst als sie die Worte hörte, bemerkte Johanna, dass sie den Satz unbeabsichtigt laut ausgesprochen hatte. Peinlich berührt schaute sie in Meyers Richtung, der jedoch keine Miene verzog. Entweder hatte sie es doch leiser gesagt als gedacht oder er überspielte es gekonnt.

»Mach dir keine Sorgen. Ich kümmere mich darum. In deinem Zustand solltest du besser nicht allein fahren.«

»Okay, aber was ist mit den Geistern, den Therapien? Sollten wir nicht vor Ort ... Ich meine ...«

»Es kommt alles in Ordnung, Hanna. Vertrau mir. Ich hab schon einen Plan.« Er lachte heiser.

Inzwischen war Johanna ihm bis zum Leihwagen gefolgt und konnte es kaum abwarten, in den weichen Sitz zu gleiten. Erst jetzt wurde ihr bewusst, wie kaputt sie war. Nicht nur von den Nerven her, sondern auch vom Sturz. Ihr Kopf dröhnte wieder leicht, trotz der Tablette, und ihre Augen brannten vor Müdigkeit. Johanna konnte nur darauf hoffen, dass sein Plan nicht zu kompliziert war. Für komplexe Ideen brauchte sie nicht nur eine Mütze Schlaf, sondern vor allen Dingen eine heiße Dusche. Und je länger Meyer untätig vor seinem Auto stand, umso länger würde es dauern. Warum entriegelte er es nicht endlich und stieg ein? Worauf wartete er? Auf ihr okay?

»Von mir aus können wir.« Johanna trat neben ihn, aber ihr Chef schien sie gar nicht wahrzunehmen. Ungeduldig tippte sie ihm auf die Schulter.

Unter der Berührung zuckte Meyer zusammen. Diesmal war sich Johanna zu einhundert Prozent sicher. Sofort beschlich sie ein ungutes Gefühl.

Jetzt hör auf, schalt sie sich, *das kommt nur wegen dieses Freaks, der dich verarscht hat. Das hier ist Meyer und nicht ... Wie auch immer er hieß.*

»Ich sagte, von mir aus können wir. Oder stimmt etwas nicht?«

Wie versteinert stand er vor dem Wagen. Er sagte nichts und rührte sich keinen Millimeter. Dafür sah Johanna in der Autoscheibe sein Spiegelbild. Eine Träne kullerte seine Wange hinunter.

Was war nur los? Gab es doch unerfreuliche Nachrichten? So hatte sie ihren Chef wirklich noch nie erlebt. Sie hörte ein Schniefen, sah Meyer, der sich mit Zeigefinger und Daumen kurz auf die Augen drückte und sich dann umdrehte.

»Du musst mir glauben, Johanna. Es tut mir so unendlich leid. Alles.«

Keine schlechten Nachrichten, nur Selbstvorwürfe.

Irgendwie war es ja süß, aber auch unheimlich, wie sehr er sich all das zu Herzen nahm.

Bevor Johanna die Chance bekam, ihm erneut zu versichern, dass er sich nicht zu entschuldigen bräuchte, klopfte Meyer gegen die Autotür und trat einen großen Schritt zur Seite. Im selben Augenblick flog die Schiebetür auf und ein Mann im dunkelblauen Pullover erschien. Er war Anfang vierzig und hatte die buschigsten Augenbrauen, die sie je gesehen hatte. Er hob die Hände und stieg mit den Worten »Johanna, alles wird gut« aus.

Was meinte er damit? Was ging hier vor sich?

Eingeschüchtert wich sie zurück. Eine endlos lange Sekunde brauchte Johanna, dann fiel es ihr wie Schuppen von den Augen. Sie erkannte die Aufschrift auf dem Oberteil – Polizei. Selbstredend, dass Meyer seine Kontakte hatte spielen lassen und sie schon informiert hatte. Und direkt mitbrachte, um alles zu beschleunigen. Meyer dachte eben weiter.

»Johanna?«

»Entschuldigung, mein Chef hatte Sie mit keinem Wort erwähnt. Deswegen war ich einen Moment neben der Spur. Johanna Ahrens.« Sie streckte begrüßend die Hand aus und zog sie wieder zurück, als er sie nicht ergriff. »Ich weiß nicht, was Herr Meyer Ihnen erzählt hat«, fing Johanna an. »Ich weiß nur ihre Vornamen. Max, Erik und Kati, falls mein Chef vergessen hat, sie zu erwähnen. Das, was sie erleben mussten ...« Ihre Stimme versagte. Das lag nicht an der grauenhaften Erinnerung, sondern an den beiden Männern, die hinter dem Polizisten auftauchten und ebenfalls den Bus verließen. Der eine war Anfang dreißig, muskulös und sah mit seinem Dreitagebart und den strahlend blauen Augen aus, als sei er der Hauptdarsteller einer *Netflix*-Serie. Der andere war deutlich älter, schlank, mit grau melierten Haaren und Geheimratsecken, die sich nicht mehr verstecken ließen.

Nicht die Tatsache, dass noch jemand im Bus war, hatte sie zum Schweigen gebracht, sondern deren Kleidung. Sie trugen weiße T-Shirts, weiße Hosen und farblich passende Latschen. Das Outfit war unverkennbar medizinisch. Johanna schluckte. Jetzt ergab Meyers Verhalten einen Sinn. Er hatte ihre Geschichte nicht geglaubt.

»Ich ... Bitte ... Das ...«, stammelte sie. »Sie verstehen nicht. Ich bilde mir das nicht ein, falls mein Chef das behauptet hat. Wir müssen nur einen der drei Jugendlichen finden und dann kann ich es beweisen.«

Der Jüngere lachte leise auf. »Hallo Hanna. Du machst Sachen«, begrüßte er sie. »Wir haben dich schon überall gesucht.«

Moment ... Gesucht?

Johanna verstand nur Bahnhof. »Ich ... ich verstehe nicht«, stammelte sie und blickte hektisch zwischen den drei Männern hin und her. War doch irgendetwas passiert? »Ist etwas mit meiner Mutter?«

»Beruhige dich, Hanna. Mit deiner Mutter ist nichts. Auch nicht mit Kati oder sonst wem. Allen geht es gut.«

Johanna atmete auf. Doch plötzlich wurde sie hellhörig. Die Art, wie Meyer seine Worte betont hatte ... Da stimmte etwas nicht. Als sei sie ein Kind, das es zu beruhigen galt.

Automatisch wich sie zurück, als er auf sie zukam. Meyer reagierte mit einem entnervten Blick gen Himmel. In dem Moment wusste sie es: Ihr Chef war nicht auf ihrer Seite. War es niemals gewesen. Aber warum? Hielt er ihre Geschichte für eine hysterische Überreaktion? Eine durch Furcht hervorgerufene Wahnvorstellung?

»Ich hab mir das nicht eingebildet«, fauchte sie und ging noch einen Schritt rückwärts. »Ich habe Ihnen vertraut und Sie ...«

»Johanna, bitte mach es nicht noch schlimmer«, versuchte es Meyer noch einmal und sah dabei aus, als würde ihm die Angelegenheit furchtbare Magenschmerzen bereiten.

»Nicht noch schlimmer machen?«, schrie sie. »Erst entschuldigen Sie sich im Minutentakt und jetzt so?« Sie schnaubte verächtlich und bedachte ihn mit einem hasserfüllten Blick. »Das ist alles Ihre Schuld. Sie haben mich auf diesen gottverdammten Friedhof geschickt. Und jetzt ...«

Weiter kam Johanna nicht. Nun trat der Polizist schützend neben Herrn Meyer und legte eine Hand auf die Dienstwaffe, als befürchte er, Johanna gehe gleich auf ihn los. Neben den beiden erschienen die Männer in Weiß.

»Frau Ahrens, wir können das friedlich regeln. Steigen Sie ein. Wir fahren Sie zurück in die Klinik. Wenn wir uns beeilen, bleibt das unter uns. Niemand muss erfahren, dass Sie abgehauen sind«, beteuerte der ältere Pfleger und streckte beschwichtigend eine Hand aus. »Sollten Sie sich querstellen ...« Den Rest ließ er offen. Dafür holte sein Kollege eine Spritze aus seiner Hosentasche.

Klinik? Abgehauen? Querstellen?

»Wovon zur Hölle reden Sie?« Johanna schüttelte den Kopf. »Ist das hier eine Art *versteckte Kamera?*« Dann ergäbe all das einen Sinn. Sie sah hoffnungsvoll in alle Richtungen und rechnete fest damit, dass jemand hinter einem der Bäume hervorsprang oder aus dem Auto stieg und Meyer sich brüllend auf die Schenkel klopfte.

»Hanna, bitte geht mit«, sagte Meyer und machte damit ihren Hoffnungsschimmer zunichte.

Nach wie vor lag ein gequälter Ausdruck auf seinem Gesicht und es schwang so viel Kummer in seiner Stimme mit, dass Johanna nur noch den Wunsch verspürte, ihm zu beweisen, dass ihre Geschichte auf Tatsachen beruhte. Sie musste hier weg. Kati oder einen der beiden Jungen finden. Dann würde sich alles aufklären. Verzweifelt blickte sie sich zu allen Seiten um. Sie brauchte eine Ablenkung, dann ...

Zwei starke Hände packten Johanna von hinten. Eine davon drehte ihren rechten Arm auf den Rücken. Sie hatte sich so auf die beiden Pfleger konzentriert, dass sie den Polizisten und Meyer komplett ausgeblendet hatte. Der Mann mit der Spritze kam auf sie zu.

»Ich habe Sie gewarnt, Frau Ahrens.«

Instinktiv trat Johanna nach hinten und setzte Himmel und Hölle in Bewegung, um sich aus dem Griff zu winden, aber sie hatte keine Chance.

»Na schön, Sie haben es nicht anders gewollt.« Der Pfleger nahm die Kappe ab.

Johanna sah die Nadel auf sich zukommen. Das konnte gerade alles unmöglich passieren. War sie noch immer in diesem Albtraum gefangen? Nein, das war Realität. Und wenn sie nicht etwas tat, würde ihr dieser Verrückte den Inhalt der Spritze verabreichen.

»Keinen Schritt weiter«, schleuderte Johanna ihm entgegen. »Ich schwöre bei Gott, wenn Sie mir die geben, dann verklage ich Sie. Sie alle. Ich ...«

Der Mann lachte und schüttelte den Kopf.

Verdammt, war da niemand?

»Hilfe!«

Sie versuchte es anders. »Vergewaltigung ... Feuer ... Feu ... Aua«. Es fühlte sich an, als hätte sie eine Biene in den Oberarm gestochen, aber Johanna wusste, dass das nicht der Fall war.

»Was haben Sie ...« Johanna trat gezielt auf den Fuß des Polizisten. Er stöhnte schmerzvoll auf, lockerte den Griff aber kein Stück. Im Gegenteil, der Haltegriff wurde sogar verstärkt.

»Meyer, bitte ... helfen Sie ...« Johanna hörte die Worte, die sie eigentlich hatte schreien wollen, aber nur ein kraftloses Flüstern waren. Verwirrt brach sie ab. Sie wollte einen neuen Versuch starten, wusste aber plötzlich gar nicht mehr, was sie sagen wollte. Eine unsagbare Müdigkeit überrollte sie und vernebelte ihren Kopf.

Ich hätte Kaffee, keinen Kakao, trinken sollen, dachte Johanna und versuchte noch einmal, nach jemandem zu treten. Mit Mühe und Not gelang es ihr, das Bein ein paar Zentimeter anzuheben, ehe es bleischwer zurück auf den Boden sank. »Was …«, murmelte sie und registrierte, dass der Polizist den Griff leicht lockerte.

Das ist meine Chance!

Sie setzte all ihren Fokus auf ihr Bein. Und diesmal gelang es ihr, den Fuß richtig zu heben. Ein taumeliger Schritt, dann gaben ihre Beine unter ihr nach.

Bevor sie aufprallte, packten sie zwei Hände unter den Achseln, fingen sie auf und hoben sie hoch.

Du … musst … fliehen, sagte sich Johanna, als sie das weiche Polster im Rücken spürte. Augenblicklich schlossen sich ihre Lider. *Nur eine Minute, dann …*

Kurz darauf ertönte ein »Klick«. Die Schiebetür schloss sich geräuschvoll und sie merkte, dass jemand neben ihr Platz nahm. Sie wollte die Augen öffnen, aber sie waren wie festgeklebt. Wie durch Watte hörte Johanna den startenden Motor. Mit einem Ruck setzte sich das Auto in Bewegung. Unter Aufbringung ihrer letzten Reserven gelang es ihr, den Kopf leicht anzuheben und die Augen einen winzigen Schlitz zu öffnen. Sie sah Bäume, die sich immer schneller abwechselten. Erkannte den jungen Mann gegenüber. Dann konnte sie die Lider nicht mehr aufhalten.

Bittere Erkenntnis

Zeigen Sie mir einen gesunden Mann und ich will ihn für Sie kurieren.
(Carl Gustav Jung)

Johanna wusste nicht, ob es das helle Licht oder doch ein Geräusch gewesen war, das sie geweckt hatte. Jetzt, wo sie wach war, fühlte sie sich regelrecht ausgeschlafen. Vage erinnerte sie sich an einen schönen Traum. Sie streckte ihren Rücken durch und öffnete untermalt von einem wohligen Seufzer die Augen.

Mitten in der Bewegung erstarrte sie. Das war definitiv nicht ihr Zimmer. Der TV stand auf keinem Tisch, sondern hing an einer Halterung unter der Decke. Das winzige Fenster befand sich auf der falschen Seite. Außerdem waren alle Wände in schlichtem Weiß. Das Zimmer kam ihr nicht im Geringsten bekannt vor. Befand sie sich in einem Hotel oder in der Wohnung eines Mannes? Obwohl die Einrichtung selbst für einen Kerl zu pragmatisch ausfiel. Für einen Moment blieb Johanna liegen und durchforstete ihr Gehirn nach einer Erinnerung, die all das erklärte. Beim besten Willen gelang es ihr nicht – egal wie sehr sie sich anstrengte.

»Dafür gibt es sicher eine logische Erklärung«, murmelte sie, um das beklemmende Gefühl in ihrer Brust zu bekämpfen. »Du stehst jetzt einfach auf und siehst dich um.«

Oder verschwindest von hier, so schnell du kannst.

Mit einem Ruck setzte sie sich auf, um aufzustehen, doch weit kam sie nicht. Etwas hielt sie zurück.

»Was zur Hölle ...« Sie starrte auf die breiten Lederriemen, die ihre Hände am Bettrahmen fixierten.

Ein zaghafter Versuch, die Beine zu bewegen, bestätigte ihre schlimmsten Vermutungen.

In was bin ich hier nur hineingeraten. Verdammte Scheiße!

Sie rüttelte, zerrte und zog heftig an den Fesseln, aber nichts rührte sich.

Erschöpft blieb sie ein paar Minuten später liegen.

War sie an einen Sexualtäter geraten, der sie nun in seinem Versteck als Sklavin gefangen hielt? Gehörte das zu einem perversen Sexspiel?

Bei der Vorstellung begann ihr Herz zu rasen. Sie musste hier raus und ruckte noch einmal heftig an den Bändern, die sich kein Stück bewegten.

Beruhig dich. Das hat doch keinen Sinn, probierte Johanna sich einzureden. Durchdrehen half bekanntlich nie. Möglicherweise gab es etwas, das sich als nützlich erwies. Sie atmete mehrmals lang ein und aus, dann hob sie den Kopf und sah sich genauer um. Gegenüber ihrem Bett gab es einen Einbauschrank und daneben war eine halb geöffnete Tür. Dahinter erkannte Johanna ein Waschbecken. Vor dem Fenster stand ein Tisch mit zwei Stühlen. In ihrem Kopf begann es zu arbeiten, während ihre Augen durch den Raum flatterten.

Kein Hotelzimmer, kein Schlafzimmer. »Ein Krankenhaus?«

Aber warum war sie gefesselt? Hatte sie einen Unfall gehabt und durfte nicht aufstehen? Hatte sie jemanden verletzt und war deswegen am Bett festgebunden?

Sie brauchte Antworten.

»Hallo!« Wenn es ihr gelänge, jemanden auf sich aufmerksam zu machen, müsste sie nicht mehr wild spekulieren. »Hallo! Ich bin wach.« Sie ruckte erneut an den Fesseln, ehe sie innehielt.

Sie drehte den Kopf nach links und starrte auf eine kahle Wand an der weder ein Bild noch ein Kleiderhaken hing. Auf der rechten Seite stand ein Ausklapptisch, auf dem sich nichts befand. Weit und breit war kein Patientenrufknopf zu sehen. Und wenn, wäre er für sie sowieso unerreichbar gewesen.

Sie stöhnte auf. »Das darf doch alles nicht wahr sein! Argh.« Ihr blieb nichts anderes übrig, als lautstark auf sich aufmerksam zu machen. »Haaaaaalllllooooo! Kann mich jemand hören? HAAAAAALLLLLLLOOOOO!«

Tatsächlich vernahm Johanna nach ein paar Sekunden klackernde Schritte, die sich näherten. Kurz darauf öffnete sich die Tür und eine Frau in ihrem Alter betrat den Raum. Sie hatte blonde, schulterlange Haare, rehbraune Augen und war komplett in Weiß gekleidet. Damit sah Johanna sich in ihrem Verdacht bestätigt. Sie lag in einem Krankenhaus.

Der knielange, offene Kittel blähte sich auf, als die Unbekannte die Tür schloss und mit großen Schritten auf das Bett zukam.

»Guten Morgen«, begrüßte die Frau sie und lächelte sie freundlich an.

Johanna verzichtete auf die Erwiderung der höflichen Floskel und kam ohne Umschweife zu ihren Fragen. »Wo bin ich und warum bin ich festgebunden?« Zur Verdeutlichung zerrte sie an den Riemen. »Hatte ich einen Unfall? Bin ich verhaftet? Habe ich ...«

Die Frau klatschte einmal in die Hände, schüttelte den Kopf und stieß dabei ein kurzes, glockenhelles Lachen aus. »Das nenne ich mal direkt. Hanna wie sie leibt und lebt. Als Journalistin solltest du aber eigentlich wissen, dass man zwischen zwei Fragen auch etwas Zeit zum Antworten lässt.«

Moment, wie meint sie das?

Dass sie ihren Namen kannte, war ja nachvollziehbar, aber ihren Spitznamen, den Beruf und dieser Zusatz *wie sie leibt und lebt.*

Sie musternd zog Johanna die Stirn kraus. »Kennen wir uns?«, hakte sie nach und behielt die Frau im Auge.

Diese stieß einen lang gezogenen Seufzer aus. »Du hast also wieder mal keinerlei Erinnerungen?«, erwiderte sie und überging damit Johannas Frage.

Aus diesem Grund studierte Johanna das Gesicht der Unbekannten. Diese Stupsnase, die Augen, die hohen Wangenknochen. Das war das Gesicht einer Fremden.

»Nein«, ließ Johanna sie wissen. »Also ich erinnere mich noch an ...« Sie brach ab. Ja, was war das Letzte, an das sie sich erinnerte? Sie schloss die Lider und ging in sich. Eine kurze Zeit herrschte völlige Dunkelheit, die sich drehte, je mehr sich Johanna konzentrierte. Vor ihrem inneren Auge tauchten ein junges Mädchen auf, ein alter Mann, Meyer und dann ein Grabstein.

»O mein Gott«, stieß sie keuchend hervor. »Der Friedhof. Mein Chef ... Da waren dieser Polizist und die zwei Männer. Der eine hat mir eine Spritze gegeben.«

»Ganz ruhig, Johanna. Jetzt beruhige dich erst einmal und dann ...«

»Beruhigen? Ich will mich nicht beruhigen.«

»Doch das musst du, ansonsten gehe ich und komme mit einer Beruhigungsspritze zurück. Hast du gehört?«

Beruhigungsmittel? Nein, bloß nicht.

Widerwillig nickte sie und schluckte ihren Protest hinunter.

»Gut.« Die Frau trat näher ans Bett heran und lächelte erneut freundlich. »Versuchen wir deinem Gedächtnis auf die Sprünge zu helfen. Du bist hier im Klinikum Haar in München und ich bin Sabine, deine Ärztin. Kommt dir davon was bekannt vor?«

Ein Klopfen ertönte und eine Sekunde später öffnete sich die Tür. Die Ärztin stand so, dass Johanna nicht sah, wer eintrat.

Ein weiterer Arzt? Jemand mit einer Spritze?

»Hanna, Mäuschen!«

Die Stimme ...

Ihre Mutter tauchte in der Sekunde auf, in der Johanna sie erkannte.

»Ah, Frau Ahrens!« Die Ärztin drehe sich um und reichte ihrer Mutter zur Begrüßung die Hand. Leise, sodass Johanna kein Wort verstand, redeten sie miteinander. Mal nickte ihre Mutter, mal nickte die Ärztin. Dann schüttelte die den Kopf und wandte sich wieder Johanna zu.

»Ich lass dich erst mal mit deiner Mutter allein«, sagte sie und an Johannas Mutter gerichtet: »Wenn Sie etwas brauchen, dann scheuen Sie sich nicht, uns zu rufen. Das gilt auch für dich, Hanna!« Sie nickte kurz und huschte mit wehendem Kittel aus dem Zimmer.

Erst als die Tür sich schloss, schaute Johanna ihre Mutter an. Sie wirkte sichtlich gealtert. Die ersten grauen Strähnen zogen sich durch ihr schwarzes, kinnlanges Haar. Ihre graublauen Augen wirkten müde und tiefe Falten durchzogen ihr Gesicht. Ob sie daran schuld war?

»Mama«, flüsterte Johanna und hob ihre Hand, so gut es ging.

»Ach Anni.«

So hatte sie ihre Mutter schon seit dem Kindergarten nicht mehr genannt.

Trauer und Sorge lagen im Blick ihrer Mutter, als sie näher kam und nach ihrer Hand griff. Sanft strich sie drüber und ein Gefühl von Sicherheit durchflutete Johanna. Sie hätte gleich ihre Mutter anrufen sollen und nicht Meyer.

Bei dem Gedanken an diesen Verräter spürte sie eine unsagbare Wut in ihrem Bauch. Aber das musste warten.

»Mama, ich ...«

»Warte«, sagte die und holte einen der beiden Stühle, um sich neben das Bett zu setzen.

Im nächsten Moment ertönte ein Summen und Johannas Blickwinkel veränderte sich. In der Hand ihrer Mutter entdeckte sie eine Fernbedienung, mit der sie das

Kopfteil nach oben fuhr. Im Anschluss griff sie zu einem kleinen Schränkchen neben dem Bett und förderte eine Flasche Mineralwasser zutage. Davon goss sie etwas in ein Glas und hielt es Johanna an die Lippen.

»Trink erst mal, dann reden wir.«

Nach dem ersten Schluck merkte Johanna erst, wie durstig sie war. Ihre Lippen fühlten sich regelrecht ausgetrocknet an. Gierig trank sie und ihre Mutter musste das Glas ein weiteres Mal füllen.

»Das reicht. Danke. Ich verstehe das alles nicht, Mama. Ich war für die Redaktion unterwegs. Ich sollte über ein Jubiläum berichten. Am Anfang war das alles ganz harmlos auf dem Friedhof und dann ...«

»Ich weiß«, stoppte ihre Mutter den Redefluss.

»Wie, du weißt?«, hakte Johanna nach und musterte ihre Mutter skeptisch. »Hat Meyer dich informiert oder dieser Polizist?«

Das daraufhin folgende Kopfschütteln und die Tränen, die plötzlich in den Augen schimmerten, brachten sie aus dem Konzept.

»Mama, alles ist gut.« Trotzdem schob Johanna ein vorsichtiges »Oder?« hinterher.

»Nein, Anni. Nichts ist gut«, antwortete ihre Mutter flüsternd und brach in Tränen aus. »Du warst auf dem Weg der Besserung. Nächsten Monat solltest du entlassen werden«, schluchzte sie. »Drei Jahre Therapie ... Und wofür?«

»Therapie? Drei Jahre? Mama, wovon redest du?« Kein einziges dieser Worte ergab einen Sinn. Johannas Gedanken überschlugen sich, aber da war keinerlei Erinnerung.

Das Letzte, an was sie sich erinnerte, war der Morgen vor Meyers Leihwagen. Wenn es stimmte, dass das alles drei Jahre her war, dann ...

Johanna wurde speiübel. Sie blickte zu ihrer Mutter, die aus ihrer Handtasche ein Taschentuch herausholte und sich geräuschvoll die Nase schnäuzte.

»Mama«, wisperte Johanna. All das musste zu einem miesen Scherz gehören. Oder war sie noch dort? Und all das gehörte zu ihrer Therapie? Aber so tief in ihre Gedanken eindringen? Konnten das Geister? »Sprich mit mir! Das kann unmöglich schon drei Jahre her sein.«

»Ich wünschte, ich könnte dir was anderes sagen, doch dieser Auftrag ist tatsächlich so lange her.«

Ein ungläubiges und zugleich erschrockenes Keuchen entschlüpfte Johannas Lippen. »Drei Jahre? Hab ich so lange im Koma gelegen?« Das war der einzige Grund, der ihr gerade einfiel, denn für sie fühlte es sich an, als sei sie erst vor ein paar Stunden auf dem Friedhof gewesen. »Das Letzte, an das ich mich erinnere, ist Meyer, der mir helfen wollte, und dann waren da diese Männer. Einer davon hat mir eine Spritze gegeben. Nein, das ist gerade erst passiert und nicht vor Jahren. Auf keinen Fall.«

»Nein, Anni.« Ihre Mutter fuhr sich mit der Zungenspitze über die Lippen. »Damit hast du recht. Das war gestern. Ich bin froh, dass Herr Meyer ...«

»Moment«, unterbrach Johanna sie barsch. »Jetzt kapier ich gar nichts mehr. Du redest von drei Jahren und sagst mir im gleichen Atemzug, dass das, an was ich mich erinnere, gestern passiert ist.«

»Jetzt beruhige dich bitte, sonst muss ich eine Schwester holen, die dir eine Spritze gibt.«

»Wie bitte?« Johanna glaubte sich verhört zu haben.

»Du musst mir schon die Möglichkeit geben, wenn du Antworten haben willst, Johanna Charlotte Ahrens.«

Autsch!

Wenn ihre Mutter ihren ganzen Namen aussprach, dann war es nicht fünf vor zwölf, sondern höchstens eine Minute davor. Entweder hielt sie den Mund oder die Drohung würde in die Tat umgesetzt werden.

Nur zu gern hätte Johanna bockig die Arme vor der Brust verschränkt, aber das ließen die Fesseln nicht zu.

»Wir haben uns also verstanden«, stellte ihre Mutter zufrieden fest und nickte. »Damals – vor drei Jahren – hattest du einen Nervenzusammenbruch. Du hast viel zu viel gearbeitet. Härter als all deine Kolleginnen und Kollegen. Du warst die Erste in der Redaktion und oft auch die Letzte. Kein Urlaub. Nie konntest du Nein sagen. Vor allem nicht, wenn dich Meggy um einen Gefallen bat. Und dann hast du diesen Auftrag übernommen. Du hast auf dem Friedhof geschlafen und das muss wohl zu viel gewesen sein. All die Geschichten, die Angst, die du hattest, dazu deine blühende Fantasie ...«, erklärte ihre Mutter. Die Tränen kehrten bei der Erinnerung zurück. Sie blinzelte, ehe sie weitererzählte. »Du hast damals Meyer angerufen und als er dich dafür belächelte, hast du dich in den Artikel gestürzt, als würde dein Leben davon abhängen. Du hast recherchiert wie eine Besessene, nur um einen Anhaltspunkt zu finden, der deine Theorie bestätigte. Du wolltest allen Beweisen, dass das kein

Traum war. Selbst Tage später hast du von nichts anderem mehr geredet und jeden angefleht, dir zu helfen.« Sie legte eine kurze Pause ein, um sich wieder die Nase zu putzen. »Ich wollte dir helfen. Auch Meggy. Aber es gab für deine Behauptungen keine Beweise. Ich weiß nicht, wie oft du mit einem von uns beiden nach Achern gefahren bist. Du hast jeden nach Max, Erik und Kati befragt. Erinnerst du dich noch an diesen alten Mann? Diesen, wie hieß er noch – Herbert, Hermann oder so ähnlich. Du hast ihn am ersten Tag nach deinem Besuch auf dem Friedhof aufgesucht und so verängstigt mit deinen Schauermärchen, dass er einen Schlaganfall erlitt, von dem er sich nie wieder erholte. Er ist letztes Jahr verstorben. Irgendwann bist du so weit gegangen, dass du mit einem Fahrradschloss das Friedhofstor verschlossen und Flyer an potenzielle Besucher verteilt hast. Nur eine großzügige Spende meinerseits konnte verhindern, dass du eine Anzeige bekommen hast.« Bei der Erinnerung schüttelte ihre Mutter traurig den Kopf. »Du hast mir danach versprochen, dass du aufhörst und nur noch ein letztes Mal hinfährst, um mit der Sache abzuschließen. Dem war leider nicht so. Du kamst regelrecht euphorisch wieder und hast behauptet, du hättest diesen Erik gesehen. Du meintest, dass nun alles gut werden würde und du alles beweisen könntest. Konntest du aber nicht.« Johannas Mutter verdeckte ihr Gesicht mit den Händen und fing heftig an zu schluchzen. »Du bist wieder hingefahren und hast dir sogar ein Hotel genommen. Regelrecht verfolgt hast du ihn. Überall hast du ihm aufgelauert. Ihn nach Kati und seinem Bruder gefragt. Ja, regelrecht belästigt hast du ihn. Irgendwann griff die Polizei ein. Der Junge hieß übrigens tatsächlich Erik, aber Hanna, er ist schwul. Er hatte sich zwar erst kurz zuvor geoutet, aber trotzdem. Erik war damals auch nicht sechzehn oder siebzehn, sondern schon zwanzig und studierte Pflege an der Akademie in Achern. Er kannte dich nicht und war auch nie auf dem Friedhof gewesen. Und die einzige Katharina, die er kannte, war jemand aus dem Semester über ihm, die deutlich älter war und nicht im Ansatz auf deine Beschreibung passte, wie du selbst festgestellt hast.« Die Hände sanken in den Schoß und Johanna konnte sehen, wie Tränen über ihr Gesicht strömten.

»Und der Bruder? Hab ich den auch gefunden?«

»Nein, aber ich kann dir sagen, er heißt nicht Max, sondern Matthias, und er wohnte nie in Achern. Nach der Sache mit Erik hattest du jedenfalls die Wahl: eine Anzeige wegen Stalking oder eine Therapie. Du hast dich für die Behandlung entschieden. Meyer und ich haben zusammen nach den besten Kliniken gesucht, als Sabine auf uns zukam. Sie hatte von deinem Fall gehört und uns angeboten, dir hier einen Platz zu besorgen.«

»Aber ... wie kann das sein ... Ich war doch gestern ... Warum kann ich mich nicht erinnern?«

»Deine Ärztin geht davon aus, dass du einen Rückfall erlitten hast und alle Erinnerungen an die letzten Jahre ausblendest.«

»Das ist doch Blödsinn. Ich habe eine blühende Fantasie, das weiß ich, aber so etwas habe ich mir unter keinen Umständen ausgedacht. Vielleicht hatte dieser Erik einen Nervenzusammenbruch. Oder er wollte nicht mehr daran denken, was ihm passiert war. Blendet man nicht schreckliche Erlebnisse aus? Irgendwo hab ich das mal gelesen. Eine Frau, die sich nicht daran erinnern konnte, dass sie als Kind missbraucht wurde, bis sie Fotos davon gesehen hat.«

»Hanna, genau das hast du damals auch gesagt. Du hast uns die Schocktherapien bis ins kleinste Detail erzählt, damit wir dir glauben. Aber schon damals hast du dich verstrickt. Mal hieß einer der Leute Frank, dann wieder Joseph. Drei Monate hat es gedauert, bis du eingesehen hast, dass du das wirklich geträumt hast. Danach ging es dir besser. Es war sogar die Rede von deiner Entlassung. Und dann hat deine Ärztin einen Spaziergang mit dir im Park gemacht. Du hast ein Mädchen gesehen und bist wie aus heiterem Himmel durchgedreht. Immer wieder hast du behauptet, dass dies Kati sei. Dabei ist ihr Name Susanne, hat mir die Ärztin später verraten. Aber du warst dir sicher, dass sie Kati heißt, und alles hat von vorn angefangen.«

Susanne?

Der Name löste eine Erinnerung aus. Das Bild von einem Mädchen in einem Rollstuhl blitzte auf. Blasser und mit kürzeren Haaren. Aber unverkennbar Kati. Sie saß am Rand einer Grünfläche und schaute in die Ferne.

Bevor Johanna etwas sagen konnte, fuhr ihre Mutter fort: »Das war der erste Rückfall. Nicht ganz ein Jahr später folgte der zweite. Zu keinem Zeitpunkt hat dich deine Ärztin aufgegeben. Vor einer Woche hieß es dann endlich, du seist so weit. Du könntest nach Hause. Ich habe schon alles vorbereitet, und dann ...« Johannas

Mutter schluckte hart. »Du bist plötzlich mitten in der Nacht verschwunden. Niemand weiß, wie dir das gelungen ist. Niemand wusste, wo du bist. Du hattest kein Geld, kein Handy. Ich ...« Ihre Stimme versagte für einen Moment. »Ich ... hatte schon mit dem Schlimmsten gerechnet. Bis mich einen Tag später dein ehemaliger Chef anrief und meinte, du hättest ihn kontaktiert und seist auf dem Friedhof gewesen. Wir haben daraufhin Sabine angerufen und Meyer hat angeboten zu helfen.«

»Aber ... das ...«, begann Johanna und verstummte, als die Tür sich öffnete. Die Ärztin von eben erschien im Türspalt.

»Es tut mir leid, wenn ich Sie unterbrechen muss. Ich habe gerade einen Ausfall und würde die Zeit gern für ein Einzelgespräch mit Johanna nutzen.«

Johannas Mutter nickte stumm und erhob sich. Sie beugte sich über ihre Tochter und gab ihr einen flüchtigen, aber dennoch liebevollen Kuss auf die Stirn. »Ich komme morgen Nachmittag wieder vorbei«, teilte sie ihr mit und verließ mit hängenden Schultern das Zimmer.

Die Ärztin hatte an der Tür gewartet und schloss sie hinter Johannas Mutter. Dann kam sie gemächlich zum Bett und sah sie fragend an.

»Ich kann mir das doch nicht alles eingebildet haben«, sprudelte es aus Johanna heraus. »Das Mädchen, diese Susanne. Ich kann mich an sie erinnern. Können Sie mich zu ihr bringen? Vielleicht klärt sich dann alles auf, wenn ich mit ihr reden kann.«

»Wie ich sehe, hat dir deine Mutter alles erzählt.« Auf Johanns Bitte ging sie gar nicht erst ein.

Vielleicht weil du das auch das letzte Mal vorgeschlagen hast, merkte eine kleine Stimme in ihr an. Deswegen sagte sie nur: »Ja, und ... ich verstehe das alles nicht.« Johanna legte eine Pause ein, um ihre Gedanken zu sortieren. Zweifel hin oder her, sie musste rational an die Sache herangehen. So wie an einen neuen Artikel. Unvoreingenommen. Fakten sammeln. Das Puzzle zusammensetzen. »Ich bin eine erwachsene Frau. Auch wenn ich viel gearbeitet habe, ich fühlte mich gut und es gab keinen Grund, keine Anzeichen für so einen Zusammenbruch.« Zumindest keine, an die sie sich erinnerte. Genau betrachtet, erinnerte sie sich jedoch auch nicht an die letzten drei Jahre. »Ich habe zwar Fantasie, aber nicht so viel, dass ich mir das alles hätte eingebildet haben können. Ich bin Reporterin und dichte hier und da mal etwas hinzu, aber ich bin keine Schriftstellerin.« Johanna legte erneut eine Pause ein und sah grübelnd an die Decke. »Mal angenommen, ich liege damit falsch. Ich meine, wenn ich wirklich einen Nervenzusammenbruch hatte. Meine Mutter erzählte, dass ich zweimal auf dem Weg der Besserung war. Ja sogar entlassen werden sollte. Warum erleide ich diese Rückfälle? Das mit dem Mädchen ergibt für mich Sinn, aber meine Mutter erwähnte einen weiteren Rückfall und nun angeblich einen erneuten. Außerdem, wie bin ich von hier nach Achern gekommen. Woher hatte ich das Handy? Meine Mutter hat mir eben gesagt, dass ich weder Geld noch ein Telefon hatte.« Diesmal sprach die Journalistin in ihr. »Das ist doch alles mehr als merkwürdig und ergibt keinen Sinn. Weswegen kann ich mich nicht an die drei Jahre erinnern. Sie kommen mir kein Stück bekannt vor. Außerdem, wirke ich auf Sie, als hätte ich gerade einen Nervenzusammenbruch? Das würde alles nur Sinn ergeben, wenn ich da auf etwas gestoßen bin, das vertuscht werden soll. Auf der anderen Seite, warum sollte meine Mutter bei diesem Theater mitspielen.«

Ein wissendes Lächeln erschien auf den Lippen der Ärztin, ehe sie sagte: »Du bist ein ganz schön schlaues Mädchen, hat dir das schon mal jemand gesagt?«, sprach sie mit honigsüßer Stimme und setzte sich zu Johanna auf die Bettkante.

»Wahrscheinlich fällt es mir deswegen so schwer, das alles zu begreifen. Klar, ich habe viel gearbeitet, aber so ein Zusammenbruch ...«

Ein Lachen sorgte dafür, dass Johanna stoppte.

Verwirrt beobachtete sie die Ärztin, die so herzhaft lachte. »Was ist bitte so komisch daran?«

»Nicht was, sondern wer«, sagte sie. »Ich lache nämlich über dich und deine Naivität. Du bist einfach schnuckelig. Und du hast recht – vollkommen recht!«

Johanna zog die Augenbrauen nach oben und bedachte sie mit einem Blick, in dem Neugierde und Verwirrung lag. »Ich verstehe nicht. Wie meinen Sie das? Ist das ein Teil Ihrer Therapie? Oder war das alles erfunden und eine Art Test, weil Sie sichergehen wollten, dass ich mich nicht in Lügen verstricke? Heißt das, das ist alles letzte Nacht passiert und Sie denken, dass ich damit etwas zu tun haben könnte?«

Sie schüttelte den Kopf. »Nein, das denkt niemand. Und nein, du bist wirklich seit drei Jahren hier.«

»Aber dann ...« Der Gedanke gefiel Johanna gar nicht. Drei Jahre – aber das erklärte zumindest, warum Meyer und ihre Mutter älter aussahen. Sie schüttelte den Kopf und beschloss, sich später damit zu beschäftigen. Viel wichtiger war eine ganz andere Sache. »Womit habe ich recht? Haben Sie doch etwas herausgefunden?« War etwas vorgefallen, weswegen sie ihr nun doch glaubte?

»Das ist wirklich putzig. Du liegst da und versuchst das Puzzle zusammenzusetzen, aber es gelingt dir nicht. Das kann ich an deinen Augen erkennen. Weißt du, dass dir nur ein einziges kleines Teil fehlt? Aber ohne dieses kannst du das Gesamtbild nicht erkennen«, erklärte sie Johanna kichernd.

»Wovon reden Sie? Welches Teil fehlt mir und warum lassen Sie mich im Dunkeln tappen, statt mich aufzuklären?« Argwöhnisch betrachtete Johanna sie.

Was weiß sie, was ich nicht weiß?

»Ich denke, es ist an der Zeit, dir auf die Sprünge zu helfen.« Sie lächelte Johanna honigsüß an. »Lass uns ein kleines Spiel spielen. Ich sage dir Begriffe oder stelle dir auch kleine Rätsel und du sagst mir spontan, was dir dazu einfällt.« Aufgeregt klatschte sie in die Hände und strahlte dabei wie ein kleines Kind bei seinem Lieblingsspiel. Johanna fragte sich, ob das nicht doch ein Test war oder zur Therapie gehörte, als die Ärztin auch schon anfing.

»Susanne Kamp-Tietz. Der Nachname ist mit einem Bindestrich und das ist wichtig. Also, sag mir, was dir in den Kopf kommt.«

»Susanne? Ich würde sagen, das ist das Mädchen, das ich für Kati hielt oder halte.«

»Ja und nein. Denk weiter nach. Du hast alle wichtigen Informationen.«

Gedankenverloren starrte Johanna auf die Decke und überlegte, was sie übersah. Es vergingen ein paar Minuten, in denen sie immer wieder lautlos den Namen sagte, als sie plötzlich ein Geistesblitz erleuchtete.

»Der Nachname ... Die ersten beiden Buchstaben – Ka und Ti. Kati.«

»Bingo«, sagte die Ärztin mit leuchtenden Augen und applaudierte aufgebracht. »Und wenn sie aus einer benachbarten Ortschaft kommt und erst ein paar Dates mit jemanden hatte ... Den Rest kannst du dir denken.«

Das konnte Johanna in der Tat. Klar, dass sie niemand zusammen gesehen hatte. Und dann die Sache mit dem Namen. Sie ärgerte sich über ihre eigene Blindheit. Warum war sie nicht auf diese Tatsache gestoßen. Oder war sie etwa?

»Weiter geht's. Ein Junge, der keine Mädchen mag, der ist ...«

»Schwul.« Das war das Erstbeste, was Johanna einfiel.

»Die Kandidatin erhält hundert Punkte«, erwiderte sie.

»Ich verstehe nicht ...«, grübelte Johanna laut. »Wie soll mir das helfen?«

Die Ärztin legte einen Schmollmund auf. »Du musst schon etwas tiefer gehen und nicht nur die Oberfläche inspizieren.«

Junge, Mädchen, schwul ... Mit einem Mal begriff Johanna, worauf sie hinauswollte. *Sie spielt auf Erik an. Hatte meine Mutter nicht gesagt, dass er ein Coming-out hatte?*

Anscheinend reichte der Blick von Johanna, denn die Ärztin nickte zufrieden.

»Wunderbar, du scheinst eins und eins zusammengezählt zu haben. Kommen wir zum nächsten Rätsel. Wie lautet die Abkürzung für Matthias?«

»Matt? Matti? Matze?« Beim letzten Namen fiel der Groschen und sie sagte: »Oh.«

»Zumindest fast. Mats und nicht Max. Deswegen hat dir auch niemand so richtig geglaubt, als du immer von Max oder Maximilian gefaselt hast. Aber das Puzzle ist noch nicht vollständig. Was würdest du machen, wenn du dich nicht mehr an deinen Namen erinnern würdest?«

»Ich ... ich weiß nicht? Zur Polizei gehen? Ins Krankenhaus? Zu einem Arzt?«

»Nicht schlecht, Hanna. Würdest du einem Arzt in dem Fall vertrauen?«

»Wahrscheinlich? Ärzte haben schließlich diesen hippokratischen Eid geschworen. Aber ich verstehe nicht.«

»Und was wäre, wenn der Arzt sagt, er habe herausgefunden, wer du bist? Hättest du Zweifel?«

»Nein, ich denke nicht.«

»Mats hat mir jedenfalls blind vertraut und nichts hinterfragt.« Sie nickte selbstgefällig, dann zuckte sie gemächlich mit den Schultern. »Und nun ein letztes Rätsel.« Dabei kicherte sie für Johannas Geschmack total übergeschnappt. »Sabine ... Sabine Reininger.«

Ein Name, der Johanna wieder nichts sagte. Sie dachte nach. Die Ärztin hieß Sabine. Das hatte sie zumindest vorhin gesagt. Also musste sie diese Person sein. Doch dahinter schien mehr zu stecken. »Sabine Reininger«, murmelte sie und spürte beim Klang des Namens aus ihrem Mund, wie sich alle Härchen bei ihr aufstellten. Was übersah sie? Ihr Körper schien etwas zu wissen, was sie noch nicht greifen konnte. Johanna strengte sich an, aber ihr Gehirn weigerte sich zu kooperieren.

»Jetzt enttäuschst du mich aber sehr«, räumte sie ein, als Johanna selbst nach einigen Minuten nicht draufkam. Um ihren Worten Nachdruck zu verleihen, schürzte sie beleidigt die Unterlippe. »Du willst doch nicht sagen, dass du dich an alles erinnerst, aber nicht an den Namen meines Ur-Großvaters.«

»Ur-Groß...«

Joseph Frank Reininger.

Wie ein Faustschlag traf Johanna die Erkenntnis. Augenblicklich begann sie am ganzen Körper zu zittern. Zum Glück lag sie, sonst hätten ihre Beine nachgegeben. Das konnte doch nicht sein. Der Friedhof, Frank, Sabine – all das gehörte zusammen, aber wie?

»Ich sehe, es dämmert. Ich bin die Ur-Enkelin von Joseph Frank. Ich weiß, dass er dir von der Fliegerbombe erzählt hat, aber nicht, dass seine Frau damals im zweiten Monat schwanger war.« Sie schenkte Johanna ein triumphierendes Lächeln. »Meine Großmutter hat seine Sachen gehütet wie einen Schatz. Es war nicht viel, aber es war das einzige Andenken an ihren Vater. Als ich sechzehn war, starb sie.« Sabine erhob sich von der Bettkante, schlenderte betont langsam und seufzend zum Fenster. Etwas Wehmütiges lag in ihrem Blick nach draußen. »Beim Entrümpeln ihres Hauses fand ich auf dem Dachboden einen Karton mit Tagebüchern und

Heften voller Notizen und Aufzeichnungen über seine Arbeit. Ein faszinierender Mann, der hätte Großes leisten können. Genau deswegen bin ich in seine Fußstapfen getreten und habe studiert. Eigentlich wollte ich Erzieherin werden, musst du wissen.« Ruckartig drehte sie sich zu Johanna um. »Bei einem meiner wöchentlichen Besuche belauschte ich zufällig deine Unterhaltung mit diesem alten Mann. Wie hieß der noch?« Nachdenklich legte sie einen Zeigefinger auf die Lippen.

»Hermanns?«

»Ja. Richtig. Hermanns. Ein netter alter Mann. Mir hat er aber bei meinem ersten Besuch samt Führung nicht von seinem Enkel erzählt, nur von dessen Freunden. Tja, ich war wohl nicht so vertrauenswürdig wie du. Wie auch immer. Aus reiner Neugier schlich ich mich in derselben Nacht auf den Friedhof. Und was soll ich sagen. Ich erkannte ihn sofort. Ein toller, intelligenter Mensch. Ich wünschte, ich hätte ihn richtig kennenlernen dürfen. Seitdem besuche ich ihn Woche für Woche und kümmere mich darum, dass niemand Fragen stellt. Sobald ich von einer verirrten Seele höre, nehme ich mich ihrer an. Deiner Kati zum Beispiel habe ich hier einen Platz besorgt, nachdem sie immer wieder davon sprach, dass jemand versucht hätte sie umzubringen. Das arme Ding traute sich nicht einmal mehr auf die Straße. Bei Erik habe ich gesagt, dass seine plötzliche Phobie vor Mädchen daher rührt, dass er sich nicht eingestehen will, homosexuell zu sein. Wusstest du, dass er sich zwei Wochen in seinem Zimmer eingesperrt hatte nach der Therapie? Erst nach seinem Outing fühlte er sich freier und bereit, wieder unter Menschen zu gehen. Kein Wunder, dass er seine Bekanntschaft mit dem Mädchen verdrängt hatte. Und Mats. Ich habe ihm erzählt, dass er Sebastian Krüger heißt, sechzehn Jahre alt ist und dass nach ihm gesucht wird. Nicht nur von seinen Eltern, sondern auch vom Jugendamt, weil er zum wiederholten Male ausgebüxt sei. Ich brauchte nicht einmal eine Begründung für seine Ausreißereien. An der nächsten Ampel ist er aus dem Wagen gesprungen und c'est la vie. Keine Ahnung, wo er sich versteckt hält oder was er macht. Seine richtigen Eltern und auch Erik bekommen ab und an mal eine Karte von mir, damit sie sich keine Sorgen machen. Ganz so schlecht, wie du von mir denkst, bin ich nicht.«

Die Wehmut verschwand und wich einem eiskalten Blick. Sofort setzte sich ein Kloß in Johannas Hals fest.

»Du verstehst«, sagte sie und kam wieder dichter, »dass ich unmöglich zulassen konnte, dass du diese Geschichten herumerzählst. Er liebt seine Arbeit und kann noch heute so viel bewirken. Es war also meine Pflicht, mich auch um dich zu kümmern.«

So kann man das auch nennen, dachte sich Johanna. »Aber ...«, krächzte sie, bevor ihre Stimme versagte.

»Aber ich bin doch Ärztin und habe geschworen zu helfen? Oder ... Aber du kannst doch nicht wollen, dass andere Menschen gequält werden? Lieg ich mit einem der Punkte richtig oder hast du einen anderen Einwand auf der Zunge?«

Johanna zuckte zusammen. Entweder hatte diese Frau ihr das schon unzählige Male erzählt, Johanna erinnerte sich nur nicht daran, oder sie war wie Frank, der auch immer wusste, was sie dachte. Beide Fragen spukten genau so in ihrem Kopf herum.

Kaum merklich nickte Johanna. Zu mehr war sie nicht in der Lage.

»Weißt du, das ist doch genau das Problem. Ich habe den hippokratischen Eid geleistet und geschworen zu helfen, aber tu ich das?«, fragte sie mehr sich selbst als Johanna. »Ich führe Gesprächstherapien, verabreiche Tabletten, die höchstens die Symptome bekämpfen, aber niemals die Ursache.« Sie schüttelte den Kopf. »Mein Ur-Großvater und Arthur – gemeinsam haben sie Großes erreicht. Sie haben etwas bewirkt. Damals wurde den Menschen noch richtig geholfen. Ja, manche blieben bei der Erforschung der Ursache auf der Strecke, aber das war ein wichtiges Opfer für die Menschheit.« Diesmal nickte sie, als würde ihr der Gedanke gefallen. »Ich helfe den Menschen, indem ich sie gehen lasse. Mein Ur-Großvater macht den Rest. Was meinst du, wie oft ich ihm Patienten bringe? So wie dich.« Kurz kicherte sie hysterisch, dann sprach sie weiter: »Es ist ganz leicht. Ich suche besonders hartnäckige und interessante Fälle aus und bringe sie zum Friedhof. So muss dort keiner auf leichtsinnige Teenager warten, die im Übrigen viel zu selten kommen. Manchmal darf ich mithelfen und am Ende der Nacht bringe ich sie wieder zurück, bevor überhaupt jemand merkt, dass sie nicht auf ihrem Zimmer waren.« Inzwischen war sie beim Bett angelangt und setzte sich wieder auf die Kante. Fast schon mitleidig schaute sie Johanna an. »Du verstehst, dass ich dich auf keinen Fall gehen lassen kann? Egal wie gut du mitarbeitest – du wirst niemals die Klinik verlassen. Dafür sorge ich. Ich habe dich zu Kati geführt. Wusstest du, dass sie diesen Spitznamen hat, weil in ihre Klasse ein Mädchen mit dem gleichen Vornamen ging? Wie auch immer. Ich habe dafür gesorgt, dass du einen weiteren Rückfall erleidest, indem ich dir ein altes Foto von Joseph zeigte. Und diesmal habe ich dich persönlich zum Friedhof gebracht, dir ein Handy dagelassen, was ich extra über Kleinanzeigen gekauft habe – bar versteht sich, damit du irgendwen um Hilfe rufen kannst. Die Geflohene fleht um Hilfe.« Sie kicherte. »Mein lieber Ur-Großvater war so freundlich und hat den Rest übernommen. Deine Erinnerungen gelöscht und dich all das beginnend mit der Mail bis hin zu dem Sturz vor dem Friedhof noch einmal erleben lassen. Du siehst, mit der richtigen Therapie ist alles möglich.« Sie beugte sich vor, sodass Johanna ihren warmen, süßlichen Atem in ihrem Gesicht spüren konnte. »Und keine Sorge – nach deinem letzten Ausflug wird dir niemand mehr glauben. Du brauchst dir also keine Gedanken darüber machen, wie du mich aufhalten kannst. Nicht einmal deine Mutter glaubt dir jetzt noch. Weißt du, was sie zu mir gesagt hat, als sie dich gefunden haben?« Sie legte eine kunstvolle Pause ein. »Hör gut zu. Deine Mutter sagte, ich wiederhole: Vielleicht ist es besser, wenn sie gar nicht mehr rauskommt.« Sie lächelte süffisant. »Mit all deinen Rückfällen glaubt sie nämlich langsam an meine Theorie, dass du schizophren bist. Deswegen kann ich dir auch endlich die Wahrheit sagen. Jetzt, wo du den Stempel als Verrückte auf der Stirn trägst.« Ein teuflisches Grinsen umspielte ihre Lippen.

Johanna wollte schreien, ihr in ihre gottverdammte hässliche Nase beißen, sich losreißen, ihr ein Messer ins Herz rammen, sofern sie überhaupt eins besaß, aber Johanna war zur Salzsäule erstarrt. Endlich ergab alles einen Sinn. Egal wie sie es drehte, es passte und erklärte alles. Ein kurzes heiseres, ersticktes Krächzen rutschte ihr heraus.

»Ich sehe, du hast kapiert«, zischte Sabine Reininger. Sie beugte sich vor und tätschelte Johanna die Wange. Nur kurz, aber Johanna zuckte eingeschüchtert zurück. »Wie du willst. Ich lass dich jetzt allein. Unsere Zeit ist um, und es warten noch andere Patienten auf mich. Aber keine Sorge, wir sehen uns bald wieder.« Mit diesen Worten erhob sie sich und durchquerte zielstrebig den Raum. In der bereits geöffneten Tür hielt sie inne, als hätte sie es sich anders überlegt. »Übrigens mein Ur-Großvater lässt dich grüßen. Du bist eine seiner liebsten Patientinnen, weil du so herrlich naiv bist. Er würde sich zweifelsohne freuen, wenn du einen Rückfall bekämst. Also, Hanna. Es liegt an dir. Aber hey, wer würde schon einer Verrückten glauben.«

Damit ließ sie Johanna zurück in einem Vakuum der endlosen Angst, denn Sabine hatte recht: Wer würde schon einer Verrückten glauben.

Depression ist normalerweise nichts weiter als
aus Angst unterdrückte Wut und unterdrückte Trauer.
(Günter Jursch)

Melancholie ist das intensive
Verständnis für die Ästhetik und
Schönheit von Traurigkeit und Wehmut.
(Markus Keimel)

Autorenvorstellung

Sarah Drews wurde 1983 in Hamburg geboren. Im Alter von 5 Jahren entdeckte sie ihre Liebe zu Büchern und liest bis heute alles, was sie in die Finger bekommen kann.

Nach einer klassischen Ausbildung in der Gastronomie erweckt sie seit Dezember 2016 ihre eigenen Geschichten zum Leben.

Inzwischen lebt sie mit ihrem Mann und ihren vier Jungs in der Nähe von Hamburg.

Bisher veröffentlichte sie zahlreiche gruselige, spannende, lustige und mörderische Kurzgeschichten sowie vier Kinder- und Jugendbücher. Darunter *»Das Geisterhandy«* und *»Falsches Spiel auf Sylt«*.

Buchempfehlungen

Wandelseele
Mystery-Thriller
von Julia A. Jorges
Taschenbuch
ISBN: 978-3-946381-73-0
408 Seiten, Preis: 15,00 €
E-Book
ISBN: 978-3-946381-74-7 (mobi)
ISBN: 978-3-946381-75-4 (epub)
Preis 3,99 €

Serenade – Abendlied
Mystery-Thriller
von Quistis Fall
Taschenbuch
ISBN: 978-3-946381-67-9
376 Seiten, Preis: 15,00 €
E-Book
ISBN: 978-3-946381-68-6 (mobi)
ISBN: 978-3-946381-69-3 (epub)
Preis: 3,99 €

Verborgen
Das Vermächtnis eines Volkes
Mystery-Thriller
von Kristin Kox
Taschenbuch
ISBN: 978-3-98528-010-0
284 Seiten, Preis: 14,00 €
E-Book
ISBN: 978-3-98528-011-7 (epub)
Preis: 3,49 €

Rabenauge
Psychothriller
von Sabine D. Jacob
Taschenbuch
ISBN: 978-3-946381-85-3
272 Seiten, Preis: 13,00 €
E-Book
ISBN: 978-3-946381-86-0 (mobi)
ISBN: 978-3-946381-87-7 (epub)
Preis: 3,49 €

Weitere Informationen zu diesen Büchern sowie das gesamte
Sortiment finden Sie auf unserer Homepage
(www.verlag-der-schatten.de)
und im dazugehörigen Shop
(www.verlag-der-schatten.com).